# A Casa Terapêutica



GROUND
livros para uma nova consciência

# A Casa Terapêutica

– THE EMOTIONAL HOUSE –

## Como replanejar a casa pode mudar sua vida

KATHRYN L. ROBYN • DAWN RITCHIE

EDITORA GROUND

*Título original*: THE EMOTIONAL HOUSE
How redesigning your home can change your life
New Harbinger Publications, Inc.

*Tradução*: Dinah Abreu Azevedo
*Revisão*: Antonieta Canelas
*Fotos do miolo*: Photodisc/Getty Images
*Capa*: Carlos Guimarães
*Diagramação:* Spress Diagramação e Design

**CIP-BRASIL. CATALOGAÇÃO-NA-FONTE**
**SINDICATO NACIONAL DOS EDITORES DE LIVROS, RJ**

R561c

Robyn, Kathryn L.
A casa terapêutica : como replanejar a casa pode mudar sua vida / Kathryn L. Robyn, Dawn Ritchie ; [tradução Dinah Abreu Azevedo]. - São Paulo : Ground, 2009.
il.

Tradução de: The emotional house : how redesigning your home can change your life
Inclui bibliografia
ISBN 978-85-7187-218-9

1. Decoração de interiores - Aspectos psicológicos. 2. Limpeza e arrumação doméstica. I. Ritchie, Dawn. II. Título.

09-4785. CDD: 747.019
CDU: 747:159.9

11.09.09 14.09.09 015054


**EDITORA GROUND LTDA.**
Rua Hélade, 125 G – Jd. Brasil
04634-000 São Paulo / SP
Tels.: (011) 5031-1500 / (11) 3571-4655
ground@ground.com.br
www.ground.com.br

Dedicado a Riki Katsof

Intrépida corretora de imóveis,
sempre em busca de uma casa em harmonia
com o espaço interior de seus clientes.

# Sumário

## Parte II – Seus Alicerces

# Introdução

Diversos estudos mostram que a área do cérebro que controla as emoções controla também o comportamento. Até as decisões financeiras são tomadas por nossas emoções. O interessante é que todas elas se refletem em nossa casa: no projeto arquitetônico, na decoração, na limpeza. Cada cômodo tem uma função e, ao mesmo tempo, conta parte da nossa história pessoal. Ao trabalhar com clientes e ao escrever o meu primeiro livro*, descobri que a história de cada pessoa, combinada ao desejo de tomar as rédeas da própria vida, podem dar força para transformar sua casa num lugar que ajuda cada um a assumir o seu poder. Por isso me associei a Dawn Ritchie, escritora e produtora de programas de TV, que contribuiu com sua experiência na área de produção e decoração para desenvolver um programa, passo a passo, com a finalidade de criar um lar acolhedor e reconfortante, que dê às pessoas condições para mudar sua vida.

O desafio de fazer de uma casa um lar acolhedor e reconfortante pode parecer uma missão impossível, principalmente quando não temos as ferramentas e o *know-how* para isso. Entretanto, embora a maioria das pessoas nunca tenha tido formação profissional que ajudasse a decifrar os mistérios da arquitetura de interiores, localização dos móveis, organização ou decoração, vivemos todos em casas que às vezes deram certo conosco, ou-

---

**Spiritual Housecleaning: Healing the Space Within by Beautifying the Space Around You* (New Harbinger Publications, 2001) [Faxina espiritual: reestruture o espaço interior embelezando o espaço à sua volta].

tras não. Na realidade, assim como somos mais do que aquilo que fazemos para ganhar a vida, mais do que o papel que desempenhamos na família e mais do que aquilo que fomos até agora, o nosso lar também é mais do que um teto sobre a cabeça com necessidade premente de consertos nas janelas. Na verdade, replanejar a casa, um cômodo por vez, é como satisfazer as nossas necessidades uma a uma, até toda a casa assumir a forma com que sempre sonhamos. Esse processo transforma o nosso lar numa nova fronteira – porque tudo, do crescimento pessoal à mudança completa, começa no espaço onde vivemos.

*Kathryn Robyn*

Você deve ter notado a abundância de programas sobre casa e jardim que inundam a programação da TV. Redes inteiras dedicam-se ao assunto – como reestruturar cômodos com orçamentos modestos, formas de organização, concursos de jardinagem e até programas onde os vizinhos arriscam as amizades com a reforma de suas casas. Essas séries são interessantes, não só pelas maravilhosas dicas de decoração, como pela oportunidade que temos de ver outras pessoas lutando para mudar. Afinal de contas, um lar é o espaço vazio das possibilidades no qual escrevemos a nossa vida.

No fim de muitos desses programas, vemos até a reação do proprietário da casa. Será que gostam mesmo, ou fazem a cena só para a câmera? Será que a reforma combina com seu modo de vida? Será que o papel de parede rosa-choque não provoca um ataque de asma? Na maioria das vezes há um final feliz, mas nós – o público que assiste – é que damos a última palavra. O que *você* faria diferente? Que mudança de cores, móveis ou piso não combina com seu modo de vida? Se você é uma pessoa aberta, esse aprofundamento pode ajudar a definir seu senso de identidade e seu estilo. Será que seus adorados gatos siameses não deixariam aqueles lindos móveis de palhinha em frangalhos? E aquele piso de pedra travertina – que não tem a mínima flexibilidade – não acabaria com seu quadril artrítico? Será que as paredes pintadas com um azul-alfazema não colocariam você numa espiral descendente, trazendo lembranças das violências sofridas na infância? A solução é examinar suas necessidades antes de fazer mudanças físicas no ambiente em que vive.

Todos somos singulares e cada um vê o mundo através de lentes diferentes. Precisamos de uma receita absolutamente personalizada. Este livro vai ajudar você a pensar no que precisa ter em sua casa e lhe dará algumas ferramentas e regras para seguir. Enquanto isso, você faz uma viagem de exploração do seu modo de vida e do seu gosto pessoal para chegar a uma receita única para o seu lar construída especialmente para você. Em outras palavras, trata-se de uma terapia para a sua casa.

*Dawn Ritchie*

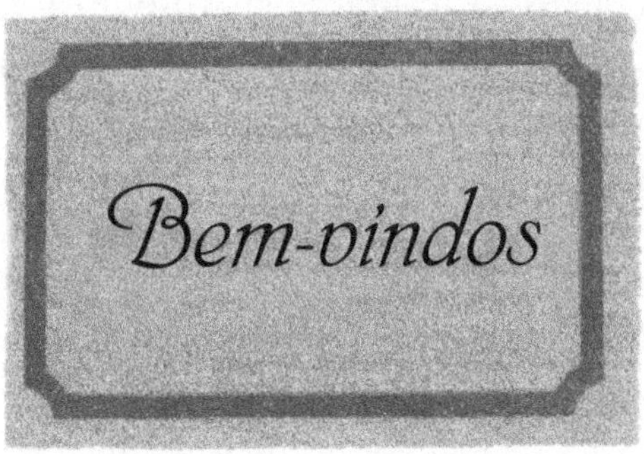

## O Programa da Casa Terapêutica

O Programa da Casa Terapêutica foi dividido em três componentes: seu projeto, seus alicerces e sua casa.

Na Parte I, SEU PROJETO, você vai examinar as matrizes de seu modo de vida identificando as coisas que gosta em sua casa e os problemas que ela tem. Depois, ao analisar suas necessidades emocionais, você vai descobrir quais questões está negligenciando e que podem ser resolvidas mudando alguma coisa em sua casa. Em seguida, vai aproveitar a oportunidade de se definir com uma lista do que gosta e do que não gosta, e tomar decisões sobre objetivos futuros. Durante o processo, vai montar uma caixa de ferramentas básicas de decoração e um fichário de amostras, como aqueles dos profissionais, para ajudar você a planejar uma casa nova e mais bonita.

Você vai querer guardar o seu fichário de decoração, pois vai usá-lo muitas e muitas vezes ao longo dos anos. Assim terá um conjunto permanente de medidas de móveis e cômodos, amostras de tecidos, tintas, papel de parede, objetos de decoração favoritos e estilos dos quais gosta, e uma grande lista de contatos para utilizar muitas vezes. Quando quiser trocar as cortinas por persianas, só vai precisar consultar seu fichário de decoração para saber quais são as medidas da moldura interna e externa da janela.

Em seguida, na Parte II, SEUS ALICERCES, vamos acompanhar você e examinar tanto a função prática quanto a função emocional de cada cômodo, ao mesmo tempo que discutimos as questões emocionais e práticas do momento. Aqui você vai entender porque alguns elementos estão faltando em sua vida. É também aqui que você vai aprender as Regras da Casa necessárias para criar uma Casa Terapêutica e examinar seu ambiente em busca de regras desobedecidas.

Finalmente, na Parte III, SUA CASA, você vai enfrentar o replanejamento da sua casa, cômodo por cômodo, aprendendo as regras específicas que se aplicam a cada um deles. Vai determinar orçamentos e planos de ação, sempre de olho nos objetivos pessoais que definiu no seu projeto. Depois vai peneirar e reestruturar o velho, e planejar e implementar o novo. Seu futuro não será limitado por uma lista interminável de tarefas domésticas que consomem todo o seu tempo, criadas pelo ambiente em que vive – porque também vai considerar a organização e a eficiência como parte de sua reestruturação.

Sua casa é um elemento vital do seu sistema de apoio. E agora você vai ter algumas ferramentas para reorganizá-lo em termos de otimização do seu uso. Parece difícil? Não se preocupe. Ninguém vai fazer tudo sozinho. Os exercícios e diretrizes apresentados abaixo vão ajudar a entender o que queremos da vida, e os reflexos que nossos desejos e necessidades têm em nossa casa vão apontar o caminho para se chegar lá, assim como os obstáculos que nos impedem de alcançar os nossos objetivos mostrarão como reformar ou transformar o nosso ambiente para satisfazer nossas necessidades e reavivar o desejo de atingir as metas que nos propomos.

Vamos começar com as ferramentas práticas, elas vão servir de apoio para o processo emocional.

**As ferramentas necessárias ao Projeto da Casa Terapêutica**

- Fichários de três argolas com compartimentos de plástico nas capas
- Divisórias com abas para organizar cada seção
- Estojo de plástico com zíper para os lápis
- Envelopes de plástico para cartões de visita e recortes
- Papel quadriculado
- Caderno de anotações
- Fita métrica
- Tesoura
- Cola, durex ou grampeador
- Lápis, canetas ou pincéis atômicos
- Disposição para explorar sua pessoa
- Música (predispõe à exploração)

## Que tal contratar um profissional?

Se você preferir trabalhar com decoradores, termine primeiro a seção PLANTA DE ENGENHARIA e passe os resultados para eles. Depois examine as **Regras da Casa** para ver se alguma foi quebrada. Se protestarem, lembre-os de que seu objetivo é criar uma Casa Terapêutica feita sob medida para você, e não apenas uma série deslumbrante de cômodos que parecem maravilhosos numa revista. Os bons decoradores entendem isso e vão querer dar realidade à sua visão.

# 1

# O que é uma Casa Terapêutica?

Alguma vez você ouviu alguém falar de uma Casa Terapêutica? Isso quer dizer, não só uma casa construída de forma a equilibrar as emoções, as suas e de toda a sua família, mas também em perfeita sintonia com seu espaço interior e que foi feita com amor e atenção a todos os detalhes.

Uma Casa Terapêutica não tem a ver com o fator "uau!" mas tudo a ver com o fator "ahhh!", aquela sensação especial que você tem ao entrar numa sala e de repente se sentir à vontade, de achar que acabou de receber um convite para ser inteiramente você mesmo e para se expressar livremente. É uma casa que funciona na prática, é organizada, acolhedora, um lugar maravilhoso para simplesmente estar e ser. Uma Casa Terapêutica aquece o coração e a alma das pessoas que vivem nela porque seu modo de vida e seus princípios norteadores são importantes a ponto de a impregnarem por inteiro. O benefício é física pura e simples: toda ação tem uma reação igual e contrária - a casa retribui.

Nas casas construídas para ostentar, nada disso acontece. Fazem tanto as visitas quanto seus habitantes sentir como se tivessem entrado num cenário de teatro. Por outro lado, a Casa Terapêutica tem uma cozinha que faz pensar em comidas reconfortantes e instiga o experimento culinário; um quarto de casal que desperta a intimidade e exala segurança para a vulnerabilidade do sono; um banheiro cuja limpeza está à altura dos atos sagrados de rejuvenescimento e renovação; uma sala de visitas que estimula a convivência, um escritório que dá vontade de trabalhar; tem áreas especiais que inspiram a criatividade e um jardim que agrada todos os seus sentidos. Afinal de contas, uma casa só é realmente um lar quando reflete seus ocupantes e lhes serve de ponto de apoio, da porta de entrada ao sótão.

## As quatro pedras angulares de uma Casa Terapêutica

*Harmonia • Equilíbrio • Apoio • Ambiente sem tensões*

Assim como uma vida feliz é resultado de muitos fatores, e muitos deles intangíveis, várias coisas se combinam para criar uma Casa Terapêutica. Identificamos quatro pedras angulares e, se alguma delas faltar, tudo aquilo que você tentar construir vai desmoronar. Elas são **harmonia, equilíbrio, apoio** e **um ambiente sem tensões**. Essa atmosfera *restauradora* é, evidentemente, o cerne de toda Casa Terapêutica.

Toda decoração ou solução organizativa que você usar em sua casa deve satisfazer o critério das quatro pedras angulares, caso contrário não é uma solução, e sim a origem de um novo problema. Ao longo deste livro, à medida que você for implementando suas mudanças, procure lembrar-se de voltar à lista das pedras angulares, e fazer a si mesmo as seguintes perguntas: será que essa nova alteração vai trazer harmonia para o meu lar? Será que é uma opção que resulta em equilíbrio? Será que dá apoio ao modo de vida e aos objetivos de todos aqueles que vivem nela? Será que ajuda a proporcionar um ambiente sem tensões? Vamos explicar com alguns exemplos.

### *Um Exemplo Prático*

Você adora ter um lugar onde ler e assistir TV em sua casa, mas seu filho adolescente e a turma dele apoderaram-se da sala de visitas para fazer ensaios da banda.

O PROBLEMA – falta de espaço para a nova tarefa introduzida na casa.

REBARBAS EMOCIONAIS – gritaria constante. O barulho é ensurdecedor e, além disso, você perdeu seu espaço de convivência. Mas ele vai fazer um show, que vai ser importante; você não se preocupa com ele e com o seu futuro?

SUA DECISÃO – ceder por enquanto para restaurar a harmonia na casa. Afinal de contas, ele vai entrar para a faculdade de música no próximo ano. E este é o seu primeiro show de verdade.

## CHEQUE SUAS PEDRAS ANGULARES

Será que esta foi uma boa decisão? Vamos ver de que maneira ela afetou suas quatro pedras angulares. A decisão de deixá-lo apoderar-se da sala de visitas...

RESTAUROU A HARMONIA NA CASA? – Sim. As brigas terminaram. Seu filho é de novo um adolescente feliz. É aquele filho amoroso do qual você se lembra. E aquela bateria combina extraordinariamente bem com as cores da sala de visitas. A *harmonia* reina soberana. Pensando bem, o *rap* também tem a sua poesia.

TROUXE EQUILÍBRIO À SITUAÇÃO? – Não. Ele conseguiu o que queria, mas o *equilíbrio* da situação como um todo desapareceu sem uma sala de visitas para conviver. Os outros componentes da banda fecham a cara quando alguém entra no "seu espaço de ensaio" e erram a nota. Além disso, agora ninguém mais da família sabe onde é que as pessoas podem se reunir. É um resultado unilateral, não uma solução que traz equilíbrio.

FOI UMA SOLUÇÃO QUE SERVIU DE PONTO DE APOIO? – Sim e não. O equipamento todo provocou um congestionamento e é preciso passar pelo corredor dos fundos para chegar à cozinha. Não ter acesso a toda a casa tornou impossível para a família ter *um ambiente sem tensões.* E, sem seus momentos de leitura, o casal fica irritado, o que afeta a sua própria intimidade. Na verdade, surge o ressentimento, ansiando secretamente pelo dia em que o filho vai se mudar. E isso não é bom.

## Conclusão

Abrir mão da sala de visitas não foi uma decisão construtiva. Deu a impressão de que a *harmonia* havia sido restaurada (na superfície), mas assim que uma das pedras angulares quebrou, sua Casa Terapêutica começou a desmoronar e logo surgiram novos problemas – nesse caso, a possibilidade de problemas conjugais. Mas todo dilema tem uma solução, mesmo que às vezes signifique pôr o problema porta afora, para a casa de outros pais.

Este pode parecer um exemplo extremo, mas há pais que sabem exatamente do que estamos falando e que se perguntam que outra solução teriam dado a esse caso.

### *A Descoberta de uma Solução Melhor*

Em geral, dividir um ambiente para dar-lhe múltiplas funções na casa é a resposta ao problema da falta de espaço, principalmente quando aparece uma nova tarefa a realizar lá dentro. Mas, no caso de excesso de barulho, há uma complicação a mais. Vai ser preciso construir uma barreira sonora, ou então a tarefa vai ter de ser transferida para um lugar onde não perturbe tanto os outros – como a garagem ou o porão. Há muitas opções para abafar o som. O melhor é construir uma salinha dentro de um cômodo que contenha o som por todos os lados, o que também dá aos músicos a satisfação extra de sentirem como se estivessem num estúdio. Algumas chapas de fibra compensada, ou de gesso acartonado fazem a mágica. Construa o novo cômodo à prova de som na sala de jogos ou no porão e terá um isolamento duplo – um andar abaixo e uma sala à prova de som dentro de outra.

Examinar os problemas com objetividade é a chave para se chegar a soluções. Para mais detalhes sobre a maneira de dar múltiplas funções a um ambiente, pule para o Capítulo 16, Regra da Casa Número 8, **Estabelecer limites para o uso de um cômodo**.

## Um Exemplo Nada Prático

Se a próxima decisão que você tomar em relação à sua casa estiver mais de acordo com as diretrizes de uma decoração ou escolha de móveis, as quatro pedras angulares continuam tendo a mesma importância. Um tapete marroquino amarelo-manteiga pode estar em harmonia com as texturas que você está usando e dar o equilíbrio indispensável à paleta de cores global do cômodo; mas, se ele se tornar um obstáculo para um ambiente sem tensões em seu lar porque você tem animais de estimação que ficam dentro e fora de casa, então não é uma boa opção – não é prático. Esse pormenor deve fazê-lo(a) mudar de ideia. Uma pedra angular quebrou e sua Casa Terapêutica vai desmoronar – provavelmente com testas franzidas pela preocupação e uma série de restrições limitadoras a seu bichinho inocente.

Quando ela estiver perto de tomar uma decisão, seja relativa à decoração, à organização ou à função, recorra sempre às quatro pedras angulares, pois elas vão ajudar a avaliar suas opções. Descubra qual delas essa decisão vai contrariar e procure determinar os motivos. Quando você vê o problema com clareza e o divide em termos de seus "por quês", as respostas vêm mais facilmente – como no caso do tapete amarelo: trânsito + sujeira = tensão. Portanto, compre um tapete de cor mais escura. No exemplo do grupo de *rap*, barulho + congestionamento = desequilíbrio na sala **x** tensão **x** falta de apoio. Portanto, transfira o local de ensaio da banda e construa uma barreira sonora. E *voilà*, sua Casa Terapêutica vai ficar inteira de novo e todo mundo vai ter o que precisa.

Você também pode pensar: "Não vou construir um estúdio de gravação na minha casa de jeito nenhum; é trabalho demais e ele é só uma criança.", mas, se voltar às pedras angulares, vai se dar conta de que esses conceitos são os pilares de sua Casa Terapêutica, o abrigo real e simbólico de sua vida (e da vida de sua família) e, com um pouquinho de esforço extra – está bem, talvez bastante esforço extra – você pode fortalecer esse pilar, em vez de enfraquecê-lo. Independente de como você veja esse esforço extra, ele vale a pena para você e para a força da família. E você vai saber onde seu filho está. Isso recompensa o esforço.

# Parte I

# O SEU PROJETO

# 2

# Você é o arquiteto de sua Casa Terapêutica

A planta de engenharia é o mapa que você usa para construir sua casa. Ela mostra onde vão ficar as coisas que você precisa ter em sua casa, para que o mestre-de-obras não se esqueça de nenhuma delas. Nesta seção você vai identificar as necessidades específicas de sua vida particular – que incluem tanto as tangíveis quanto as intangíveis – e começar a desenhar o mapa que depois usará para criar uma Casa Terapêutica construída exclusivamente *para você*. Eis aqui um exercício prático de aquecimento para dar a partida.

## Onde fica a parte terapêutica de sua casa?

Examine com atenção toda a sua casa, tal como ela está agora. Responda as perguntas abaixo bem depressa, sem pensar muito.

1. Qual é o seu cômodo predileto?

______________________________

2. O que o seu cômodo predileto faz você sentir?

______________________________

3. O que há nesse espaço que faz você se sentir bem?

______________________________

À medida que for lendo este livro, você vai começar a aprender a espalhar por toda a casa a sensação de bem-estar que você tem em seu cômodo predileto. O objetivo do Programa da Casa Terapêutica é fazer de todos os espaços um cômodo predileto e ajudar a promover os sete aspectos principais de sua vida: o físico, o pessoal, o profissional, o social, o financeiro, o recreativo e o espiritual.

4. Dessas sete áreas de sua vida, qual delas está *realmente* bem agora?

   ______________________________

5. Se você pusesse essa área num cômodo de sua casa, qual seria?

   ______________________________

6. Este é o seu cômodo predileto? O de que menos gosta? Ou você não tem opinião definida a respeito dele?

   ______________________________

Às vezes, o cômodo predileto e a parte de nossa vida que está indo bem estão em sintonia. Às vezes, estão em desavença um com o outro, o que pode revelar uma disfunção que você pode resolver com mudanças na sua casa.

Uma cliente, Georgie, profissional bem sucedida enfrentava dificuldades num aspecto pessoal de sua vida - encontrar um par amoroso - descobriu que seu cômodo predileto era o quarto de dormir, onde passava a maior parte de suas horas livres, lendo, recebendo amigos e assistindo TV. Seu quarto de dormir era um espaço informal e confortável, cheio de objetos que a faziam lembrar a infância e os pais, e uma cama de solteiro. Ao compreender que aquele cômodo se destinava à intimidade, ela se deu conta de que precisava pôr as amigas e amigos para fora de seu quarto de dormir e transformá-lo num espaço que pudesse receber o seu amor.

Mas este não era o único problema de sua casa. As relações amorosas amadurecem por meio de uma comunicação cada vez mais profunda, e essa atividade começa no espaço da convivência e da camaradagem (a sala de visitas) - que era o cômodo do qual ela fugia como o diabo da cruz. Como Georgie queria uma relação amorosa duradoura, queria primeiro conhecer bem o seu pretendente. Ela desejava se concentrar na reforma do quarto de dormir, mas sua verdadeira tarefa era descobrir os motivos pelos quais não se sentia à vontade no espaço destinado à convivência: a sala de visitas. Para Georgie, parte da resposta estava em objetos de arte espalhados ali com muito destaque, que lhe haviam sido dados por seu ex-namorado e que guardavam lembranças penosas que a mantinham longe dali. Retirar essas coisas e retomar a posse da sala abriu a porta para a renovação da convivência no espaço que existia exatamente para isso.

7. Qual é o cômodo de que menos gosta na sua casa?

______________________________________________

8. O quê ele tem que lhe desperta uma sensação desagradável?

______________________________________________

Se você não sabe, não se preocupe. Vai ter a chance de descobrir mais tarde, quando fizer o exercício de faxina espiritual.

Alguns objetivos do Programa da Casa Terapêutica são otimizar o funcionamento de todos os cômodos, expandir seus horizontes e fazer você ocupar a casa toda. Você não precisa reduzir a sua vida a um único espaço, como se fosse um esconderijo. Lembre-se de que a perfeição absoluta é impossível e que esse programa não é um empurrão para a linha de chegada. Criar uma Casa Terapêutica é como criar uma vida boa. É um processo que dura a vida toda. Sua casa vai mudar à medida que você for se desenvolvendo.

## Lista das Àreas Problemáticas

**Responda às seguintes perguntas com uma única palavra. Escreva a primeira coisa que lhe vier à cabeça.**

**Em sua casa, qual área:**

Deixa você mais tensa? ______________________

Deixa você constrangida? ______________________

Está mais congestionada? ______________________

Está mais desorganizada? ______________________

É a menos funcional? ______________________

É a mais desconfortável? ______________________

É a menos atraente? ______________________

Está suja? ______________________

Tem mais lixo? ______________________

É usada para a função errada? ______________________

Precisa de conserto? ______________________

Está mobiliada, mas nunca é usada? ______________________

Estas são as suas áreas problemáticas. Elas se tornaram a origem de turbulências emocionais ou podem estar precárias devido a de questões pessoais pendentes. Pode ter sido apenas a falta de experiência básica em termos de administração doméstica que levou você a ter um lar com esses problemas. Mas, em geral, por baixo dessas áreas, você vai descobrir "sujeira emocional" que está precisando ser removida. Corrigir suas ÁREAS PROBLEMÁTICAS vai ajudar você a eliminar uma série de fatores estressantes. Por isso, o ideal é enfrentar essas áreas primeiro. Lembre-se: não há do que se envergonhar. Pode apostar que todas as casas que você viu naquelas fotografias estonteantes de revistas de decoração têm ao menos uma ÁREA PROBLEMÁTICA constrangedora. A verdade é que, onde quer que os seres humanos vivam, seus problemas estão ali, vivendo com eles. Agora chegou o momento de pegar um caderno ou algumas folhas soltas que vão ser o seu DIÁRIO DA CASA. Você vai precisar usá-lo daqui para frente. Na primeira página, escreva o título ÁREAS PROBLEMÁTICAS e anote as suas. Vamos voltar a elas no Capítulo 4. No próximo capítulo, você vai criar o seu *Fichário de Decoração da Casa Terapêutica*, um bom lugar onde guardar o seu DIÁRIO DA CASA.

## DIÁRIO DA CASA

A maioria dos capítulos deste livro vai incluir uma seção para incentivar você a explorar ideias ou pensamentos que já lhe ocorreram durante o processo. Explore suas ideias pondo no papel tudo aquilo que lhe passar pela cabeça, sem parar, sem pensar se faz sentido ou não, sem reescrever, corrigir ou revisar o que acabou de redigir. Você consegue fazer isso soltando-se. É a melhor forma de descobrir os pensamentos e sentimentos escondidos lá no fundo.

Deixe algumas folhas em branco no início de seu DIÁRIO DA CASA (depois de fazer sua lista das ÁREAS PROBLEMÁTICAS) para outras listas que você vai criar mais tarde. A seguir, escreva o que acha sobre o seguinte:

1. Quando penso no modo como vivo em minha casa, percebo que ___

   ___________________________________________

2. Quando penso como *quero* levar minha vida, imagino ___________

   ___________________________________________

# 3

# O fichário de decoração de sua Casa Terapêutica

O momento que escolher para definir seu projeto com cuidado é perfeito para você criar o *Fichário de Decoração da Casa Terapêutica*. Ele vai ajudar a organizar o processo e será o lugar perfeito para guardar seus elementos de decoração, suas ideias, listas de TAREFAS e as coisas de que vai precisar lembrar sobre seu modo de vida. Se ainda não está com os materiais apresentados na *Introdução*, arranje-os agora: um fichário de três argolas com compartimentos de plástico nas capas, uma série de divisórias para organizar cada seção e um estojo macio com zíper que caiba dentro da pasta, para você guardar objetos soltos como amostras de azulejo ou madeira. As coisas que vão ficar dentro desse fichário prático e que lhe servirão de quadro de referências são:

- Recortes inspiradores de revistas
- Lascas de tintas e amostras de tecidos
- Medidas de cômodos e móveis
- Projetos de pisos e cômodos
- Listas de TAREFAS, orçamentos e programações
- Dicas e técnicas de decoração
- Brochuras e folhetos de objetos de arte e decoração
- Orçamentos e contratos de mestres-de-obras
- Referências confiáveis e Lista de contatos
- *Websites* favoritos
- Fotos de antes e depois
- Diário da Casa

## Primeiro, organização!

Reserve um momento para organizar seu fichário. Comece criando uma seção para cada cômodo de sua casa. Quando trabalhar com um cômodo, você vai manter suas anotações, medidas, amostras de tintas e quaisquer outras informações pertinentes ali, para consulta futura. Assim você vai ter um arquivo permanente dos elementos de decoração que usou em cada cômodo. Isso será particularmente útil para quando você quiser renovar o visual com uma mão de tinta, recuperar as cortinas, consertar as esquadrias das janelas ou mudar o piso.

O *Fichário de Decoração da Casa Terapêutica* vai ajudar você a manter vivos todos os seus projetos de longo prazo, e você também vai poder usá-lo como um histórico do seu processo, com as fotos de antes e depois. Sempre que encontrar um mestre de obras ou operário que gostar, é aqui que deve guardar as informações do contato. O mesmo se aplica aos *websites* de que você gosta e a seus números de telefone para serviços de emergência. O *Fichário de Decoração da Casa Terapêutica* deve ser o único lugar para guardar tudo e qualquer coisa relacionada à sua casa. Você também pode colocar o DIÁRIO DA CASA aí; mas, se quiser mantê-lo em sigilo, é fácil tirá-lo e colocá-lo em outro lugar. Se estiver usando um caderno que não tem buraquinhos que se encaixem num fichário, pode guardá-lo num dos compartimentos de plástico da capa. Não se preocupe com as outras seções por enquanto. Você vai acrescentá-las ao longo da leitura deste livro.

Para mais dicas sobre a organização do *Fichário de Decoração da Casa Terapêutica*, visite nosso *website* no seguinte endereço: www.emotionalhouse.com.

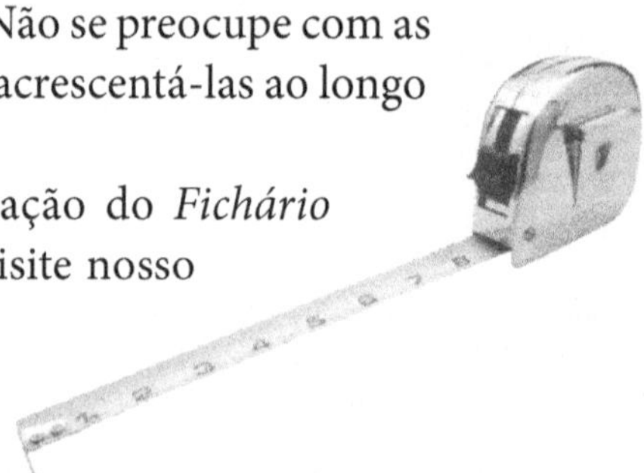

# 4

# Lista da parte logística

Se você mora numa caixa de sapatos de 12 metros quadrados, com doze gatos, dezoito filhos e com uma renda fixa, vai ser difícil mudar essas coisas sem um grande esforço. Na maioria dos casos, seria mais fácil mudar de casa a sequer tentar uma reforma. O mesmo se pode dizer do modo como você vive em sua casa. Damos a essas coisas o nome de logística de seu projeto. Vamos identificar alguns fatos fundamentais. Primeiro, a logística de sua vida, depois a logística de sua residência. É aqui que vamos checar o fundamento de suas condições de vida e do estado em que se encontra o lado pessoal – informações essenciais para projetar uma casa que satisfaça todas as suas necessidades.

## A logística da vida

*Seus factóides*

1. Atualmente moro:
   - ❑ Sozinha
   - ❑ Com meu par amoroso
   - ❑ Com amigas/amigos
   - ❑ Com crianças
   - ❑ Com animais de estimação
   - ❑ Com idosos

2. Financeiramente, estou:
   - ❑ Com dívidas
   - ❑ Ganhando pouco
   - ❑ Vivendo com uma renda fixa
   - ❑ Em boa situação
   - ❑ Muito segura
   - ❑ Nadando em dinheiro

3. Trabalho:
   - ❑ Fora de casa
   - ❑ Em casa
   - ❑ Os dois
   - ❑ Não trabalho

4. Minha saúde está:
   - ❑ Excelente
   - ❑ Comprometida
   - ❑ Tenho problemas físicos
   - ❑ Tenho excesso de peso

5. Viajo e deixo minha casa
   - ❑ Sem ninguém cuidando
   - ❑ Frequentemente
   - ❑ Raramente

## *Seus rótulos*

Todo mundo tem rótulos que assume – rótulos pessoais, profissionais e sociais. Títulos do emprego, papéis que exerce na família, definições com que somos tachados na sociedade ou relativos a traços de personalidade etc. Portanto, vamos dar uma olhada nos seus.

1. Faça uma lista de cinco rótulos ou títulos que definem você e que são usados atualmente. Por exemplo: *pai, mãe, esposo(a), irmão, irmã, participante das Olimpíadas, executivo(a), viajante, estudante, fotógrafo(a) amador(a), vendedor(a), excelente jogador(a), conservador(a) etc.*

   ____________________
   ____________________
   ____________________
   ____________________
   ____________________
   ____________________

2. Escolha cinco palavras descritivas que revelam sua personalidade. Por exemplo: *você é uma pessoa engraçada, esforçada, irritadiça, relaxada, musical, dedicada, criativa, talentosa, preguiçosa, engenhosa, atlética, inteligente, política etc.*

   ____________________
   ____________________
   ____________________
   ____________________
   ____________________
   ____________________

3. Cite cinco verbos de ação que descrevem suas atividades cotidianas. Por exemplo: *correr, estudar, lutar, pintar, consertar, ver, costurar, cantar, arar, nadar etc.*

   ____________________
   ____________________
   ____________________
   ____________________
   ____________________
   ____________________

4. Cite cinco qualidades que você tem. Por exemplo, *você é uma pessoa generosa, justa, boa ouvinte, talentosa, carinhosa, confiável, cheia de entusiasmo, estudiosa, decidida, leal etc.* ________________

5. Descreva cinco qualidades negativas, ou atributos de sua sombra. Por exemplo: *você é uma pessoa que não sabe ouvir, é agressiva, intolerante, egoísta, crítica, implacável, arrogante, ignorante, fanática, rígida, teimosa etc.* ________________

Complete as frases:

6. Sou muito competente em ________________

7. O que realmente gosto de fazer é ________________

8. Se eu tivesse o emprego dos meus sonhos, eu seria ________________

9. Se eu fosse uma pessoa famosa no mundo inteiro, eu seria ________________

10. Tudo bem, essa é a parte difícil: conte um segredo seu para si mesmo. A verdade é que eu ________________

11. Que palavras lhe vêm à cabeça repetidamente? ________________

12. Que temas são recorrentes? ________________

Leia novamente todas as palavras que escreveu nas questões de 1 a 9. Repita-as em voz alta. Embaralhe-as e jogue com elas. Escreva *todas* elas aqui:

______________________________________________

______________________________________________

______________________________________________

______________________________________________

______________________________________________

______________________________________________

Repita-as em voz alta de novo. Este é o poema de sua vida atual. Dentro dessas palavras estão seus sonhos, suas responsabilidades e sua essência. É uma definição *atual* de quem você é. Ela se parece com a pessoa que você quer ser, ou com a vida que quer ter? Guarde o "Poema de sua Vida" em seu DIÁRIO DA CASA. Faça esse exercício uma vez por ano para ver a história de sua vida desenrolar-se poeticamente à sua frente, revelando seu progresso, ou onde você se atolou.

## *Suas montanhas-russas emocionais*

Esse é o terceiro elemento da logística de sua vida, suas batalhas emocionais. Está na hora de saber exatamente o que não está dando certo e o que está faltando em sua vida. Examine a lista e marque tudo o que lhe disser respeito:

1. Você luta com:

   ❑ Culpa ou ressentimento ❑ Distúrbios alimentares
   ❑ Problemas de peso ❑ Falta de apoio

   A *cozinha* é seu centro de apoio onde esses problemas são criados, mas também onde são resolvidos.

2. É uma pessoa torturada por:

- ❑ Medos
- ❑ Alergias
- ❑ Exaustão
- ❑ Insônia
- ❑ Doença
- ❑ Problemas na intimidade

O *quarto de dormir*, que devia ser seu santuário, é onde essas questões em geral aterrissam.

3. Anseia por:

- ❑ Amigas/amigos
- ❑ Sentir que faz parte de algo maior
- ❑ Diversão
- ❑ Comunicação melhor

A *sala de visitas* é onde você desenvolve sua sociabilidade e onde esses problemas aparecem.

4. Você é uma pessoa que se sente:

- ❑ Distante
- ❑ Pressionada
- ❑ Tensa
- ❑ Agitada

O *jardim* é o lugar para se encontrar serenidade e conexão com a vida.

5. Você está sofrendo de:

- ❑ Falta de motivação
- ❑ Dificuldade para estabelecer prioridades
- ❑ Falta de realização
- ❑ Dificuldade para começar a trabalhar
- ❑ Bloqueios criativos
- ❑ Problemas de dinheiro ou dívidas

Em geral, essas questões surgem quando você não tem um espaço viável para trabalhar, como um *escritório em casa.*

6. Você precisa de ajuda com:

- ❑ A forma de se apresentar
- ❑ Dignidade
- ❑ Imagem corporal
- ❑ Desenvolvimento espiritual

O *banheiro* é o terreno desses problemas e onde você pode procurar a solução.

7. Suas preocupações são com:

- ❑ Autoridade
- ❑ Tentação sexual
- ❑ Dificuldade de se relacionar
- ❑ A busca de gratificação nas compras

A *sala de jantar* é o cômodo onde as sementes desses problemas são lançadas e onde eles são resolvidos.

8. Você é uma pessoa que:

- ❑ Anda irritada
- ❑ Nunca fica sozinha
- ❑ Está sobrecarregada de trabalho
- ❑ Precisando desesperadamente de uma pausa

Então você precisa de *um espaço só seu* em sua casa, para relaxar e recuperar o centro.

9. Ao chegar em casa, você:

- ❑ Sente solidão imediatamente
- ❑ Começa a gritar imediatamente
- ❑ Começa a se tensionar
- ❑ Quer virar as costas e sumir

A entrada da sua casa é o local onde essas emoções são despertadas.

10. Você é uma pessoa:

- ❑ Dispersiva
- ❑ Vive comprando coisas de que não precisa
- ❑ Está cronicamente atrasada
- ❑ É desorganizada

Seus *armários, garagem e despensa* podem ser as ÁREAS PROBLEMÁTICAS relacionadas a essas questões.

Esta é a logística de sua vida. Você deve ter notado que a depressão, bem como os abusos emocionais, físicos e sexuais não constam da lista das montanhas-russas emocionais. Isso é porque esses problemas podem se originar em qualquer cômodo da casa e, por isso, são tratados em qualquer espaço de uma Casa Terapêutica.

Ao trabalhar com clientes no sentido de resolver seus problemas pessoais ou os problemas de sua casa, ficou claro que as dificuldades que enfrentam em sua vida costumam refletir-se no seu lar. Aqueles que sentem muita falta de apoio têm cozinhas insatisfatórias, ou mesmo sujas – o cerne da estrutura de apoio. Outros, que perderam a intimidade do seu casamento, não estabeleceram limites de uso do quarto de casal e deixam seus filhos fazerem o que quiserem na casa, inclusive ter acesso irrestrito a seu dormitório e a seus momentos de privacidade. E, mesmo quando estão dispostos a mudar, muitas vezes não sabem direito por onde ou como começar a fazer alterações em sua vida. Seus demônios e dragões pessoais estão espalhados por toda a casa e domá-los é um trabalho permanente.

Faça uma página intitulada CÔMODOS DE MONTANHA-RUSSA EMOCIONAL em seu DIÁRIO DA CASA. Ponha no papel todas as montanhas-russas que identificou acima e, ao lado, anote o cômodo correspondente. Eles vão precisar de algumas mudanças.

## *Suas próximas atrações*

Você agora tem mais clareza sobre sua situação atual, mas a vida quase nunca se mantém estática. As circunstâncias mudam o tempo todo e temos de nos adaptar. Seu lar também deve evoluir com as mudanças de sua vida e seus planos para o futuro. Para suavizar a transição para uma nova conjuntura, primeiro você tem de abrir espaço para ela, seja planejando a chegada de um bebê ou uma mudança profissional, pois diminui a tensão do processo. No entanto, às vezes a vida atropela as melhorias que você quer fazer em sua casa. Por isso, dê uma olhada nas questões que podem estar afetando o seu lar.

**No futuro próximo, meu lar vai ter de se ajustar a mudanças**

- ❑ Na situação conjugal ou amorosa
- ❑ No número de crianças na casa
- ❑ Com idosos precisando de cuidados
- ❑ Foco na carreira ou *status*
- ❑ Na minha forma de trabalhar
- ❑ Nas necessidades de saúde e boa forma
- ❑ Na situação financeira
- ❑ Por causa de viagens
- ❑ Por causa de animais de estimação
- ❑ Por causa de projetos e novos passatempos

Se você está enfrentando um problema complicado, por exemplo, talvez precise abrir espaço para equipamentos de ginástica ou uma nova cozinha. Se os seus filhos estão deixando o ninho, você pode estar recuperando um quarto que pode transformar no ateliê com que sonha há tanto tempo, ou num espaço de trabalho para começar um pequeno negócio que vai aumentar sua renda. Talvez você tenha mãe ou pai já idosos que precisam de cuidados em casa, ou você mesmo está prestes a fazer uma cirurgia que exige equipamentos médicos. Ou talvez tenha um trabalho que obriga você a viajar, deixando seu lar, seus animais de estimação e suas plantas sozinhos, sem a atenção de que necessitam, e precisa encontrar alguém responsável para ajudar. Essas questões e outras mais vão exigir ajustes no seu modo de vida. Fazer um inventário pessoal é a chave da preparação. Tome nota de suas PRÓXIMAS ATRAÇÕES nas primeiras páginas de seu DIÁRIO DA CASA – vai usá-las mais tarde ao definir o projeto de seu espaço.

## A logística de sua casa

Como você quer viver? Com paz e tranquilidade, ou no meio de uma alegria ruidosa? A maioria de nós provavelmente gostaria de ambas as coisas, um equilíbrio. Por outro lado, se a sua vida oscila entre um isolamento mudo e um pandemônio, é possível que você não tenha criado nem o espaço da paz, nem o espaço do barulho. Portanto, vamos dar uma olhada na logística de sua casa para detectar as questões físicas.

### *O que está faltando na sua casa?*

1. Marque tudo o que estiver faltando em sua casa atual

- ❑ Espaço para guardar coisas
- ❑ Áreas de lazer/criativas
- ❑ Sistema de segurança
- ❑ Espaço onde preparar refeições
- ❑ Armários e guarda-louças
- ❑ Isolamento

- ❑ Cadeiras, poltronas e sofás
- ❑ Tomadas com três furos
- ❑ Circulação de ar
- ❑ Iluminação adequada
- ❑ Tomadas de telefone TV a cabo/Internet
- ❑ Alternativas de aquecimento
- ❑ Áreas só para adultos
- ❑ Uma boa cama
- ❑ Lugar para guardar contas e preencher papelada
- ❑ Área para um jardim
- ❑ Espaço privado
- ❑ Número suficiente de banheiros
- ❑ Espaço de trabalho
- ❑ Encanamento em boas condições
- ❑ Número suficiente de quartos de dormir
- ❑ Tecnologia sem fio
- ❑ Lavadora/secadora
- ❑ Espaço para estacionar veículos
- ❑ Silêncio

## *Problemas atuais*

**2.** Quais dos seguintes problemas são atuais:

- ❑ Cômodos apinhados de coisas
- ❑ Mofo/bolor
- ❑ Sistema inadequado de aquecimento/ar condicionado
- ❑ Barulho
- ❑ Poeira da casa/da construção
- ❑ Excesso de luz no quarto de dormir
- ❑ Umidade/secura
- ❑ Bagunça e desorganização
- ❑ Pragas (roedores/insetos/térmites)
- ❑ Danos estruturais
- ❑ Vizinhos irritantes
- ❑ Vazamentos/problemas de água
- ❑ Toxidade (monóxido de carbono, rádom, amianto)

## Questões de segurança

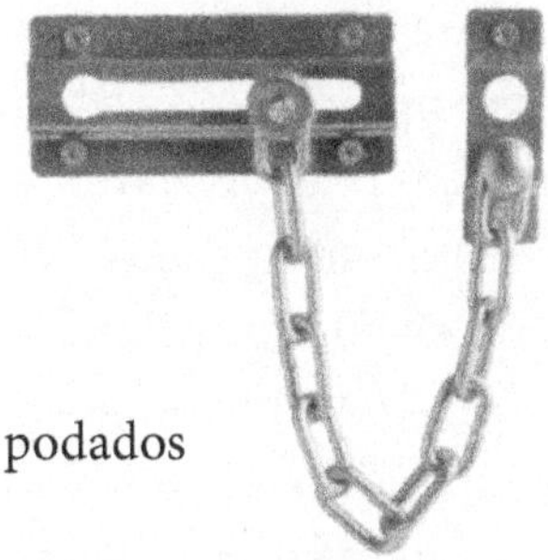

3. Quais desses elementos de segurança estão faltando em sua casa?

- ❑ Fechaduras de segurança nas portas
- ❑ Fechaduras nas janelas
- ❑ Sistema de alarme
- ❑ Iluminação destinada à segurança
- ❑ Detectores de fumaça e monóxido de carbono
- ❑ Extintor de incêndio e escada de emergência
- ❑ Arbustos podados
- ❑ Entrada e trilhas de carro bem iluminadas
- ❑ Caseiro
- ❑ Válvulas para fechar bem o gás e a água
- ❑ *Firewall* na Internet
- ❑ Produtos seguros para bebês

## *Considerações sobre espaço e energia*

4. A área de sua casa que tem mais trânsito é____________________
O menor espaço fechado é _____________________________
O espaço com menos tomadas é __________________________

5. Os cômodos que atualmente têm dupla função são __________
__________________________________________________

6. Os cômodos extras de que você precisa realmente em sua casa são ___
__________________________________________________

Estes são apenas *alguns* dos fatos sobre os quais você precisa pensar ao definir o projeto de uma casa equilibrada e aconchegante. Conhecer a logística e os limites de seu espaço, bem como as áreas problemáticas, ajuda você a tomar decisões a respeito de esforço, orçamento, estilo, conveniência e organização na hora de traçar as fronteiras em torno dos tipos de mudanças praticáveis em sua vida e em sua casa.

Encontrar soluções é algo que começa com a identificação de problemas específicos, sua prioridade e a estruturação de um plano de ação com um orçamento e uma programação. Não há muito o que você possa fazer em relação a vizinhos irritantes, exceto construir cercas fortes ou mudar-se (algo que você deve fazer se as tensões se tornarem cada vez maiores). Mas muitos problemas de uma casa podem ser resolvidos tranquilamente com a aquisição de serviços e equipamentos, ajustes na localização dos móveis e organização – que inclui soluções para guardar suas coisas – ou uma nova mão de tinta e o acréscimo de objetos de arte e acessórios de decoração num cômodo.

Crie uma seção intitulada PROJETO DA CASA no seu *Fichário da Casa Terapêutica* e anote aí todos os problemas detectados acima. Coloque-os em ordem de prioridade. Qualquer problema estrutural vem primeiro (encanamento, térmites, mofo etc.). Em segundo lugar vem a questão da segurança (você precisa tratar dela *principalmente* se tiver filhos pequenos ou se anotou na seção dos "Factóides" que viaja frequentemente). Depois vem a definição do espaço, a organização e o equipamento, seguidos da estética e da decoração. No Capítulo 21, "Uma viagem pela sua casa", você vai aprender a criar um plano de ação e um orçamento, a estabelecer um limite de tempo e uma programação para resolver todos esses problemas.

## *Alterações planejadas*

7. Em quais alterações você vai querer se concentrar neste momento?

- ❑ Limpeza e organização
- ❑ Localização dos móveis
- ❑ *Design* e decoração
- ❑ Acréscimo de cômodos
- ❑ Iluminação e posicionamento
- ❑ Elementos de conforto
- ❑ Pragas e controle do barulho
- ❑ Equipamento novo
- ❑ Estética e objetos de arte
- ❑ Energia
- ❑ Iluminação
- ❑ Aquecimento e ventilação
- ❑ Consertos e melhorias
- ❑ Segurança

À medida que você for progredindo nas listas e exercícios abaixo, vai treinar seu olho para ver sua casa de uma outra forma – dividindo-a em partes. Esse processo de desconstrução vai identificar seus pontos fortes e suas necessidades básicas do momento. Por exemplo: se descobrir a necessidade de um escritório em casa com grande demanda de aparelhos eletrônicos para começar uma nova carreira, você não vai querer escolher um espaço de seu lar que tenha somente uma tomada, isto é, a menos que tenha recursos suficientes para contratar um eletricista. O mesmo se aplica às questões de organização. Se houver falta de um espaço privado em sua casa, você vai precisar acrescentar unidades de armazenamento, caixas e prateleiras nos lugares certos para acabar com o acúmulo de lixo, ou dar essa função a um outro cômodo que tenha bastante espaço para guardar coisas. É mais fácil tomar decisões e implementar mudanças quando você está na fase de planejamento do que quando sua vida está em suspenso por causa do trabalho de construção. Separar o todo em unidades básicas de sua vida e de sua casa facilita o processo de se tornar o arquiteto de sua Casa Terapêutica.

## Diário da casa

Que áreas precisam de um equilíbrio maior em sua vida? Que mudanças você pode fazer em seu lar que serviriam de ponto de apoio para esse equilíbrio? Reserve alguns minutos para explorar ideias e possibilidades.

____________________

____________________

____________________

Só você sabe se ri o bastante, se chora o bastante, ou se vai dormir à noite contente porque o dia foi cheio o bastante e acorda de manhã com disposição para enfrentar os desafios de um novo dia. Só você sabe quem vai lhe socorrer quando estiver com problemas no meio da noite e com quem você vai ter de resolver uma determinada situação quando tiver que fazer valer os seus direitos sem perder a classe. Só você sabe que fez o que queria com seus dons inatos, ou se retribuiu como pôde os presentes que curtiu, se mergulhou fundo o bastante dentro de si mesmo para sentir, ou foi longe o bastante para amar. Só você sabe se as pessoas que dependem de você podem contar com seu apoio, e se aquelas de quem você depende merecem a sua confiança.

Essas questões são a substância da vida. Se você sempre foi muito condescendente consigo, ou muito exigente, pense agora numa forma de restaurar o seu equilíbrio. Você pode não ser uma pessoa perfeita, mas precisa continuar vivendo e em processo de desenvolvimento.

# 5

# Você é o lugar onde vive

Como você vive define *quem você é*. Não só você, os outros também. Não há dúvida de que seu lar afeta sua posição no mundo e a qualidade de suas relações afetivas e sociais. Se a sua casa está um caos, é bem provável que você se atrase frequentemente para o trabalho ou qualquer outro compromisso. Você pode sentir frustração – numa luta constante por tempo, sempre achando que está sendo pressionado pelas pessoas à sua volta. Os outros não vão demorar em classificar você como alguém impontual, em quem não se pode confiar, e seu prestígio vai diminuir rápido. Ninguém quer isso. Mas seu lar define você de outras formas também. A estética e a funcionalidade enviam mensagens diárias sobre seus talentos, seu trabalho, suas relações afetivas e sociais, e também sobre seu valor.

Seja o mais honesto que puder consigo mesmo ao responder essas três perguntas:

1. A mensagem que minha casa dá às visitas é ________________
2. A mensagem que minha casa me dá é ____________________
3. A mensagem que eu quero dar ao mundo e a mim mesmo é _______

   ________________________________________________

Seu lar não deve definir você de maneiras negativas ou limitadoras, e sim dar-lhe apoio, revigorar e colocá-lo na rota de um desenvolvimento pessoal maior e de um futuro mais brilhante. Dê o primeiro passo criando uma Casa Terapêutica – uma casa que fortaleça, em vez de enfraquecer – livrando-se daqueles velhos rótulos que não combinam com você, definindo sua pessoa e seus sonhos e abrindo espaço para eles em seu lar.

## Dizer quem você é, é definir-se

Com cada profissão ou opção de vida vem uma série geral de critérios. Quer seja tornar-se médico ou mãe, esposa ou mecânico, artista ou vendedor, há um jargão que você tem de aprender, uma maneira de ser que vai ter de adotar para ter credibilidade, um tipo de roupa ao qual vai ter de se ajustar, um conjunto de instrumentos e equipamentos que vai ter de adquirir e um *modo de vida* que vai ter de assumir. Mas dizer quem você é, é o primeiro passo.

Robert, um colega que queria ser escritor, tinha dificuldade em assumir esse rótulo. Cercou-se de uma comunidade de jovens artistas que estavam enfrentando os mesmos problemas, escrevia sempre que possível numa cafeteria local, estudava e aperfeiçoava sua arte e mostrava seu trabalho com a mente aberta à crítica ferina. Tornar-se escritor profissional era o seu objetivo.

Seus amigos do mundo das letras começaram a apresentá-lo como escritor. Robert aceitou aquilo a título de experiência, mas soava falso toda vez que dizia ser um escritor porque ainda não estava sendo pago por este serviço. Era o que ele *queria* ser, não o que ele *era*. Apesar de seu mal-estar, continuou usando essa qualificação, e, durante algum tempo, quase engasgava ao dizer a palavra. Mas as coisas foram ficando mais fáceis com o passar do tempo. Por fim, as palavras "Sou escritor" começaram a fluir e, de repente, ele se deu conta de que precisava de uma boa escrivaninha para trabalhar em casa.

## Você pode mudar sua vida com a reforma de um só cômodo

Robert esvaziou o *closet* enorme de seu apartamento minúsculo e transformou-o num escritório improvisado, enchendo-o de objetos de que precisava para escrever, e boa iluminação. Com isso, assumiu inteiramente o ofício de escritor. Agora poderia dedicar-se à tarefa todos os dias e escrever até tarde da noite – que era o período em que se sentia mais criativo. Sua necessidade de um espaço privado destinado especificamente à vida que queria levar ajudou-o a concretizar seu futuro. Quando ele finalmente começou a "fazer reuniões" e entrevistas como candidato a empregos de escritor, já estava preparado. Não tinha dúvidas sobre quem ele era, nem do que era capaz de fazer. Vestia-se como escritor, falava como escritor, tinha as ferramentas de um escritor, levava a vida de um escritor e agora era exatamente o que ele era.

Dizer quem você é, é definir-se. E esse é um ato de poder. Vai levar a mudanças positivas no plano emocional e físico do ambiente no qual você vive. Todo dia você vai dizer a si mesma quem é, não só com o que diz a seu respeito e com sua maneira de se vestir, mas também com o lugar onde vive. Essas são as mensagens que você dá a si mesma e ao resto do mundo. Pode-se dizer o mesmo de uma relação amorosa pela qual você anseia, de alguém com quem quer partilhar sua vida. Se está claro que sua casa foi projetada para uma pessoa só, então você não está abrindo espaço para a possibilidade de encontrar alguém e, em vez disso, está reforçando a mensagem de solteirice tanto para si mesma quanto para qualquer um que entrar pela sua porta. Se essa não é a mensagem que você quer passar, precisa repensar o projeto da sua casa. E então, o que você quer? Dê um salto e defina-se agora.

## Defina-se

Volte à lista da seção da Logística da vida (p. 32). Lembra-se dos rótulos que identificou? Dê mais uma olhada rápida neles e responda as seguintes perguntas:

1. Quais rótulos – se é que existe algum – não se aplicam a você?

   ________________ ____________________ ___________________

2. Cite *um* rótulo ou título que você gostaria de ter agora, no lugar daqueles que não têm nada a ver com você. Por exemplo: *esposo(a),*

*proprietário(a), mãe, pai, vice-presidente, decorador(a), ouvinte, instrumentista, empresário(a), independente por ser rico etc.*

________________________________________

3. Faça uma lista de três objetivos que deseja alcançar. *Por exemplo: obter um diploma, conseguir uma licença para pilotar, ter uma casa, tornar-se mãe ou pai, pagar suas dívidas, cantar uma música no coro da igreja, mudar de emprego.*

_______________ _______________ _______________

O rótulo ou título que você gostaria de ter agora corresponde a um de seus objetivos? Se não corresponder, há um novo objetivo a acrescentar à lista. Dê uma olhada em toda a sua casa. Há evidência dessa pessoa no ambiente atual de seu lar? Devia haver.

Você não precisa ser um escritor jovem e ambicioso como Robert para mudar sua casa para que ela corresponda a seus sonhos. Os sonhos podem ser realizados em qualquer idade. Se você é uma pessoa madura que sempre sonhou em fazer parte de um grupo de jazz, por exemplo, poderia começar comprando o equipamento de que precisa – um baixo, partituras, um suporte para colocá-las etc. – e abrir espaço em sua casa para um ensaio diário *hoje mesmo.*

Crissy fez exatamente isso. Tinha cinquenta e quatro anos, era gerente de escalão médio de uma grande editora e se aposentou cedo. Comprou uma guitarra, arrumou um cantinho de sua casa com prateleiras para suas partituras, um monte de cadeiras em forma de lua crescente e começou a tocar todos os dias – para consternação de algumas de suas amigas aposentadas com menos simpatia por essa experiência. Felizmente, Crissy continuou absolutamente determinada, entrando para um grupo que se apresentava gratuitamente na cidade de Nova York.

Lembre-se, não há juiz nenhum aqui, e os desejos contam; não há respostas certas e erradas, só as *suas* respostas, só as respostas *de hoje*. Mas, se você respondeu "não" a qualquer dessas questões, ou achou o exercício difícil demais, volte e tente de novo. Sua casa não é um lugar para você se esconder. Este é um passo importante para criar uma Casa Terapêutica.

O que você pode fazer na frente da casa para começar a usar seu novo rótulo ou alcançar aquele novo objetivo?

4. Cite três itens que você "precisa ter" de qualquer jeito em sua casa, se você *já* alcançou o objetivo número um de sua lista. Pode ser uma mesa, uma máquina de costura, equipamento de ginástica, ferramentas etc.

________________ ________________ ________________

5. Cite uma coisa em sua casa da qual você "precisa se livrar" de qualquer jeito, se você *já* alcançou o objetivo número um de sua lista. Pode ser bagunça, brinquedos na sala, equipamento de música no quarto de hóspedes, um beliche, um tapete surrado etc.

________________________________________________

6. Cite o cômodo que vai ter de mudar para acomodar esse novo rótulo que você *agora* tem.

________________________________________________

Parabéns! Fazer esse exercício foi um grande passo no sentido de mudar a sua vida. Você criou o rascunho do mapa que vai levar até um objetivo importante; agora tem de fazer uma lista das providências que precisa tomar na sua própria casa, aquele lugar no qual você merece reinar.

Mantenha esses objetivos vivos em sua memória. Crie uma seção intitulada OBJETIVOS, no seu DIÁRIO DA CASA. Coloque esses objetivos no papel e anote as coisas que precisa adquirir, as coisas das quais precisa se livrar e os cômodos que acha que poderiam mudar para acomodar esse novo objetivo. Você vai voltar a eles no próximo capítulo.

Fazer esse exercício periodicamente, à medida que for avançando na leitura deste livro, vai ajudar a refinar suas necessidades interiores básicas e seu verdadeiro caráter, enterrado embaixo dos velhos rótulos ou expectativas dos outros. Durante o processo de mudança, você talvez ainda use os rótulos que não parecem combinar com a verdadeira pessoa que você é, independentemente dos deveres que assumiu, em particular quando envolvem filhos, idosos ou animais de estimação que você cuida, ou se está enfrentando problemas de saúde ou de dinheiro; durante a caminhada vai conseguir focar mais claramente os novos rótulos, que também definem você.

Seja quem você é em casa, pois assim seu verdadeiro espírito vai criar ondas e enviá-las para o mundo, tanto para o seu círculo profissional quanto social. Todo boneco de neve gigante começa com uma bolinha minúscula, você deve dar um passo em direção ao seu objetivo hoje, mesmo que seja pequeno. Depois dê mais um passo, e outro ainda amanhã. É assim que começamos a ganhar ímpeto.

## As pedras do seu caminho

Sempre há obstáculos e sempre há uma forma de superá-los. Se você está dando cabeçadas no muro que deseja escalar, pense em outra abordagem. Ande para o lado, pois talvez encontre uma forma de contornar o muro.

Vamos examinar um obstáculo possível. Lembre-se, você precisa prestar atenção na maneira como está vivendo, porque o modo como você vive define quem você é. Volte à lista das ÁREAS PROBLEMÁTICAS que anotou na primeira página do seu DIÁRIO DA CASA (se você não fez este exercício das páginas 29 e 30 do Capítulo 2, volte àquela seção e faça-o agora).

1. A ÁREA PROBLEMÁTICA da minha casa que me impede de atingir um dos meus objetivos é ________________________
2. Os recursos que disponho para mudar isso são ____________
________________________________________
3. Os recursos que preciso são ____________________

Os recursos incluem dinheiro, ajudantes e até móveis velhos e tintas que você guardou na garagem. Separar as quinquilharias velhas e fazer uma venda de objetos usados na sua garagem é uma forma ótima de obter recursos financeiros adicionais quando há pouco dinheiro.

1. Os obstáculos *práticos* que estão no meu caminho são ____________

______________________________________________________________

2. Os obstáculos *emocionais* que me impedem de agir são _____

______________________________________________________________

Os obstáculos práticos incluem falta de espaço ou o *know-how* puro e simples de que você precisa para mudar as coisas. Os obstáculos emocionais são as pessoas que brigam com você, e com os seus próprios sentimentos derrotistas.

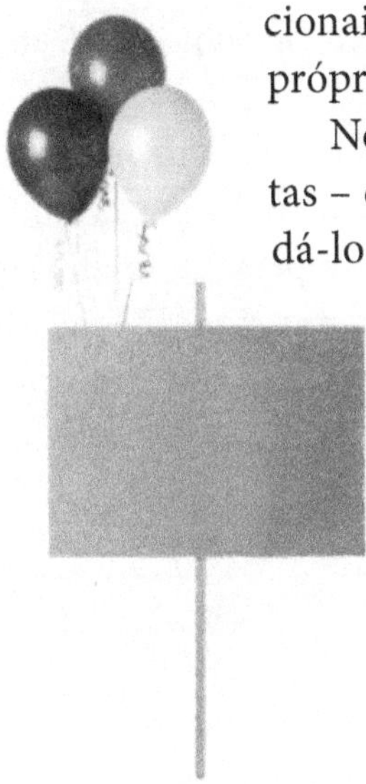

Nos próximos capítulos você vai adquirir ferramentas – como diagramas de tarefas domésticas – para ajudá-lo a estabelecer limites para os outros, métodos para tornar os espaços multifuncionais e processos para descobrir e livrar-se do lixo emocional que paralisa você. A Regra da Casa Número 2, "Limpeza" (Capítulo 10) vai lhe apresentar o conceito da faxina espiritual, um método simples para desenterrar as complexidades emocionais que se manifestaram como condições limitadoras em seu lar*.

## Murais dos seus objetivos – Os grandes motivadores

Acrescente ao planejamento de seus objetivos criar um MURAL DE OBJETIVOS. Trata-se de uma ferramenta muito eficaz. Compre um pedaço de compensado e encha-o de fotografias e palavras recortadas de revistas que lembram você do que quer.

Comece hoje a recortar imagens de revistas que lembram o rótulo ou o título que você mais desejaria ter agora, dos três objetivos que você disse

* Para uma exploração mais profunda, você vai querer ler o livro anterior de Kathryn, *Spiritual Housecleaning: Healing the Space Within by Beautifying the Space Around You*, inteiramente dedicado ao assunto.

querer alcançar e das três coisas que citou na página 49, dizendo que estariam em sua casa se você já tivesse realizado seu objetivo número um.

As imagens são poderosas como motivadores e fonte de inspiração.

Pendure seu mural de objetivos num lugar bem visível, onde possa vê-lo todos os dias (o escritório que você tem em casa seria um lugar perfeito). Depois, bem descompromissadamente, comece a ver vitrines e a perguntar o preço daquelas três coisas que gostaria de ter na sua casa. Mas não compre nada por enquanto. Mais adiante, você vai começar a dar os primeiros passos para alcançar seus objetivos fazendo um plano de ação mais detalhado a fim de incorporá-los mais efetivamente no seu lar e ajudar a realizar todo o seu potencial.

Lembre-se, são raros os indivíduos nascidos em berço de ouro, mas não há nenhum motivo para você não subir na vida. Todos nós fomos criados com um potencial estonteante. Aumentar sua riqueza pessoal, melhorar suas relações sociais e exercer toda a sua capacidade profissional e criativa são coisas possíveis. E tudo começa inevitavelmente em casa, com a criação de um ambiente que joga você para cima, e não para baixo.

## Diário da casa

Está começando a ver sua vida na sua casa? Este trabalho é árduo. Talvez você queira usar esta página para liberar alguns monstrinhos que a dissecação de sua vida pode ter trazido à tona. Reserve alguns momentos para escrever sobre as questões improdutivas ou limitadoras que você agora vê, que talvez esteja alimentando em sua casa.

# 6

# O plano quinquenal

Todo mundo devia ter um plano quinquenal. Se você não tem, estruture um hoje mesmo e não deixe de fazer uma revisão completa nele uma vez por ano. O dia do Ano Novo é um bom momento, assim como o seu aniversário. Dar uma rápida olhada em todos os aspectos de nossa vida para ver quais os objetivos que nos propusemos e onde foi que os negligenciamos ajuda muito o nosso foco. Também ajuda na criação de sua planta de engenharia. Saber o que você quer e para onde está indo são informações essenciais para estruturar uma Casa Terapêutica que prepare esse terreno em sua totalidade. Eis aqui sua lista de itens:

1. PESSOAL: vida amorosa, família, filhos.
2. PROFISSIONAL: trabalho, estudos, treinamento.
3. MORADIA: localização, forma de ocupação.
4. FINANCEIRO: renda, poupança, investimento.
5. RECREATIVO: viagens, passatempos, expressão criativa, lazer.
6. FÍSICO: saúde e boa forma, peso, bem-estar.
7. SOCIAL: amigos, comunidade.
8. VIDA ESPIRITUAL: crescimento emocional, desenvolvimento espiritual, caridade.

Moradia é um item básico e muito importante de seu inventário de necessidades humanas, e vários outros itens da lista vão influenciar esta escolha. Comece seu Plano Quinquenal pondo no papel o que deseja ter ou onde quer estar daqui a cinco anos. Depois refaça o caminho no sentido inverso até o Ano I, de forma progressiva. É a maneira mais rápida de definir uma lista de objetivos. O próprio plano vai lhe mostrar os pontos ao longo do caminho que você precisa atingir todo ano. Se ele não a levar na direção de um modo de vida atraente para você, repense onde quer chegar.

## Plano de vida quinquenal – Um exemplo

Eis aqui um exemplo de plano de vida de uma mulher solteira, estudante e amante das diversões feito agora, com o objetivo de levá-la a uma profissão, casamento, família e à posse de uma casa daqui a cinco anos. Primeiro dê uma olhada nos objetivos de seu plano quinquenal e depois veja onde ela conseguiu chegar.

### EXEMPLO DE UM PLANO DE VIDA QUINQUENAL

| | ANO 1 | ANO 2 | ANO 3 | ANO 4 | ANO 5 |
|---|---|---|---|---|---|
| PESSOAL | Namorar | Ficar noiva | Casar | Engravidar | Estar casada, com 1 filho |
| PROFISSIONAL | Faculdade | Pós-graduação | Pós-graduação | Lobista ambiental | Assistente de senador |
| MORADIA | Dormitório | Quitinete | Ap. de 1 quarto | Ap. de 2 quartos | Casa própria |
| FINANÇAS | Empréstimo escolar | Bolsa de estudos | Bolsa de estudos | Salário de US$ 4 mil | Salário de US$ 5 mil |
| VIAGENS E LAZER | Férias de primavera na Flórida | Grand Canyon | Lua de mel no Havaí | Viagem para um chalé | Férias em Denver |
| SAÚDE E BOA FORMA | Perder 2,5 quilos | Perder 4 quilos | Parar de fumar e manter o peso | Parei de fumar, consultas pré-natais | Em boa forma, nadar diariamente |
| SOCIAL | Festas do grêmio | Tornar-me monitora | Liderar grupo de vigilância ambiental | Voluntária num centro de autismo | Círculo bem entrosado de amigos |
| VIDA ESPIRITUAL | Retiro de meditação | Ter um diário de agradecimentos | Participar de um centro de auto-ajuda | Entrar para uma igreja | Membro de um grupo de oração |

Os objetivos sociais, espirituais e recreativos parecem bem razoáveis e possíveis de se concretizar. Mas o plano é uma visão equivocada da realidade em termos de objetivos financeiros, profissionais, de moradia e pessoais. O plano dessa mulher diz que, se ela deseja facilitar sua trajetória financeira com uma bolsa de estudos, vai precisar terminar a faculdade como uma das primeiras da turma. Isso leva a um emprego vantajoso e a economizar dinheiro para as prestações da casa própria. Além de tudo isso, ela *ainda* quer começar uma família daqui a cinco anos. É por esse motivo que reconsiderou as festas com os colegas irresponsáveis no dormitório da faculdade, como fez no Ano 1, e depois optando por uma vida de apartamento mais tranquila no Ano 2 de seu plano. Ela precisava estudar para valer e levar a sério a possibilidade de conseguir a bolsa de estudos, além de começar a procurar um par amoroso realista para seu futuro.

Seu ambiente divertido, mas cheio de distrações, estava definindo parte de seu futuro – que não seria ter casa própria e uma família dali a cinco anos a não ser que ela fizesse algumas mudanças.

Tudo bem, agora é a sua vez. Seus objetivos podem não ser de tão longo alcance quanto os de nosso exemplo, mas defini-los é igualmente importante. Dê uma olhada nos objetivos que anotou em seu DIÁRIO DA CASA do último capítulo. Entre eles estão os rótulos e títulos que você gostaria de ter. Você vai querer incorporá-los a seu PLANO DE VIDA QUINQUENAL (onde você vai querer estar daqui a 5 anos). E há uma outra área que você não vai querer deixar de fora. No Capítulo 4, você definiu seus parâmetros atuais na seção "Factóides". Se, nessa lista, dívidas, peso ou saúde são problemas para você, certamente vai querer objetivos positivos para um futuro melhor em seu PLANO DE VIDA QUINQUENAL. Há formas de enfrentar esses problemas em sua casa.

Muito bem. Coloque um cronômetro do seu lado e faça seu PLANO DE VIDA QUINQUENAL em três minutos ou menos. Preencha o diagrama com apenas uma ou duas palavras. Ele deve ser criativo e específico. Esse diagrama deve ser simples, breve e divertido. Vamos lá!

## Seu plano de vida quinquenal

| | ANO 1 | ANO 2 | ANO 3 | ANO 4 | ANO 5 |
|---|---|---|---|---|---|
| PESSOAL | | | | | |
| PROFISSIONAL | | | | | |
| MORADIA | | | | | |
| FINANÇAS | | | | | |
| VIAGENS E LAZER | | | | | |
| SAÚDE E BOA FORMA | | | | | |
| SOCIAL | | | | | |
| VIDA ESPIRITUAL | | | | | |

Ótimo. Agora dê uma olhada no que você escreveu em relação ao Ano 5. Abrange todos os objetivos do diagrama? Se teve dificuldade em preencher uma seção, essa é a área de sua vida que mais precisa ser trabalhada. Reserve mais dois minutos para explorar todas as seções com as quais teve dificuldade. Quando terminar, use um despertador para trabalhar por mais dez minutos e refaça a trajetória do Ano 4 até o Ano 1, preenchendo o diagrama.

Você vai perceber que demorou mais tempo. É interessante descobrir que definir os passos ao refazer a trajetória exige muito mais tempo do que definir o objetivo original. É por isso que você tem de aprender a curtir o processo da vida, e não só os resultados finais – a verdade nua e crua é que *a maior parte* da vida é processo.

Agora examine o Ano 1 com mais vagar, o lugar de onde está partindo agora. A situação atual de sua vida – e as PRÓXIMAS ATRAÇÕES que anotou em seu DIÁRIO DA CASA – correspondem a seus objetivos do Ano 5, ou você vai ter de fazer algumas mudanças para acomodar tanto o seu presente quanto o seu futuro? Ninguém disse que mudar é fácil. As mudanças são difíceis, mas valem a pena. Dão vida nova a suas experiências e podem ajudar a remodelar e reestruturar sua existência e seu modo de viver.

O PLANO DE VIDA QUINQUENAL é uma ferramenta valiosa para estabelecer objetivos e descobrir desejos ardentes num instante. É preciso ser ousado e sonhar alto. Pôr tudo isso no papel em cinco minutos, ou menos, vai deixar cada um surpreso com o quanto já sabe sobre si mesmo e o quanto é realmente interessante.

Não deixe de guardar seus planos antigos para um dia mais tarde saber onde estava e para onde se dirigia à medida que amadurecia. As prioridades mudam com o tempo. O efeito dominó é impressionante. Risque as coisas que já conseguiu, ou se deixe maravilhar com a rota fascinante que seu caminho cheio de curvas seguiu ao longo dos anos.

Se teve dificuldade para criar um plano, pode ser porque não é uma pessoa muito focada em resultados. Talvez sinta mais motivação pelo processo em si, o que significa que seus objetivos têm mais relação com uma perspectiva do que com a reta de chegada. Se você se volta mais para os processos, ajuste seus objetivos para que reflitam a *experiência* que deseja ter, em vez do resultado propriamente dito. Por exemplo: no Ano 5, seu objetivo pode ser estar livre de preocupações financeiras, em vez de definir seus ganhos com um número. Ou então você pode querer dominar por completo os conhecimentos de sua área profissional, progredindo a partir da condição de assalariada no Ano 1. Talvez você queira autoconfiança, orgulho de si, de seu cônjuge ou dos filhos, ou viver no interior, ter estabilidade no emprego, amigos de confiança etc. Este é o *seu* PLANO DE VIDA QUINQUENAL e, por isso, você deve criá-lo de forma a estar especificamente em harmonia com seu estilo pessoal. Quando terminar, cole uma cópia num lugar onde possa vê-lo todos os dias para manter seu plano vivo na memória. E tire mais uma cópia para colocar na seção OBJETIVOS de seu DIÁRIO DA CASA.

## Plano da casa quinquenal

Sua casa está de acordo com seu PLANO DE VIDA QUINQUENAL? Agora que você já fez um para si, preencha o diagrama sobre o plano de sua casa. As casas exigem manutenção, e também renovação, que inclui pintura.

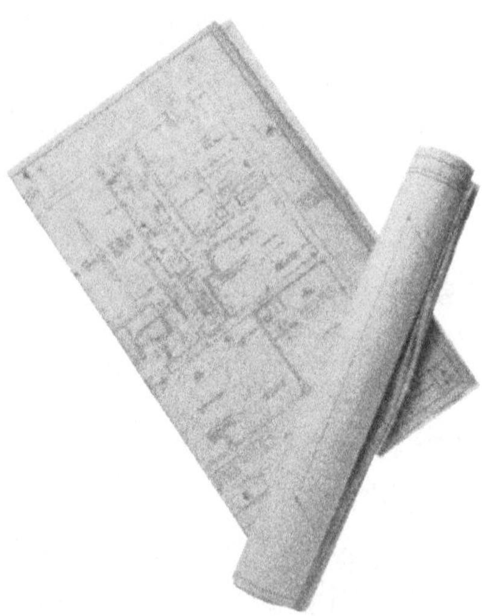

Quando temos um plano para a casa, conseguimos fazer o que é preciso. Se você não tiver definido os passos com a trajetória de seus objetivos, nunca vai mandar construir aquela cerca, ou ter aquele novo jardim e, em vez disso, vai continuar convivendo com aquele linóleo velho e com as paredes sujas por décadas.

Reveja aquela lista de prioridades que você anotou na seção do DIÁRIO DA CASA de seu *Fichário de Decoração da Casa Terapêutica* para ver o que precisa ser acrescentado a ela. Não deixe de incorporar suas PRÓXIMAS ATRAÇÕES, nem seus objetivos pessoais. Se dívidas ou trabalho forem problema, concentre-se naquele escritório ou ateliê da casa. Se peso ou boa forma preocupam você, concentre-se na criação de uma área de ginástica e espaços que lhe encham a alma em vez do estômago

– como a sala de visitas, onde a convivência pode ser uma experiência alimentadora. Quando terminar, guarde o plano quinquenal da casa no seu *Fichário de Decoração da Casa Terapêutica*. Acerte o despertador para tocar daqui a dez minutos e comece!

## Plano da casa quinquenal

| | ANO 1 | ANO 2 | ANO 3 | ANO 4 | ANO 5 |
|---|---|---|---|---|---|
| **COZINHA**<br>Eletrodomésticos, pias, louça, organização, pintura, objetos de arte, mesa de refeições, piso, consertos etc. | | | | | |
| **SALA DE VISITAS**<br>Móveis, tapetes, objetos de arte, pintura, aparelhos eletrônicos, *home theater*, consertos etc. | | | | | |
| **QUARTO DE DORMIR**<br>Armários, cômodas, acessórios, tapetes, objetos de arte, pintura, roupa de cama etc. | | | | | |
| **BANHEIRO**<br>Azulejos, porcelanas, chuveiro, estrado, pintura, objetos de arte, artigos de *spa*, claraboia etc. | | | | | |
| **ESCRITÓRIO**<br>Computador, estantes, banda larga na Internet, impressora, fax, listas de endereços, *softwares*, arquivos, sistema de contabilidade, objetos de arte, pintura etc. | | | | | |
| **JARDIM/QUINTAL**<br>Plantas, chafariz/tanque, mesa com cadeiras, casinha no alto de uma árvore para as crianças, piscina, espreguiçadeiras, guarda-sol, churrasqueira, quadras de esporte etc. | | | | | |
| **QUARTOS DAS CRIANÇAS**<br>Armários embutidos, camas novas, espaço para brincar, mesas, computadores, pintura, objetos de arte etc. | | | | | |
| **GARAGEM**<br>Transformar, aumentar, acrescentar área de trabalho, bancada de ferramentas, caixas para guardar coisas, consertos, porta automática, oficina etc. | | | | | |

# 7

# Ter estilo

Parte da construção de uma Casa Terapêutica é impregnar o ambiente onde você vive com seu estilo e personalidade distintos. Quando se cerca de artigos pessoais reconfortantes, cores e texturas de que gosta, móveis que trabalham a seu favor - e não contra - e objetos de arte e acessórios inspiradores, você se sentirá mais à vontade, com menos estresse e mais equilíbrio, em suma, mais ... *você*. Seu lar é a tela de sua vida: portanto, faça dela uma obra de arte. Cada canto de sua casa deve ser uma composição.

## A descoberta do seu estilo

Você tem seu próprio estilo, mesmo que não saiba qual é. É explorando que você o descobre. A maioria das pessoas sabe qual é a sua preferência em termos de cinema - policial, comédia romântica, ação, filme de arte - porque já participou de uma boa amostra e prestou atenção às suas reações. Nas sombras de um teatro escuro, por exemplo, você se permitiu uma experiência catártica anônima, que ajudou a fechar o leque de escolhas e, assim, revelar seu gosto particular.

A mesma abordagem se aplica à compreensão e desenvolvimento do seu estilo de decoração. Marque o quadrado que você considera ser o segredo para discernir o seu gosto individual respondendo as seguintes perguntas:

**Como você se sente a respeito de**

| | Adoro | Detesto | Indiferente | Não sei |
|---|---|---|---|---|
| Papel de parede com desenhos | ❑ | ❑ | ❑ | ❑ |
| Poltronas e sofás de couro | ❑ | ❑ | ❑ | ❑ |
| Cadeiras de vime com estofados floridos | ❑ | ❑ | ❑ | ❑ |
| Cortinas em tom de café | ❑ | ❑ | ❑ | ❑ |
| Molduras de quadros lavradas | ❑ | ❑ | ❑ | ❑ |
| Colchas antiquadas | ❑ | ❑ | ❑ | ❑ |
| Arte moderna abstrata | ❑ | ❑ | ❑ | ❑ |
| Móveis de cromo e vidro | ❑ | ❑ | ❑ | ❑ |
| Móveis de mogno escuro | ❑ | ❑ | ❑ | ❑ |
| Paredes pintadas de vermelho escuro | ❑ | ❑ | ❑ | ❑ |
| Mesas de pinho em estilo colonial | ❑ | ❑ | ❑ | ❑ |
| Prateleiras de CD em metal | ❑ | ❑ | ❑ | ❑ |
| Relógios de cozinha Sputnik da década de 1960 | ❑ | ❑ | ❑ | ❑ |
| Estofados em tecido xadrez | ❑ | ❑ | ❑ | ❑ |
| Pinturas a óleo de paisagens | ❑ | ❑ | ❑ | ❑ |

Parabéns, você acabou de expressar algumas de suas preferências estilísticas. Para desenvolver seu estilo, você precisa *ter opinião* – sobre o que vê, toca, cheira, ouve e principalmente sobre o que sente. Toda vez que você deixa os olhos passearem por uma vitrine, que entra na casa de alguém, folheia uma revista ou assiste televisão, pergunte-se se gosta da maneira como as coisas foram estruturadas, organizadas e arrumadas, e se o que vê evoca uma resposta emocional positiva em você. Seu estilo é tradicional, eclético, contemporâneo urbano, colonial, chique dos anos 50, ou outro? Descobrir o que lhe dá prazer e sensação de plenitude é a forma de defini-lo. Ter esse estilo é um degrau a mais para se tornar mais você – um salto imenso em direção a seu desenvolvimento pessoal mais profundo.

## Teste seu estilo na prática

Ao avançar na leitura desta seção, faça visitas informais a vitrines de móveis e artigos de iluminação e a seções de sua loja de departamentos local dedicadas à casa. Sente-se nas cadeiras, sofás e poltronas. Passe as mãos nos estofados ou acabamentos de madeira. Experimente as camas que ficam dentro daqueles sofás conversíveis nas quais seus hóspedes vão dormir. Teste os acessórios da iluminação. Leve uma revista e tente lê-la sob os abajures de pé. Pense em forma, em cor, em textura e em praticidade. Verifique qual é o máximo de watts que os abajures suportam – os de 40 watts não iluminam o suficiente para a leitura. Sente-se nas cadeiras da mesa de refeições e veja se há cantos em ângulo reto onde seus cotovelos possam descansar.

Pesquisar sem o objetivo de comprar libera a imaginação para você ver realmente o que acha atraente ou não, sem a urgência da necessidade. Pergunte-se que artigos você considera os mais práticos e quais mais o atraem: são de pelúcia? Feitos sob medida? Conservadores? Futuristas? Formais? Impermeabilizados? Descobrir seu gosto deve ser uma coisa divertida; portanto, entre no processo como se fosse uma brincadeira. Curta. Se você não tem familiaridade com os estilos de decoração, pergunte aos vendedores se um artigo é tradicional, contemporâneo ou de algum outro estilo. Dessa forma, você pode identificar o seu gosto. Você também talvez queira pesquisar informalmente alguns artigos de que vai precisar para as PRÓXIMAS ATRAÇÕES de sua vida só para ter algumas ideias. Mas este é basicamente um exercício de *estilo*. Quando terminar, crie uma seção intitulada MEU ESTILO em seu *Fichário de Decoração da Casa Terapêutica* e guarde nela todos os folhetos de propaganda, anotações ou imagens que coletou durante sua missão.

## *Aquele ali na vitrine*

Este é um jogo com o qual você pode brincar toda vez que fizer compras. Leve alguém consigo e olhe as vitrines. Escolha um lugar no qual possa pesquisar sem interferências. Não importa o tipo de loja, desde que tenha alguma relação com o lar. Pode ser de artigos de encanamento, vasos de porcelana, objetos de decoração, lojas de quinquilharias – qualquer coisa que você pode encontrar em sua casa.

## As regras do jogo

Você tem de fazer uma escolha e tomar uma decisão sobre uma coisa que compraria daquela vitrine, mostruário ou prateleira. Não adquira realmente esse artigo – este é um jogo sobre tomada de decisões, não de compras – mas obrigue-se a escolher uma coisa que levaria para casa se fosse obrigada. Você *tem* de escolher alguma coisa mesmo que deteste tudo o que vê. Por outro lado, se você adora tudo, deve fechar o leque de possibilidades até chegar a uma só. Obrigue-se a assumir este compromisso – uma coisa e uma coisa só. Depois argumente a respeito de sua escolha. Tanto você quanto a pessoa que está consigo têm de concordar com as razões pelas quais você escolheu um determinado item e excluiu os outros.

Foi a cor, o estilo, a função ou a habilidade com que foi feito? Lembra você de alguma coisa ou de alguém? Ou cúpulas de abajur rosa-claro são seu prazer secreto, em relação ao qual você tem uma certa culpa? Explique. Procure entender também as escolhas da outra pessoa. Além de aumentar o prazer, isso também vai ajudá-la a aumentar a capacidade de observar como outras escolhas são feitas, a compreender melhor sua própria decisão e a ver a beleza das coisas que não levou em conta. Depois de terem apresentado seus argumentos, passem para a vitrine seguinte.

Este é um exercício maravilhoso para você descobrir do que mais gosta e porquê, e uma boa forma de adquirir o hábito de tomar decisões. As crianças adoram esse tipo de jogo; mas, se você o fizer com uma criança, não deixe de enfatizar que nenhuma compra será feita. Quando chegar em casa, dê continuidade ao processo.

**As coisas que você escolheu eram:**

- ❑ Extravagantes
- ❑ Minimalistas
- ❑ Funcionais
- ❑ Clássicas
- ❑ Excêntricas
- ❑ Outras

**Eram:**

- ❑ Chiques
- ❑ Kitsches
- ❑ Coloridas
- ❑ Rústicas
- ❑ Trabalhadas
- ❑ Brilhantes

**Fizeram você se sentir:**

- ❑ Pensativa
- ❑ Boba
- ❑ Especial
- ❑ Nostálgica
- ❑ Terna
- ❑ Poderosa

O que mais você tem a dizer sobre as coisas que escolheu? Notou um tema recorrente, uma paleta de cores ou alguma outra semelhança entre as coisas que a atraíram? Faça um registro do que está descobrindo sobre o seu gosto na seção MEU ESTILO de seu *Fichário de Decoração da Casa Terapêutica.*

## Os quatro sentidos

Envolva seus sentidos nesse processo. Quando se trata de estilo pessoal, é necessário incluir visão, audição, tato e olfato. Se deixar seus sentidos orientarem, vai despertar para suas experiências e criar uma casa bonita, que ressoa e cheira bem e que passa uma sensação agradável. Isso nunca cai de moda. Lembre de um cômodo predileto que você adorava quando era criança, no lar de sua infância, ou no lar de uma avó ou avô, tia, amiga ou outra pessoa qualquer.

**Como era o cheiro dele?** ______________________________

**Que tipos de sons ouvia lá?** ______________________________

**Que cores eram predominantes?** ______________________________

**Em que tipo de texturas você tocava?** ______________________________

**Havia algum tipo de estampa? Se havia, qual era?** ____________________

**Que tipo de móveis ele continha?** _________________________________

**Era espaçoso ou apertado?**_________________________________________
______________________________________________________________

*Texturas* maravilhosas como camurça ou pisos de pedras irregulares, *aromas* de flores frescas, o cheiro familiar de torta de maçã assando, *sons* de um jazz animado ou de uma fontezinha borbulhando na sua mesa, ou cores vivas nas paredes, objetos de arte estimulantes ou artigos cheios de recordações, ajudam a dar forma à experiência de seu lar e a fazer dele uma Casa Terapêutica. As lembranças sensoriais são tão intensas e duradouras que os fabricantes de hoje as usam para potencializar seus produtos. Alguns oferecem CD´s com perfume para a casa que tocam reproduzindo fragrâncias complexas cujos títulos podem ser "Relaxamento na Rede de Balanço" e "Exploração de uma Trilha de Montanha". A revolução sensorial está realmente abrindo novos caminhos. Você pode começar a produzir recordações sensoriais positivas para sua casa.

## Os elementos fundamentais do estilo

Há vários aspectos a considerar no momento de escolher um estilo que combine com você: forma, estampa, textura, cor e outros. Vamos começar com a forma.

### FORMA = FUNÇÃO

Forma é igual a função. O que significa que a forma é algo que determina a tarefa a ser executada. Uma cadeira de espaldar reto e duro vai oferecer uma área rígida para você se sentar – uma opção muito útil se você não quer que as pessoas fiquem muito tempo... e uma opção ruim se você deseja o oposto. Uma cadeira antiga com linhas e planos delicados também oferece uma bela área onde se sentar, mas indica formalidade quanto ao uso e dita seu comportamento perto dela. Inversamente, uma pilha de almofadas fofas espalhadas pelo chão oferece uma área ampla para as pessoas se acomodarem, mas pode ser um convite a um indesejado espreguiçamento.

Ao escolher os móveis, é importante considerar sua rotina diária, as exigências do seu modo de vida e a sua personalidade. Leve sempre essas três coisas em conta. Sua personalidade (formal/informal etc.) vai decidir se é uma delicada mobília antiga ou um estilo contemporâneo mais informal que combina com você. Mas sua rotina diária e suas exigências também contribuem para a escolha de seu estilo. Você tem filhos, animais de estimação, mora com um monte de gente bagunceira, trabalha com projetos em sua casa? Essas coisas têm influência sobre as opções de estilo.

**Escolha a forma que você mais gosta**

Fig. 1

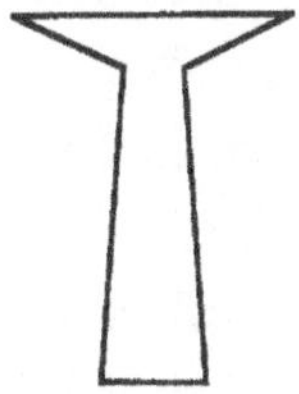

Fig. 2

Fig.3

Fig.4

Achou difícil escolher só uma, ou fez sua escolha sem pestanejar? Se preferiu a Figura 1, deve inclinar-se por aqueles pés de mesa em forma de garra dos móveis europeus antigos, ou talvez goste de sofás de pelúcia com estofados bem gordos. Se escolheu a Figura 2, talvez prefira móveis com linhas personalizadas mais despojadas, como o estilo escandinavo moderno ou talvez o norte-americano primitivo. Quem gosta da Figura 3 é mais experimental; você deve gostar de decoração retrô ou futurista. Se a Figura 4 foi a sua opção, é provável que um ambiente eclético, provinciano francês ou tradicional atraia você. Agora vamos ver as estampas.

## ESTAMPA = CONTINUIDADE

**Que estampas atraem você naturalmente?**

| | | |
|---|---|---|
| ❑ Xadrez | ❑ Bolinhas | ❑ Paisagens |
| ❑ Listas | ❑ Arabescos | ❑ Geométricas |
| ❑ Flores | ❑ De uma cor só | |

Coordenar estampas é uma forma de dar continuidade a seu ambiente. Os olhos relaxam com uma repetição de forma, cor ou arranjo. Cria a impressão de haver relações. É um detalhe que vale a pena levar em conta na hora de tomar decisões sobre a decoração.

Por exemplo: se você escolheu o xadrez como a sua estampa favorita, pode repeti-la organizando grupos de objetos de formas quadradas em todo o cômodo (agrupe as coisas em números ímpares, e não em números pares, para conseguir um visual mais interessante). Você também pode repetir uma cor de uma cortina predominante ou do tecido dos estofados nas almofadas, otomanas ou acessórios como forma de criar um tema recorrente num cômodo.

Se as flores foram a sua opção, você pode acrescentar flores frescas ou quadros de paisagens para intensificar a ligação entre o tecido florido do sofá e a natureza que lhe serviu de inspiração. Na cozinha, a estampa do estofado das cadeiras, das toalhas de mesa, dos guardanapos e das cortinas podem se repetir para coordenar o visual. Se houver exagero, qualquer repetição pode parecer deliberada demais, forçada, mas adicionar só uns salpicos do mesmo tecido, estampa ou cor por todo um ambiente pode ser calmante e gerar uma sensação de equilíbrio. Até um conjunto de guardanapos ou um jogo americano de mesa podem fazer a mágica.

## TEXTURA = PROFUNDIDADE

As texturas dão profundidade à experiência de cada ambiente – dos sofás aos pisos, das cortinas à roupa de cama. Como os cheiros, as texturas costumam estar muito ligadas às recordações; conectam-nos com nosso cérebro reptiliano e atraem nossa natureza tátil. A concha delicada de uma cadeira de plástico envolve seu lado brincalhão. Um vidro com desenhos num armário de cozinha traz à tona nossa natureza doméstica. A complexidade de um macio tapete persa desperta sua secreta sofisticação interior. Já o aço cromado e o couro despertam seu ambicioso estrategista. Considere em que cômodos essas texturas são mais apropriadas e use-as em toda a casa para aumentar o interesse do seu ambiente e a amplitude daquilo que toca seu senso interior de paz ou força.

Se não tem certeza de quais texturas deve usar, basta repassar toda a sua vida e identificar algumas que deixaram uma impressão em você, para bem e para mal. A estola de veludo de sua avó , que parecia passar-lhe insegurança era macia, ou áspera e enrugada? Como fazia você se sentir?

Dê uma olhada na lista de texturas abaixo e escreva todas as reações emocionais que elas despertam em você. Por exemplo: Dura/áspera: cortinas de juta fazem com que você se sinta para baixo e despertam sua rebeldia. Ou, paredes com salpicos de cimento fazem com que você não se sinta bem vinda.

---

### Texturas

**Macia/suave:**____________________

**Rugosa/áspera:**____________________

**Aveludada/estofada:**____________________

**Sedosa/escorregadia:**____________________

**Dura/polida:**____________________

---

Existe alguma textura que você tem certeza absoluta de querer em seu ambiente e outras que deseja excluir? Considere isso ao escolher pisos, tecidos e móveis.

## COR = ESTADO EMOCIONAL

Trazer as cores para sua casa é uma forma natural de criar um determinado estado emocional e afetar os seus. A cor pode ser dramática, calmante, leve, ousada, suave, sensual, entre outras coisas. Os estados emocionais costumam ser descritos em termos de temperatura. Ele é esquentado. Ela é fria. E as cores também são descritas como quentes e frias, com base em sua frequência de onda. Dê uma olhada na roda de cores primárias e secundárias. As cores quentes estão de um lado da roda: vermelho, laranja e amarelo. As cores frias ficam do lado oposto: verde, azul e violeta.

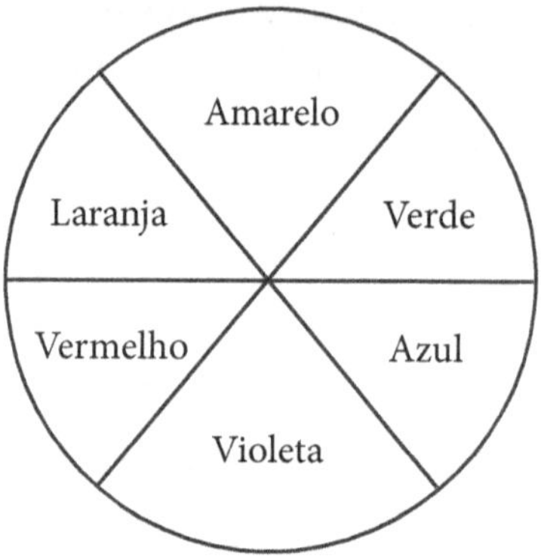


Escolher cores frias não significa que você é uma pessoa fria, quer apenas dizer que essas cores agradam os seus olhos e que essas tonalidades despertam ecos em você.

Talvez você seja uma pessoa de "sangue quente", cuja vida é cheia e intensa e precise de cores frias para sentir mais equilíbrio e calma. Da mesma forma, pode haver momentos na sua vida em que as coisas andam mais devagar ou estão tediosas e você precisa de tons quentes em sua casa para ligar o motor de novo. Observe as cores do cômodo em que você está agora.

---

**Qual é a cor dominante desse cômodo?**____________________

**Essa cor cria uma atmosfera particular?**____________________

**Como se sente olhando para essa cor?**____________________

**Ela estimula o trabalho que você está fazendo na sua Casa Terapêutica?**

---

---

Procure imaginar as paredes pintadas com uma cor inteiramente diferente: azul-marinho, verde-musgo, marrom-chocolate, vermelho-escuro ou rosa-choque. A atmosfera desse cômodo mudaria em alguma coisa para você? É facil ver a importância da cor num ambiente quando você pensa em acrescentar cores fortes, pois toda cor tem um efeito. Descobrir quais as suas cores preferidas é um aspecto importante de seu estilo pessoal, e você vai ter a oportunidade de fazer isso na sequência. É claro que aquilo que você acha celestial aos doze anos pode ser repulsivo aos cinquenta; portanto, prepare-se para algumas mudanças. Nossas experiências e outras influências transformam nosso estilo ao longo dos anos e as escalas de cores de nossa casa devem mudar de acordo com as transformações ocorridas.

## TEMA = HISTÓRIA

Uma forma de dar asas à imaginação e compensar sonhos não realizados é reproduzir em sua casa algumas características de um lugar, coisa ou atividade que você adora. Desenvolva um tema qualquer – pode ser a cor: o quarto azul; uma atividade: a sala de leitura; as férias de sua vida: uma cozinha de bistrô parisiense; ou até mesmo uma lembrança, como uma tarde com seu pai: a prateleira de livros sobre barcos de pesca na biblioteca – pode transportar você direto para a experiência. Você pode ter um feriado todo dia em sua própria casa.

---

Responda as seguintes perguntas:

**Quais são suas duas cidades favoritas?**____________________

**Onde passou suas melhores férias?**____________________

**Cite dois lugares onde adora ir (praia, biblioteca etc.)**____________________

**Qual a sua lembrança favorita?**____________________

**Qual é a cor predominante no seu guarda-roupa?**____________________

**Quais são as atividades de que mais gosta?**____________________

---

Faça uma anotação dessas possíveis ideias de temas para os cômodos de sua casa na seção MEU ESTILO do seu *Fichário de Decoração da Casa Terapêutica.*

## O DESENVOLVIMENTO DE UM TEMA

Um colega, que trabalha longas horas e ganha a vida com entretenimento, gosta tanto do Pacífico Sul que transformou sua casa, do portão de entrada até a garagem, num oásis tropical. Na varanda, cobriu a cúpula dos abajures com sapé e colocou plantas tropicais em vasos que anunciam o tema do interior. Na sala de visitas, ele definiu um bar polinésio completo, com a parte inferior do móvel coberta de grama, e espalhou espreguiçadeiras confortáveis por todo o cômodo, iluminando tudo com abajures cuja base são lindas dançarinas havaianas.

Quando você chega à piscina do quintal, aconchega-se numa gruta convidativa de rocha natural e cascatas, cercada de jardins verdejantes de samambaias, palmeiras, hibiscos em flor e bananeiras. As trilhas são de pedra natural, iluminadas por tochas a gás, cuja base é de bambu. Até o portão externo da garagem foi construído com troncos de bambu largo com uma máscara *tiki*[1] como aldrava. Essa extravagância pode ser um pouco demais para muita gente; mas, para ele, é de fato um paraíso do Pacífico Sul no coração do enfumaçado vale de San Fernando de Los Angeles.

Escolher um lugar onde você adora estar e impregnar o ambiente de sua casa com algumas de suas características é um jeito maravilhoso de lembrar aquele voo da imaginação e vencer a sensação desagradável de estar preso a uma vida de responsabilidades e obrigações.

# A construção do seu ninho

Agora que você já sabe o básico, está na hora de elaborar um pouco. Vamos fazer uma exploração de campo. Você vai procurar os itens para sua coleção *pessoal* – as cores, estampas, texturas e visuais que adora.

1 N.T.: Máscaras de madeira entalhada representando formas humanoides que, em algumas culturas polinésias, servem para marcar as fronteiras de locais sagrados ou importantes, possivelmente com o intuito de protegê-las.

## A fase de montagem da coleção

Neste exercício, você reunirá amostras de tecidos, de tintas e alguns azulejos, e também folhetos de propaganda de pisos de madeira, e materiais destinados aos acabamentos (como cerâmica, granito etc.) que você *ama de paixão*. Vai descobrir que essas viagens são muito úteis - exatamente aquelas feitas por decoradores profissionais quando se preparam para começar um novo trabalho. Eles fazem explorações, e você também vai fazer. Sua primeira missão é uma viagem a uma loja de materiais de construção ou qualquer outra especializada em reformas.

### AMOSTRAS DE TINTA – AVENTURAS NO MUNDO DAS CORES

A primeira parada é o departamento de tintas. Procure o mostruário e pegue todas as amostras às quais você reage favoravelmente. Apenas isso - determinar quais *cores* você gosta é a meta final, e não de que cor você vai pintar um certo cômodo.

Quando voltar, coloque suas amostras na seção MEU ESTILO de seu *Fichário de Decoração da Casa Terapêutica*. Vamos trabalhar com elas mais adiante.

### O PODER DAS FLORES NA PAREDE – UM ROLO DE BOM GOSTO

Em seguida, visite a seção de papel de parede. O mesmo exercício deve ser feito aqui. Pegue as amostras do que gostar. Talvez tenha de folhear vários livros delas para escolher algumas. Algumas lojas dão amostras, outras não. Mas, se você vir alguma de que goste, anote a informação e depois pesquise na Internet. Se tiver uma impressora a cores, imprima uma cópia.

Quando voltar, guarde suas amostras e informações na seção MEU ESTILO de seu *Fichário de Decoração da Casa Terapêutica*. Muitas pessoas não gostam de papel de parede, mas ele está de volta e hoje em dia há muitos tipos bem interessantes, com frisos em alto relevo, ou próprios para fazer lambris, ou com motivos decorativos que servem de bordadura. Foram feitos para acrescentar uma nova dimensão às paredes e tetos e dar a impressão de serem efeitos caríssimos de estuque – por uma fração do custo.

Se você não tem amostras para colocar nas páginas da seção MEU ESTILO de seu *Fichário de Decoração da Casa Terapêutica*, anote os dados relativos às estampas de que gosta e que vai querer rever mais tarde.

## ARQUIVO DE MADEIRA E AZULEJOS – DESCUBRA SEU CHÃO, MOLDE SEU FUTURO

Não se esqueça dos espaços revestidos de madeira e azulejos. Para os pisos de madeira, você vai conseguir folhetos de propaganda e muitas lojas especializadas em materiais para acabamento (em madeira, azulejo e granito) vão deixar você sair com algumas amostras.

Os pisos de madeira natural tratada voltaram a estar na moda nos últimos quinze anos, assim como as mesas de granito das pias ou bancadas de cozinha. Identifique suas preferências: gosta mais de objetos coloridos ou de cor neutra, do simples ou do enfeitado, de madeiras claras ou escuras, de acabamentos lisos ou granulados?

Ao pesquisar as prateleiras e mostruários de pedra, granito e azulejos, pergunte-se: azulejos brilhantes de cerâmica branca em seu banheiro trazem a sensação de limpeza e renovação, ou o acabamento matizado da pedra natural conjura fantasias de banhos numa baiazinha secreta?

Você já deve saber do que gosta, ou ter notado algo na casa de outra pessoa que admirou. As ofertas são inumeráveis – e algumas viagens a lojas de azulejos, pedras e mármore, ou de tacos de madeira, vão lhe dar as respostas. Quando estiver lá, examine com cuidado as opções de acabamento, com atenção especial para os usos arquitetônicos da madeira entalhada. Você pode melhorar o visual do console da lareira, da porta de entrada e das paredes com apliques de madeira lindíssimos e baratos.

Mesmo que esteja a anos de distância de sequer pensar em pisos, pias de cozinha ou acabamentos de banheiro, saia e explore esses elementos assim mesmo. Você está desenvolvendo seu estilo pessoal de decoração e refinando seus cinco sentidos. Pesquise e divirta-se, mas só leve para casa as coisas de que gosta, mesmo se achar que jamais conseguiria viver com um papel de parede decorado com flores gigantes.

## AMOSTRAS DE TECIDOS – TRAMAS FABULOSAS

Chegou o momento de fazer uma visita a uma loja de tecidos de decoração de primeiríssima linha. Não tenha medo das coleções caras destinadas a profissionais - você está pesquisando, *não* comprando. Diga que está reformando sua casa e procurando amostras de tecidos entre os quais escolher. Os atendentes vão ajudar cortando umas amostras para você levar para casa. Mas procure não deixar a opinião deles influenciar você demais; eles não estão na sua pele. Primeiro olhe bem à sua volta, descubra alguma coisa que goste e só depois peça uma amostra. Talvez você sempre tenha comprado seus móveis e pisos numa loja de departamentos, ou nunca tenha entrado antes numa loja de tecidos para decoração. Um novo mundo está prestes a se abrir à sua frente! Cortinas, estofados e toalhas de mesa podem ser feitos todos de acordo com suas especificações, e os móveis podem ser revestidos para combinar com o seu gosto pessoal.

Preste atenção à textura de cada tecido. Você quer materiais que sejam suaves ao toque e em conformidade com seus fatores e os problemas do seu cotidiano, como sensibilidades e alergias. Alguns tecidos maravilhosamente coloridos chegaram ao mercado, mas muitos são sintéticos e podem fazer mal com o uso prolongado. Você está construindo uma Casa Terapêutica, um ambiente terapêutico – e, como vai descobrir mais tarde, o conforto sempre vence a moda. Lembre-se: as tendências do momento não são o que você está procurando; o que você está procurando é o *seu* estilo. Você não tem de se comprometer com nenhum desses tecidos, nem agora, nem depois. Como as amostras de tinta e pedacinhos de papel

> **DICA**
>
> Quando vir um tecido que você gosta, tome nota do nome, cor e outros identificadores (códigos do fabricante) e faça uma busca na Internet para encontrar fornecedores que estão oferecendo descontos nos preços.

de parede, essas amostras de tecido só vão fazer parte do arsenal de seu *Fichário de Decoração da Casa Terapêutica* e ajudar você a ter uma ideia das coisas que mais gosta.

Depois de montar toda a sua coleção, coloque todas as amostras numa mesa à sua frente e continue lendo...

## A roda das cores

Estamos de volta à roda das cores primárias e secundárias. Organize suas amostras de tinta, de azulejos, tecidos e papel de parede que mais se aproximem das categorias de cor à esquerda.

Vermelho, amarelo e azul são as cores primárias e a base de todas as outras. Laranja, verde e violeta são cores secundárias. São cores produzidas pela combinação das cores primárias. Há uma terceira categoria, chamada cores terciárias, produzidas pela combinação de cores primárias e secundárias. O mais provável é que suas amostras de tinta e de tecidos entrem em algum ponto desta última categoria – laranja-avermelhado ou verde-azulado, por exemplo. Mas, por enquanto, procure fazer correspondências entre suas amostras e a seção da roda das cores que parece ser predominante.

---

**Que cores são as suas escolhas mais frequentes? Escreva o número de amostras de tinta que você tem em cada grupo:**

Vermelho______________ Azul ______________ Verde______________

Amarelo______________ Laranja ____________ Violeta____________

---

Anote suas respostas nas páginas da seção MEU ESTILO. Agora que você já sabe quais as cores que realmente lhe atraem mais, descobriu um aspecto importante da paleta de cores de seu estilo pessoal. Vai ser mais fácil criar conjuntos de cores e combinações a partir dessa paleta e encher sua casa com as cores e texturas que você mais gosta.

Agora o arsenal de seu estilo está começando a aumentar de verdade. Na seção de Cromoterapia da Regra da Casa Número 11, Tudo branco não é bom (Capítulo 19), você vai começar a criar conjuntos de cores que beneficiam seu espírito, disposição e modo de vida; mas, por enquanto, guarde novamente suas amostras no *Fichário de Decoração da Casa Terapêutica.*

## Temas de revistas – seja você mesmo seu serviço de recortes

Você está começando a ter ideia do que gosta; portanto, comece a folhear revistas de casa e jardim nas bancas de jornal próximas. Elas são referências incríveis para a descoberta do seu estilo pessoal. Decoradores de prestígio do mundo inteiro lutam entre si pela oportunidade de criar visuais estonteantes para fazer seus sentidos delirarem. Portanto, participe! Encontre os visuais que tocam você. Você não vai procurar espaços de pura ostentação, embora vá encontrá-los aos montes, e sim propostas para espaços nos quais você possa viver realmente, morar bem, que sejam reconfortantes. Tenha em mente a sua rotina diária. Carpetes de pelúcia branca são realistas mesmo quando você mora com crianças ou animais? Ou você vai ter de excluir de sua própria casa as pessoas e criaturas com as quais gosta de estar? É muito triste ver um bichinho de estimação relegado ao porão porque sua dona criou um ambiente hostil para ele. Você deve considerar todas essas questões ao pensar em seu estilo pessoal. Crie uma seção de INSPIRAÇÃO em seu *Fichário de Decoração da Casa Terapêutica* e coloque lá todas as imagens de que gosta.

> **INVESTIGUE!**
>
> Quando estiver na fila do supermercado, pegue uma revista de decoração e folheie rapidamente. Se um visual qualquer lhe chamar a atenção, compre a revista. Recorte a página e coloque-a na seção INSPIRAÇÃO de seu *Fichário de Decoração da Casa Terapêutica.*

## Hora de juntar as peças

O que você fez ao longo de todo este capítulo foi chegar à compreensão do seu estilo observando os elementos de seu lar em termos de formas, cores, estampas, texturas e temas. Todos esses fatores têm a capacidade de produzir uma sensação ou um estado emocional, ou de refletir uma personalidade. Todos são parte do seu gosto pessoal global. Os dias passados no meio de todos aqueles anúncios de jornal de fim de semana em busca dos móveis mais baratos do mercado acabaram. Você ainda pode procurar pechinchas para sua Casa Terapêutica, mas vai querer mais que apenas encher seu lar de peças aleatórias. Você quer criar um visual – *o seu visual* – ele é o seu Ponto de Vista. O que significa empregar seu olho clínico ao fazer suas escolhas. Da próxima vez que for comprar alguma coisa para sua casa ou decidir por um novo visual, leve todas essas características em consideração. E não se esqueça daqueles extras que reanimam tudo – som e perfume. Eles vão ajudar a articular seu ponto de vista de forma prazerosa do início ao fim e maravilhosamente estimulante.

## Diário da casa

Não há dúvida de que muito do que você descobriu sobre seu estilo é difícil de verbalizar e classificar em categorias absolutas. Portanto, antes de terminarmos este capítulo, vamos envolver o lado direito de seu cérebro e tentar algo não-verbal. Desenhe uma forma simples que represente a essência de seu estilo. Pode ser um círculo, um triângulo, uma forma livre, uma rosa; você pode fazer esse desenho com uma régua, ou de olhos fechados. Não é para testar sua habilidade no desenho, e sim sua capacidade de dar asas à imaginação. Faça algo simples e, se não conseguir, não se preocupe.

Depois, acrescente cor ao desenho. Use tantas quantas quiser.

Complete este parágrafo: Agora entendo que estilo significa algo diferente de estar na moda, que não é o mesmo que moda, e agora o meu estilo pessoal está muito mais claro para mim. Quando se trata de estilo, minha casa e eu ________________________________________.

# Parte II

# SEUS ALICERCES

# 8

# As regras da casa

Alicerces de cimento, varas de ferro e brita constituem a base estrutural de qualquer construção, sem a qual ela desmorona. Da mesma forma, os alicerces de uma Casa Terapêutica precisam de linhas divisórias, conforto, beleza, higiene, ordem, eficiência e função apropriada para cada espaço para servirem de base a uma vida boa. Você pode criar essa base sólida seguindo algumas regras básicas para os componentes vitais de uma Casa Terapêutica – válidas para toda casa e para todo cômodo.

# As regras da casa

# 9

## REGRA Nº 1
# Viver na casa inteira

*Para ter uma vida mais equilibrada, passe algum tempo em cada cômodo de sua casa todos os dias.*

Viva na sua casa inteira. Este é o primeiríssimo princípio pela seguinte razão: é o mais importante de todos. Tudo o que diz respeito a uma Casa Terapêutica baseia-se nesse princípio. Para viver uma vida completa – em harmonia com os desejos de seu coração e o potencial de sua mente, em equilíbrio com suas necessidades de trabalho, lazer e amor, como ponto de apoio de suas necessidades e das necessidades das pessoas da sua vida, e sem tensões – você precisa viver todo o seu ser. E para isso você precisa viver em toda a sua casa. Os lares são pensados com todas as suas necessidades em mente, e no momento em que você começa a se afastar de certas áreas de sua casa, começa também a se afastar de certas partes de seu ser. Por que fazer uma coisa dessas?

Descobrimos que muitas pessoas vivem em um único cômodo. Para algumas é a cozinha, para outras a biblioteca e, para muitas, o quarto de dormir. Fazem tudo nesse cômodo: comem, recebem amigos, leem, produzem, trabalham, conversam ao telefone, dormem. O que há de errado com isso? Por que "Viver na casa inteira" é a regra número um? Pelo seguinte:

## Todo cômodo tem uma função prática e emocional

Se as quatro pedras angulares definem uma Casa Terapêutica, todo cômodo de sua casa também serve a dois propósitos: uma função prática e uma função emocional. Cada cômodo relaciona-se a necessidades específicas básicas como água, comida e abrigo, e a outras mais profundas, mais pessoais, como convivência, serenidade e intimidade. Podemos até dizer que são necessidades da *alma*. Quando uma cozinha quente e aconchegante é perfumada com o aroma do rosbife no forno, uma torta de maçã esfriando na janela, ou uma xícara de café na bancada, a função desse cômodo para uma criança de dez anos que faz seus deveres de casa, sentada por perto, vai ser mais importante do que apenas lembrá-la do local onde é alimentada. E para os pais que criaram uma cozinha que consegue satisfazer tão bem ambas essas funções, alimentar o ser daquela criança é muito mais do que simplesmente lhe pôr comida na boca.

A consagrada, "Hierarquia das Necessidades", do psicólogo Abraham Maslow (1943) coloca as nossas necessidades de sobrevivência – comida, água, abrigo e segurança – na base; depois elas evoluem para as necessidades emocionais de privacidade, de fazer parte de algo maior do que nós, de reconhecimento de nossos talentos e obras e até da expressão criativa de nosso eu mais profundo – em termos mais simples, elas evoluem para as necessidades de ser livre, de estabelecer relações sociais, de contribuir e de crescer. Uma Casa Terapêutica oferece uma base para que *todas* essas necessidades sejam satisfeitas cômodo por cômodo.

| NECESSIDADES DE SOBREVIVÊNCIA | NECESSIDADES DA ALMA |
|---|---|
| Água | Liberdade |
| Comida | Relações sociais |
| Abrigo | Contribuições |
| Segurança | Crescimento |

Todo cômodo tem tanto uma função prática quanto uma função emocional. Essas funções afetam sua vida cotidiana em termos de sobrevivência, e mais ainda as necessidades de sua alma. Quando a função prática ou a emocional de um cômodo não é exercida, este cômodo não satisfaz suas necessidades. Por exemplo: se há um espaço vazio onde devia ser a sala de visitas, como é que os moradores da casa podem conviver uns com os outros de maneira apropriada? Talvez optem por não participar de nenhum tipo de comunidade, pelo menos não com a parte mais profunda de seu ser (seu lar) ou com a parte mais luminosa e fluente deles próprios (o espaço público de um cômodo da família). Mas uma sala de visitas é o local onde se reúne uma espécie de "conselho tribal", um local de reunião do círculo íntimo de alguém – onde sua necessidade de estabelecer relações afetivas é satisfeita em casa.

Então por que alguém evitaria este, ou qualquer outro cômodo? A resposta, em geral, está numa decepção afetiva secreta que levou a pessoa a se desligar dessa necessidade – nesse caso, a se desligar da necessidade de estabelecer relações sociais. Pode ter sido um evento traumático ou apenas uma experiência constante e imperceptível de negligência que suprimiu essa necessidade emocional, mas o resultado final é a falta de plenitude.

Ao organizar e decorar cada cômodo de seu lar com suas necessidades básicas e emocionais em mente, você dá passos no sentido de resolver esses problemas de desligamento, estabelecer novas práticas, criar novas rotinas e beneficiar-se com a utilização apropriada de seu espaço. Esse esforço leva a uma vida mais equilibrada e mais gratificante.

Além disso, se você deslocou uma necessidade de sobrevivência – como a necessidade de comida – para o espaço de uma necessidade emocional

– como a de estabelecer relações sociais – ela está no lugar errado; e é aí que você precisa se resolver. Isso pode aparecer na forma de distúrbios alimentares, por exemplo. Pelo mesmo motivo, se você se fixa numa necessidade emocional, como a busca de liberdade, pode acabar ameaçando suas necessidades de sobrevivência por não obter os recursos de que precisa para conseguir comida e abrigo. Por outro lado, uma obsessão com segurança pode se tornar tão sufocante que afasta você por completo de sua necessidade de liberdade, amarrando-o a um emprego ou lar que limita seu crescimento pessoal. Ao estruturar seu lar para ele satisfazer todas as suas necessidades de maneira apropriada, você corrige e equilibra sua forma de estar no mundo.

---

**Todas essas necessidades de sua vida estão sendo atendidas de modo satisfatório para você?**

- ❑ Água e comida
- ❑ Abrigo
- ❑ Segurança
- ❑ Saúde
- ❑ Liberdade
- ❑ Relações sociais
- ❑ Contribuições
- ❑ Crescimento

---

Se qualquer dessas necessidades estiver recebendo atenção demais ou de menos em sua vida, é provável que apareçam ÁREAS PROBLEMÁTICAS em seu lar. Por exemplo: se toda a sua vida gira em torno de atender as necessidades dos outros e não as suas (uma ênfase exagerada nas contribuições), você pode ter seu quarto de dormir apinhado de brinquedos, sua sala de visitas e de jantar transformadas em depósito de instituições de trabalho voluntário, e sem espaço algum para você mesmo relaxar e renovar-se – componentes necessários para o seu crescimento pessoal. As contribuições são uma dádiva valiosa para os outros, mas você tem de se equilibrar para dar continuidade às suas atividades, e isso significa cuidar de você em primeiro lugar. Anote no seu DIÁRIO DA CASA aquelas suas necessidades que não estão sendo atendidas.

## O lar é o ponto de partida para a satisfação das necessidades

Como traduzir uma necessidade emocional intangível em algo tangível de sua casa? Vamos pegar a necessidade emocional de "ser livre" como exemplo. Isso significa que você precisa de um espaço pessoal de liberdade – um refúgio privado em seu lar onde você pode ser você mesmo e fazer o que bem entender, sem que ninguém o solicite, como a clássica biblioteca do papai. Ter um espaço só seu é um componente essencial para a criação de um ambiente sem tensões; e, quando os outros apoiam você respeitando esse espaço, suas pedras angulares estão bem sólidas. Mas há um porém: Se o seu "território pessoal" está localizado numa área comum, ele não pode contrariar as necessidades emocionais ou práticas dos outros. Você não pode simplesmente se apropriar de toda a sala de visitas para fazer dela a sua oficina particular, mas talvez possa dividir a sala e torná-la multifuncional.

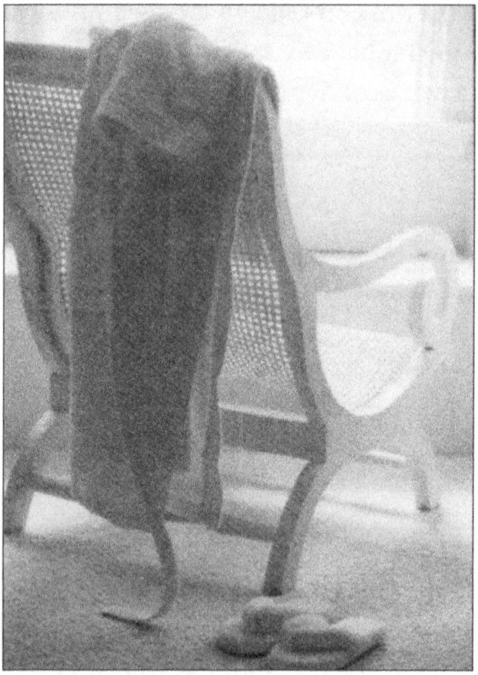

É desse modo que a decoração pode levar a mudanças em sua vida e satisfazer suas necessidades emocionais – ou da alma – além de respeitar as necessidades dos outros. Criar uma Casa Terapêutica que funciona bem significa que todos os cômodos têm de funcionar bem.

## TABELA DAS FUNÇÕES PRÁTICAS E EMOCIONAIS DE CADA CÔMODO DE SEU LAR

| CÔMODO | FUNÇÃO PRÁTICA | FUNÇÃO EMOCIONAL |
|---|---|---|
| **A ENTRADA** | Transição | Adaptação |
| **COZINHA** (O fogo sagrado) | Sustento físico | Alimento psíquico |
| **SALA DE VISITAS** (O conselho tribal) | Companheirismo e Diversão | Convivência |
| **SALA DE JANTAR** (A Távola Redonda) | Comunhão | Relações afetivas |
| **QUARTO DE CASAL** (O santuário) | Sono, recolhimento e sexo | Intimidade |
| **BANHEIRO** (O templo das águas) | Purificação | Reverência |
| **ESCRITÓRIO** (O banco de dados) | Negócios da família | Valores e contabilidade/ senso de responsabilidade |
| **PORÃO/GARAGEM** (O cofre) | Depósito | Recordar |
| **QUARTOS DAS CRIANÇAS** (O forte) | Brincadeiras/ esconderijo | Vir-a-ser |
| **ATELIÊ/OFICINA** (Espaço de trabalho e auto-expressão) | Artes criativas | Expressão |
| **JARDIM/QUINTAL** (Éden) | Cultivo e Colheita | Serenidade |
| **SALA DE JOGOS** (parque de diversões) | Jogos/Boa forma/Lazer | Relaxamento |
| **LAVANDERIA** (O rio) | Lavar e dobrar roupas | Novos começos |

Vamos nos aprofundar mais nessas funções específicas na Parte III, quando você for trabalhar cada cômodo individualmente. Mas, mesmo que você não tenha todos os cômodos apresentados na Tabela das Funções, precisa de todas as funções correspondentes em sua vida e, por isso, tem de encontrar um espaço para elas. No Capítulo 2, perguntamos que parte de sua vida estava *realmente* indo bem agora. Esse aspecto de sua vida está no cômodo certo para ele? Por exemplo: se você disse que seu trabalho estava indo divinamente e que seu senso pessoal de valor e responsabilidade é elevadíssimo, mas agora se dá conta de que a Tabela das Funções diz que o quarto de casal destina-se à intimidade (não para fazer marketing ou negócios), talvez você descubra uma fonte de seus problemas com a intimidade. Talvez não tenha aberto espaço para essa função emocional em sua vida, ou está usando o trabalho como escudo para se proteger dela. A solução não é parar de trabalhar, e sim passar o trabalho para um lugar apropriado e igualmente confortável, para poder enriquecer sua vida também com a intimidade.

Na seção PLANO DA CASA de seu *Fichário de Decoração da Casa Terapêutica*, anote todas as funções emocionais ou práticas que seu lar não cumpre atualmente. Depois vá para a Regra nº 8: Estabelecer limites para o uso de um cômodo (Capítulo 16); lá você vai aprender a tornar os cômodos multifuncionais para incluir tudo o que está faltando.

## Que partes você está deixando de fora?

A pergunta que fazemos a clientes que têm cômodos que não satisfazem bem suas funções, ou que estão desequilibrados, desarmoniosos ou estressantes é: O que precisa mudar aqui? É um dilema na decoração, ou falta de adaptação a uma mudança de vida? Um problema com trânsito ou fluxo de trabalho? Ou há uma razão secreta, mais profunda, como uma lembrança penosa ou uma questão pendente com alguma coisa que está nesse espaço?

Para compreender como cada espaço satisfaz uma necessidade emocional, seria bom passar um olhar retrospectivo sobre algo que aconteceu em sua vida que levou você a se afastar dessa área. Uma mulher descobriu que detestava os pratos que sua mãe lhe havia deixado de herança e que isso a estava mantendo longe de sua cozinha. Nesses pratos absolutamente comuns haviam lembranças indescritíveis de refeições da infância cheias de críticas - uma experiência nada *alimentadora*. Assim que substituiu seus pratos, ela começou a usar a cozinha e nunca mais precisou engolir aquelas recordações tristes com seu *bacon* com ovos.

Todos temos partes de nós que estão paralisadas, negligenciadas, feridas, repudiadas ou abandonadas - ter retrocessos e fazer escolhas faz parte da vida; às vezes é preciso voltar e pegar as peças que foram jogadas fora, ao longo do caminho; outras vezes, novas partes irrompem como uma semente brotando num solo recém-aguado, surpreendendo-nos sem espaço suficiente para acomodar os brotos. Você vai encontrar todas essas suas partes em seu lar. Deixar qualquer delas de fora vai fazer com que suas pedras angulares (harmonia, equilíbrio, apoio e um ambiente sem tensões) desmoronem.

Leia com atenção a Tabela das Funções e compare seus espaços com OS CÔMODOS DE MONTANHA-RUSSA EMOCIONAL cuja lista você anotou em seu DIÁRIO DA CASA. Escreva as funções práticas e emocionais ao lado de cada um deles. Há uma ligação aqui; consegue vê-la? Se você não recebeu cuidados e carinho na infância - se sua mãe ou pai - com boas intenções - achavam que cuidar bem de você correspondia a fazer "críticas construtivas" implacáveis - você pode ter desenvolvido um sentimento de culpa indefinível, um ressentimento profundo, problemas de segurança, distúrbios alimentares ou uma relação precária com a comida. Não é de admirar que a cozinha tenha se tornado um CÔMODO DE MONTANHA-RUSSA EMOCIONAL para você. A cozinha é onde nos alimentamos, tanto física quanto emocionalmente. Sua vida vai melhorar se você trabalhar esse cômodo, aprender a se alimentar de novas formas para curar essas feridas e mudar sua vida para a casa toda.

## Diário da casa

Agora você está prestes a criar uma casa onde possa realmente *viver*. O importante é que você viva nela de fato! Pratique com o seguinte exercício: faça anotações em seu DIÁRIO DA CASA durante cinco minutos todos os dias, cada dia num cômodo diferente, até ter escrito sobre todos os cômodos de sua casa. Use a Tabela das Funções para se lembrar das funções práticas e emocionais do cômodo antes de começar. Depois escreva sobre a maneira como esse cômodo funciona de verdade e como ele afeta suas emoções. Se tiver ideias sobre o que gostaria de fazer para deixá-lo em bom estado, tome nota enquanto estiverem frescas na sua cabeça e guarde-as na seção PLANO DA CASA de seu *Fichário de Decoração da Casa Terapêutica.*

# 10

## REGRA Nº 2
# Limpeza

*Passe o aspirador e varra a casa, lave o banheiro e troque os lençóis uma vez por semana. Lave todos os pratos e enxugue a pia e a bancada da cozinha todos os dias para manter um ambiente saudável em casa.*

Há um motivo pelo qual as tarefas domésticas são a primeira coisa que os novos recrutas do exército são obrigados a fazer num campo de treinamento. Elas instilam dignidade e respeito por você e por suas coisas, mesmo que tenha poucas, e também ensinam o respeito e o comportamento responsável em relação aos outros – por aquele que ocupa o mesmo beliche que você, assim como por toda a unidade – tudo isso com ações simples, diretas e claras, com tarefas cujo resultado é bem visível. Deixar seu ambiente limpo não é uma atividade humilhante, como muita gente parece pensar hoje em dia. É o mesmo ato básico de cuidar de si mesmo.

Mesmo que você não tenha tempo para decorar sua sala de visitas, reformar a cozinha ou trocar os azulejos do banheiro, pode fazer maravilhas só mantendo sua casa limpa. Uma casa limpa cintila mesmo quando precisa ser pintada. E, com a limpeza, vem um ambiente renovado, cheio de potencial para novas experiências.

A não ser que você possa se dar ao luxo de contratar uma equipe completa em regime de tempo integral, não vai conseguir se livrar inteiramente das responsabilidades da limpeza. No mínimo, os pratos precisam ser lavados e tudo o que foi usado no preparo das refeições tem de ser lavado e guardado. Se você não consegue fazer nem isso, então está vivendo naquela fronteira entre o desrespeito e a desconsideração. Se essa insolência está se originando em você ou em outros moradores da casa que estão ressentidos com você, resulta em ataques contra todas as quatro pedras angulares: sujeira e bagunça geram tensão; transferir a responsabilidade pela limpeza para outras pessoas não é dar apoio a ninguém; e, à medida que a sujeira degenera para a imundície, toda e qualquer impressão de harmonia é sufocada, amordaçada ou escorraçada – corroendo o equilíbrio de suas condições de vida e, por fim, de suas relações afetivas e sociais. Por que alguém, como membro da família, traria tensão, doença e desrespeito para a mesma? A limpeza não é só o elemento mais fácil (e mais barato) da decoração a ser levado em conta; também pode ser partilhado por todos os membros da família – desde o pequenininho que está aprendendo a andar até o adolescente mais recalcitrante.

> **DICA**
>
> Torne muito mais fácil passar o aspirador no assoalho de toda a casa instalando um sistema de administração dos fios que levanta os cabos e fios do chão e os mantêm rentes ao nível do rodapé.

## Os três itens obrigatórios da limpeza (são questões de saúde!)

Em relação à limpeza, há três itens absolutamente obrigatórios:

1. **O banheiro *sempre* tem de estar limpo.**
   Deixar o banheiro sujo e malcheiroso para os outros usarem – quer na sua casa, quer na casa de outra pessoa – é mais do que apenas uma falta repugnante de boas maneiras; é criar um paraíso para infecções por estafilococos, hepatite, mofo, bolor etc. Por outro lado, um banheiro limpo mostra um grande amor pelo corpo e pelo espírito de todos os que entram lá.

2. **Pratos, pias de cozinha e a parte superior dos fogões têm de ser lavados e enxugados todas as vezes que forem usados, e você deve deixá-los sem manchas *toda noite* antes de ir para a cama.**
   Restos de comida são um convite para vermes de todos os tipos – de microorganismos como a salmonela, a insetos e roedores. Além disso, sempre é melhor entrar numa cozinha limpa que está pronta para você preparar alguma coisa para comer do que encontrar-se num lugar sujo sem nenhum espaço disponível para a alimentação. De manhã, entrar numa cozinha limpa é realmente despertar para um novo dia e vai lhe trazer algo de bom.

3. **Os lençóis têm de ser lavados uma vez por semana com água quente.**
   Os óleos e as células mortas da pele que se soltam enquanto você dorme são o alimento preferido dos ácaros, e eles proliferam em lençóis sujos. Você talvez não consiga ver esses monstros microscópicos; mas, se ainda não tem nenhuma alergia, é provável que acabe tendo, se adquirir o hábito de dormir em cima de um monte deles. É impossível nos livrarmos deles inteiramente, porque estão em todos os lugares; mas lavar bem nossos lençóis toda semana com detergente e água quente, mata esses ácaros e mantém o suprimento de comida de sua prole bem reduzido.

> **DICA**
>
> Enfrente faxinas pesadas com pequenos passos administráveis. Comece com a tarefa mais fácil. Trabalhe em períodos de 15 minutos. Ponha música de fundo.

Essas condições de limpeza são a marca de um lar civilizado, e o fundamento de uma Casa Terapêutica. Mas você pode ir mais longe. Você pode fazer uma faxina espiritual.

## A faxina espiritual

O conceito de faxina espiritual é a razão pela qual essa regra vem em segundo lugar. A limpeza é básica, mas o método simples que apresentamos aqui vai ajudar a desenterrar as questões emocionais que se mudaram com você. Este método é chamado de "faxina espiritual". Você limpa seus sentimentos ao limpar a casa, removendo os negativos e deixando em você uma página em branco onde irá desenhar sua Casa Terapêutica. Portanto, vamos lá.

*1. Descubra onde está a sujeira*

Verifique de novo quais são as ÁREAS PROBLEMÁTICAS de sua casa e reveja os cômodos que classificou como constrangedores e aqueles que têm um problema de lixo* e sujeira.

Chamamos essas áreas de "guetos" porque parecem ter sido abandonadas, assim como as partes suas que elas representam. Cite os cômodos aqui:

________________ ________________ ________________

________________ ________________ ________________

Às vezes, a sujeira é de natureza emocional e não é fácil de observar. Frequentemente esse lixo emocional aparece em cômodos exageradamente limpos, ou naqueles que você evita ou usa raramente. Cite os cômodos que você identificou como espaços mobiliados mas nunca usados, como ÁREAS PROBLEMÁTICAS. Acrescente todos os outros que são meticulosamente limpos a essa lista:

________________ ________________ ________________

Estes cômodos também não estão funcionando bem – apesar de serem "perfeitos" e impecáveis.

*No sentido figurado de "lixo emocional", ou seja, coisas que não nos servem mais. N.R.

Há ainda um último cômodo que você precisa incluir neste exercício – aquele de que menos gosta. Você falou dele no Capítulo 2, bem no começo desse programa. Cite-o aqui:

_________________________.

Lembre-se, você tentou detectar o que o faz sentir "repulsa" neste cômodo. Se não conseguiu antes, agora é a sua chance de descobrir. Sua tarefa é entrar em todos os cômodos de sua casa e fazer uma limpeza completa, mas sem pressa. Mesmo que disponha dos serviços regulares de uma faxineira, limpe todos os objetos para os quais você formou um lar dentro desses cômodos e reflita sobre eles enquanto executa essa tarefa.

Tome nota mentalmente dos objetos que o fazem se sentir bem e separe *todos* os objetos que lhe dão aquela sensação de repulsa, ou que lhe trazem más lembranças. Faça uma lista destes últimos.

_________________________ _________________________ _________________________

_________________________ _________________________ _________________________

*2. Compreenda o uso e o significado do cômodo*

Agora você tem sua lista de coisas que lhe despertam sentimentos de repulsa – os cômodos que são problema e também as coisas que são problema dentro desses cômodos. Volte e reveja as funções práticas e emocionais desses cômodos da Tabela das Funções do Capítulo 9. Entender o uso apropriado do cômodo ajuda você a ligar os pontos e formar o contorno dos problemas que está enfrentando em sua vida. Esse passo é a *chave* para fazer de seu lar um ponto de apoio para a sua vida. Os cômodos que estão muito sujos revelam aquela parte de sua vida que precisa de atenção. Por exemplo: se o seu quarto de dormir é um desastre de sujeira e desorganização, você pode estar com problemas com a intimidade, ou com dificuldade de construir um santuário para si. Se a sua sala de jantar é exageradamente perfeita, você pode ter dificuldade de soltar-se o suficiente para estabelecer vínculos afetivos com os outros. O perfeccionismo vai resistir a essa ideia, mas ele próprio revela de forma gritante a necessidade de controlar todos os mínimos detalhes. E, por baixo dessa necessidade de controle, está o medo de que, se as coisas não forem controladas, emoções indesejáveis venham à tona. O objetivo do exercício de faxina espiritual é fazer exatamente isso: trazer essas questões para a luz do dia para que possam ser resolvidas, e uma Casa Terapêutica possa ser criada. Agora vamos para o passo seguinte.

### 3. *Peneire as histórias*

Tire o seu DIÁRIO DA CASA do *Fichário*. Está na hora de peneirar suas histórias. Todas as suas histórias estão escondidas em sua casa – as boas e as ruins. Mas aqueles demônios repugnantes que você tentou jogar para baixo do tapete não fizeram nada além de lhe dar um assoalho encaroçado. Em vez de tentar esconder os resíduos emocionais que estão apodrecendo, traga-os para a luz e jogue-os na lata de lixo orgânico para serem transformados em fertilizante útil que vai fazer crescer seu eu futuro, que vai ser melhor que o eu presente.

Qualquer pessoa que já tenha limpado um armário ou empacotado tudo para se mudar de casa sabe que mexer nas próprias *coisas* provoca um dilúvio de histórias de sua vida. E suas ÁREAS PROBLEMÁTICAS estão cheias delas.

Georgie, que você deve se lembrar, morava no quarto de dormir e estava com dificuldade em encontrar um par amoroso, tinha uma sala de visitas impecável e lindamente decorada da qual ela fugia como o diabo da cruz – porque os objetos de arte oferecidos por um ex-namorado que lhe partiu o coração estavam espalhados por ali de forma proeminente. Essa sujeira emocional também precisa ser eliminada. Peneire as histórias dos objetos que fazem você se sentir mal – quer sejam coisas que lhe trazem más lembranças, quer sejam presentes de pessoas das quais você simplesmente não gosta.

Jill, uma velha amiga de uma das autoras, tinha um vaso medonho no pé da escada de sua casa que lhe havia sido dado como presente de casamento por uma parenta detestável. Toda vez que subia as escadas para ir para o quarto de dormir, ela dizia em voz alta: "Odeio esse vaso. Aposto que ela comprou essa coisa feia de propósito." Isso continuou durante anos, mas Jill resistia à ideia de se livrar dele por ter sido um presente de casamento, comemorativo de uma ocasião que foi feliz e importante para ela. Essa resistência em eliminar um objeto tóxico significava que toda subida das escadas que levavam a seu leito nupcial era estragada por um tapa na cara. Ela chegou ao ponto de temer subir as escadas. Pense no impacto que esse vaso deve ter tido.

Outros objetos vão lhe dar uma experiência positiva, trazendo-lhe boas lembranças e esperanças que ainda estão vivas, e coisas que agradece possuir (como um peso de papel que seu tio predileto lhe deu quando sua redação foi escolhida para o jornal da escola... por falar nisso, você ainda escreve?).

Estude os cômodos e os objetos que anotou acima e escreva em seu DIÁRIO DA CASA porque eles fazem você se sentir bem ou mal quando se trata da sua vida interior. Quais são as suas histórias em relação a esses cômodos e o que precisa ser retirado e levado para a lata de lixo orgânico?

### 4. *Tome providências, tanto com o lixo quanto com o luxo*

Agora você já conhece os problemas; já compreende as funções dos cômodos; e já descobriu as histórias. Está na hora de agir. Se alguma coisa baixa o seu astral, jogue fora. Talvez seja um conjunto de pratos que lembra jantares desarmoniosos e estressantes com pais infelizes. Livre-se deles como aquela mulher mencionada antes fez, e compre um conjunto novo numa loja que esteja dando descontos – vale a pena gastar um pouco para comer numa louça nova em folha. Você não precisa conviver com coisas de que não gosta, nem guardar objetos dados por pessoas nas quais você não quer pensar, nem que sejam presentes comemorativos de ocasiões importantes, como um vaso dado como presente de casamento. Livre-se desses objetos. Destrua-os numa cerimônia de catarse pessoal. Ou revenda-os numa liquidação de garagem. Seu lixo pode ser o luxo de outra pessoa. Se não conseguir jogar esses objetos fora agora, encaixote-os e guarde-os com um bom rótulo – Caixa de Objetos Repulsivos – para revisitá-los depois.

Mais importante ainda: se tem coisas que simplesmente fazem você se sentir bem, deve tratá-las como se fossem tesouros porque elas lhe dão força. Como a sua cadeira favorita: faça alguma coisa além de lhe tirar o pó, passar o aspirador ou limpar – dê um polimento, troque o estofado ou acrescente um novo detalhe aos braços para aumentar o seu valor. Ou aquele peso de papel do seu tio – mude-o para um espaço de trabalho criativo para lhe servir de inspiração.

Uma casa limpa tem muito mais probabilidade de ser um ambiente sem tensões que uma casa suja. Você pode relaxar. É como se alguém estivesse cuidando de você. Isso significa que ela também lhe dá apoio. No nível da "faxina espiritual", a limpeza enche sua casa de harmonia e luz. Isso significa que sua casa não tem de ser estéril. Uma casa estéril é uma casa agonizante, e não uma casa que dá sustentação à vida. Encontrar o ponto de equilíbrio aqui é pôr mais um tijolo nos alicerces de sua Casa Terapêutica.

**REGRA PRÁTICA**

Se um objeto qualquer de sua casa não faz você se sentir bem, livre-se dele!

## O que você permite que vire hábito

Em algum plano, você sabe que tudo começa com aquilo que você permite que se torne aceitável. É assim que uma casa suja fica inabitável sem que você se dê conta de que isso está acontecendo e que uma pilha de roupa suja ou toalhas úmidas jogadas no chão do banheiro passem a ser uma visão normal. Se você não tomar providências imediatas, isso logo vira um hábito.

É por isso que você precisa saber quais são os seus padrões e aprender a transmiti-los aos seus filhos, e também a outros adultos que moram com você, e persuadi-los a participar na manutenção desses padrões. Você talvez queira ter essa conversa com sua criança interior também – aquela parte sua que resiste ao comportamento adulto e carece de responsabilidade pessoal. Participar na manutenção dos seus padrões não é algo que vai acontecer com uma única conversa, nem com múltiplos argumentos apresentados aos gritos, nem por meio de subornos. Deriva de orientação (mostre-lhes o que fazer), supervisão (atribua a tarefa e verifique se foi bem executada), e cobrança (com consequências). Quando você não impõe os padrões, ou vive no meio de um grau de sujeira abaixo de seus padrões de limpeza – gera tensão e desrespeito para o florescimento – o que não é um quadro muito harmonioso.

Uma família de quatro pessoas requer quatro pessoas para manter uma Casa Terapêutica. Uma delas sozinha não dá conta de tudo. Todos têm de participar se quiserem viver em harmonia e equilíbrio. Apesar disso, uma das perguntas mais frequentes que ouvimos é: "Como conseguir que meu marido (mulher, namorado, namorada, colega de quarto) ajude?" Reconhecemos que é difícil "educar" outro adulto para que ele mantenha padrões que não são os seus. Nas próximas páginas, apresentamos algumas sugestões e sistemas, como o Diagrama das Tarefas Domésticas, que pode facilitar a sua defesa e conseguir que os outros participem do trabalho de manutenção da casa. Outra boa solução pode ser encontrada na Regra nº 12: Ter um espaço para cada um (Capítulo 20), que permite que os outros moradores da casa disponham de uma área privada para fazerem aí o que bem entenderem, sem interferência. Quando uma pessoa tem um espaço privado onde sua bagunça pode reinar soberana, em geral fica mais aberta para respeitar as áreas comuns da casa, onde isso não é uma opção. Talvez criar esse espaço privado possa ser a recompensa para manter o padrão.

Uma coisa é certa: os casamentos que compreendem uma parceria, onde os dois trabalham juntos para manter valores e padrões comuns, são mais felizes e mais sólidos em relação a todas as quatro pedras angulares: *harmonia, equilíbrio, apoio* e *um ambiente sem tensões*. Aqueles onde o respeito mútuo não é cultivado são geralmente cheios de conflitos. Procure ir em direção ao meio termo e desenvolver os padrões a dois. Comece com o terreno comum, aquilo com que ambos concordam, e avance a partir daí. Quando entrar em campo minado, não deixe o barco correr até você explodir. Faça pequenos desvios em torno do terreno comum de novo antes de se aventurar pela estrada acidentada.

## Como conseguir a ajuda das crianças

É melhor começar quando elas são pequenas com as tarefas que elas podem fazer – não por dinheiro, e sim por simplesmente estarem neste planeta. Se perdeu essa chance, nunca é tarde demais. Ao mudar as condições, de repente você pode tornar inaceitável aquilo que já virou hábito: explique a mudança para as crianças mais velhas e depois atribua-lhes tarefas diárias. Uma delas pode passar o aspirador na sala de visitas e nos corredores uma vez por semana. Outra pode manter as porcelanas, torneiras e outros acessórios do banheiro brilhando. Essas são áreas comuns e portanto de responsabilidade comum – tanto das crianças quanto dos adultos. Dividir as tarefas domésticas entre os membros da família e estabelecer um dia para elas serem feitas é justo e já é um hábito em muitas casas. Crianças e adultos também podem ser responsáveis por colocar suas próprias roupas na máquina de lavar e trocar seus lençóis nas manhãs de sábado.

Se, no fim do dia, as tarefas domésticas não tiverem sido feitas, as crianças têm de arcar com as consequências. Ponto final. Os pais podem usar a execução dessas tarefas como moeda de troca em relação aos privilégios que ser um membro da família também oferece – dinheiro para o cinema, sobremesa, dormir na casa de um amigo, pegar o carro emprestado, tempo para usar o computador. Se você não impuser consequências, os alicerces da Casa Terapêutica desmoronam.

## Diagrama das tarefas domésticas: Crie um sistema de limpeza para o seu *novo* padrão

Uma casa limpa precisa ir além das palavras. Desenvolva um sistema de apenas três passos.

1. Reserve uma hora para determinar o padrão futuro de manutenção da limpeza de sua casa.
2. Convoque uma reunião de família (ou com os outros moradores, se você vive numa república, por exemplo) e apresente o padrão. É preciso ter abertura para discuti-lo, mas também defender os objetivos até todos chegarem a um acordo.
3. Crie uma programação de tarefas semanais e cole-a na geladeira ou num mural para todos verem. Seu DIAGRAMA DAS TAREFAS DOMÉSTICAS vai manter o novo padrão vivo na memória de todos.

Não se trata somente de uma listinha do tipo "arrume a sua cama e corte o gramado". Lavar roupa é algo que precisa ser incluído. Qualquer pessoa com mais de doze anos é perfeitamente capaz de lavar sua própria roupa. Determine quem lava a roupa quando.

## EXEMPLO DE DIAGRAMA DE TAREFAS DOMÉSTICAS

| TAREFA | DIÁRIA | SEMANAL | ATRIBUÍDA A |
|---|---|---|---|
| Pratos, pia e bancada da cozinha | Lavar e secar antes de ir dormir | | 2ª e 3ª – Filha<br>4ª e 5ª –Filho<br>6ª a dom.<br>Pai e Mãe |
| Chão e móveis | | Passar o aspirador e tirar a poeira aos sábados | Filha |
| Vaso sanitário e pia | Todos devem manter o vaso limpo | Esfregar com produtos de limpeza aos sábados | Filho |
| Roupa de cama | | Trocar e lavar aos sábados | As crianças e o pai trocam a roupa de cama. A mãe lava. |

Todos estamos ocupadíssimos e nossos sistemas fisiológicos estão estressados demais para ter condições de enfrentar a toxidade da falta de higiene em nossa própria casa – e é isso que uma casa suja origina. Se insetos, germes e bactérias gostam de sua casa, ela não é saudável para seres humanos. A limpeza da casa é necessária para manter todos bem de saúde, em equilíbrio e num ambiente sem tensões. É parte do respeito por si mesmo viver num ambiente saudável e limpo. Portanto, mantenha-o limpo.

# 11

## REGRA Nº 3

# Conforto, acima de tudo

*Introduza ao menos dois objetos "só em nome do conforto" em todos os cômodos de sua casa.*

O conforto não é só um item a mais em sua decoração – deve ser absolutamente majoritário. Porque seu lar é o seu ninho, onde você se aconchega, e isso tem tudo a ver com conforto. Cadeiras e poltronas confortáveis, camas confortáveis, um ambiente, uma atmosfera e um modo de vida confortável. As relações sociais desenvolvem-se com mais facilidade num ambiente confortável, e as explosões de raiva acalmam-se mais rápido. O conforto dá harmonia ao estilo, equilíbrio à forma, apoio a seus ossos desgastados e cria um ambiente sem tensões que diminui o peso das cargas que você leva nos ombros. É por isso que ele está entre as três regras mais importantes de uma casa.

Qual de seus cômodos você identifica como aquele que lhe causa mais tensão e desconforto na sua página de ÁREAS PROBLEMÁTICAS? Tratar dos fatores do conforto é absolutamente indispensável.

# Conforto físico

## A poltrona perfeita

Toda casa deve ter uma poltrona perfeita. A sua é um ninho confortável que aconchega você durante horas sem lhe provocar dor nas costas? Seus pés tocam o chão e suas costas se apoiam no espaldar quando você se senta? Seus cotovelos e braços devem descansar levemente nos braços de qualquer poltrona, ficando soltos e relaxados desde os ombros. Não deve haver tensão em seus punhos, cotovelos ou pescoço. E também não deve haver nenhuma tensão no meio das suas costas, nem nos quadris, joelhos ou tornozelos. A menos que tudo em você sejam medidas-padrão, é quase certo que sentirá alguma tensão quando se sentar numa poltrona-padrão.

### *Questões de tamanho*

Seja qual for o motivo – sendo um deles que a maioria dos *designers* de móveis ainda é constituída por homens – a maioria das poltronas é criada para o "homem de tamanho médio". Na verdade, tudo, do assento do carro à sua cama, do sofá à altura das pias da cozinha, costuma ser feito para a comodidade de um homem de 1,80m. Infelizmente, esse ponto de referência significa um certo desconforto para todas as outras pessoas – quer sejamos de altura maior ou menor, mais encorpados ou menos. Problemas nas costas causados por poltronas ou cadeiras que não foram feitas para o nosso tamanho são responsáveis por uma porcentagem elevada de faltas no trabalho.

Os desenhistas da cadeira Aeron, uma cadeira quase perfeita para o trabalho, fabricada por Herman Miller, dizem: "Uma cadeira deve acomodar o corpo todo da mesma forma que uma peça de roupa. Não se deve exigir das pessoas que "usem" cadeiras grandes demais ou pequenas demais para elas". Concordamos – seus móveis devem parecer tão cômodos quanto seus suéteres. Você sabe experimentar uma cadeira ou poltrona?

*Quais são suas medidas para uma poltrona perfeita?*

Meça o comprimento de sua coxa – na parte de trás – até a parte posterior dos joelhos quando você se senta. O assento da cadeira nunca deve atingir a parte posterior de seus joelhos. Em seguida, meça a distância entre as rótulas de seus joelhos e o chão. Essa é a altura máxima – do assento da cadeira ao assoalho – que você vai precisar para que seus pés toquem o assoalho confortavelmente. Por azar, as medidas-padrão são muito grandes para pessoas pequenas, que quase sempre precisam lançar mão de banquinhos e suportes lombares quando se sentam, e são muito pequenas para pessoas altas. Por que tudo isso é importante? Resumindo em duas palavras: sua coluna. Uma cadeira apropriada pode ser a diferença entre uma coluna saudável e um disco comprimido. Sim, um móvel confortável não está relacionado só à função e à beleza, mas também à saúde.

Anote suas medidas na seção MEU ESTILO de seu *Fichário de Decoração da Casa Terapêutica*. Leve-as consigo quando for comprar poltronas e cadeiras novas. Se fizer apenas uma única coisa pela sua Casa Terapêutica, deve ser dar a si mesmo uma poltrona perfeita com boa iluminação. Elas vão oferecer-lhe um refúgio sossegado, um lugar de leitura e um belo ponto focal que diz: "Você é bem vindo aqui."

## Conforto físico enquanto questão de saúde

As medidas para sua cadeira não são as únicas considerações a fazer em termos de saúde quando se trata de uma Casa Terapêutica. Há uma tendência na decoração que pode vir a causar um problema de saúde em muitas pessoas sensíveis: paredes revestidas com tecidos e cabeceiras de cama estofadas. É verdade que ficam lindíssimas e parecem muito aconchegantes, mas estão cheias de riscos à saúde para pessoas com asma, alergias e outros problemas respiratórios. O tecido é um verdadeiro ímã para a poeira e um paraíso para os ácaros que causam alergias e que florescem em colchões e roupas de cama, assim como outros agentes alérgenos e germes aéreos. Mesmo que a sua roupa de cama seja lavada com água quente para combater esses problemas, você não vai conseguir lavar uma cabeceira estofada nem uma parede revestida de tecido. Passar o aspirador ajuda um pouco, mas as superfícies não-porosas onde se pode realmente passar uma esponja são as melhores, ao menos no quarto de dormir. É um fator a considerar também no caso de você ter carpetes no assoalho que vão de uma parede a outra. Não há nada de confortável no fato de você não conseguir respirar.

## A cama

Ao longo de uma vida de duração média, você passa aproximadamente vinte e quatro anos na cama, um terço de sua existência, de modo que ela é um móvel importante para você e seus filhos. E o *design* das camas passou por uma verdadeira revolução. Agora os fabricantes oferecem camas para duas pessoas com graus variados se firmeza e ajuste. Se você gosta de colchão mole e o seu par de colchão duro, você pode comprar colchões de mola feitos sob encomenda para acomodar ambas as necessidades, ou colchões de ar que têm um mecanismo interno que permite ajustes na hora de usar. Também existem colchões de visco elástico, como aqueles do sistema sueco Tempur-Pedic, que são feitos de material que cede à pressão. O Tempur-Pedic foi desenvolvido originalmente pela NASA, para viagens espaciais; ele se adapta à forma natural de seu corpo e de sua coluna, mas é bem caro. Seja o que for que você escolher, sempre faça um orçamento e invista numa cama que seja a melhor possível. Você passa muito tempo em cima dela e um bom sono vai repor suas energias e revigorar sua saúde emocional.

## *A roupa de cama*

Prefira material de fibras naturais quando pensar em roupa de cama. Lençóis com 100% de algodão ou linho que não passaram por tratamento químico e cuja trama tem um grande número de fios, respiram bem, não dão bolinhas, duram um tempão e ficam cada vez mais macios com o tempo. Os bons lençóis são caros, mas valem cada centavo – nunca lhe fazem mal, como aqueles fabricados com produtos sintéticos, como o poliéster. Se puder, compre lençóis de 300 fios no mínimo, ou mais (eles podem chegar a 1.200). Pôr em sua cama um lençol sem tratamento químico e que foi tirado direto da secadora vai lhe dar aquela sensação de uma peça recém-passada a ferro, e você não vai ter de dormir com substâncias químicas agressivas.

## O ar que você respira

A Agência de Proteção Ambiental dos Estados Unidos estima que a poluição do ar em ambientes fechados pode chegar a ser até cinco vezes maior que aquela existente ao ar livre. Houve um aumento dramático da asma e das alergias nos últimos anos – poeira, mofo, fumaça, caspa de animais de estimação, ácaros e pólen estão entre os principais agressores. Uma solução é um filtro de ar HEPA. Toda casa devia ter ao menos um.

HEPA é a sigla de *high-efficiency particulate air filter* – filtro de partículas de ar de grande eficiência – e, nos Estados Unidos, estão à venda em toda parte, inclusive em farmácias, a preços muito razoáveis. Esses filtros retiram 99% de partículas de até 0,03 mícrons somente. Instale um em cada quarto de casal e mude os filtros de seis em seis meses.

## Conforto na hora de revender?

Os *designers* de cozinhas notaram recentemente um aumento visível nos pedidos de alturas diferentes para as pias de cozinha e banheiro. Isso se deve a que, logo em seguida às dores nas costas provocadas por cadeiras inadequadas, vem o problema de dor nos ombros causada por lavar pratos em pias altas, ou por preparar refeições em bancadas altas.

Embora alguns proprietários de imóveis ainda não se preocupem em ajustar a altura das pias e acabar com a "altura-padrão", o Programa da Casa Terapêutica concorda com essa opção. Crie um lar que funcione bem para *você*, não um que funcione bem no dia de revender a casa. A maioria das pessoas vive numa casa durante cinco anos em média; portanto, por que optar por 260 semanas de desconforto? Ao instalar novas bancadas, comprar pias com alguns centímetros a menos de altura pode fazer a diferença entre anos de tensão e uma vida culinária extremamente prazerosa. E a maioria dos compradores potenciais não vai notar que esses itens têm alguns centímetros a menos ou a mais que a altura-padrão; além disso, muitos novos proprietários de imóveis reformam a cozinha de acordo com seu próprio gosto. Para aqueles que ainda protestam contra essa ideia, um banquinho perto da pia e uma bancada ou mesa mais baixa no local do preparo das refeições podem ajudar.

## Conforto na velhice

As questões de decoração passam para primeiro plano à medida que você envelhece. Um "*design* universal", que significa algo construído para todas as idades, é um conceito novo que está começando a conquistar adeptos, e os proprietários de imóveis que pensam no futuro e estão na meia-idade, já instalam corrimãos e aparelhos que facilitam a vida dos idosos, antecipando os desafios que estão por vir. Alguns idosos consideram os apartamentos dos condomínios uma vantagem em relação às casas térreas, embora no começo possa ser estressante deixar o que é familiar para trás. No entanto, vender uma casa antiga cujo preço valorizou pode representar uma melhoria de vida incrível nos anos da maturidade. As Casas Terapêuticas existem em todos os tamanhos e você pode reproduzir uma em qualquer lugar.

Quando envelhecemos, precisamos ainda considerar os materiais com os quais vamos conviver no futuro. Superfícies escorregadias, como o granito do banheiro e o piso de cerâmica ou pedra da cozinha, embora tenham valor de mercado, são fatigantes para pernas que já não são mais tão estáveis e claramente perigosas para ossos quebradiços e quadris artríticos. Considere a madeira e o carpete se estiver pensando a longo prazo, exceto em áreas com exigências especiais. Todas as escadas precisam de corrimões, e podem ser instaladas barras de suporte para apoio nos banheiros e perto dos chuveiros, junto com tapetinhos de borracha ou esteiras de tração para diminuir a possibilidade de escorregões e quedas. Para a cozinha, há uma infinidade de novos aparelhos fáceis de pegar por mãos artríticas. Para o quarto de dormir, toda uma nova categoria de lençóis que aquecem chegou ao mercado. Não são como aqueles lençóis volumosos e cheios de fios do passado. Os novos lençóis aquecedores podem ser lavados na máquina e têm microfilamentos tão finos que você mal os percebe. Também têm termômetros, de modo que você pode esquentar a cama antes de ir dormir – uma coisa deliciosa em qualquer idade.

## Conforto emocional

Conforto emocional significa que seu lar deve estar cheio de relações afetivas que estão em harmonia. Se não for assim, você precisa tomar providências, fazendo terapia ou introduzindo mudanças para corrigir os problemas. Sua vida deve ser equilibrada – o que é possível se você garantir que os cômodos de sua casa desempenhem suas devidas funções emocionais e práticas. Mas como você precisa viver em sua casa, nada deve ser perfeito demais. Os objetivos de sua vida e as atividades físicas devem receber apoio por meio da cooperação e ajuda de todos os moradores da casa, e também de seu *design* prático. A sua vida cotidiana também deve ser relativamente pacífica, sem os conflitos e rixas interpessoais que a desorganização cria. Às vezes, o conforto deriva simplesmente de algo que não está ali.

## O lado positivo do espaço negativo

Os artistas plásticos compreendem os aspectos positivos do espaço negativo, que são as áreas vazias ou em branco da obra de arte – e que não são pintadas de propósito para permitir que o olho descanse e veja mais claramente em que o pintor deseja que os outros se concentrem. O mesmo se dá nas nossas casas. Quando algumas áreas são deixadas vazias, sem nenhum objeto, descansamos visual e emocionalmente na serenidade dessa ausência. Inversamente, quando todos os cantos estão apinhados, esse aglomerado interior faz com que os nossos olhos fujam daquela massa para se proteger da sobrecarga. E não há nada de confortável nisso.

A cultura japonesa, lar do zen-budismo minimalista, leva o conceito de espaço negativo para o plano da arte no interior das casas. Objetos de arte e móveis são colocados em pontos estratégicos de grandes espaços vazios e criam visivelmente um ambiente sem tensões que acalma e centra a mente.

Emi Ayarza, dona de uma lojinha de antiguidades em North Hollywood, trabalha num ambiente apinhado do chão ao teto de relíquias e tesouros. Entretanto, a casa de Emi não poderia ser mais diferente: um paraíso minimalista com corredores espaçosos para "carregar as baterias ao passar por eles", como diz ela, sem obstáculos. Criar um bom fluxo de movimento resultou para Emi em conforto emocional. Parece até que Emi precisou de alívio em relação ao seu ambiente de trabalho congestionado, mas, paralelamente, ao contar sua história, ela relatou também uma infância com as canelas sempre arranhadas por causa da colocação de móveis em lugares impróprios. Dona de uma energia exuberante na infância, ela sempre fora obrigada a se retrair e assumir um comportamento deliberado e judicioso para evitar machucar-se.

Hoje, embora tenha de andar devagar no seu trabalho, em casa ela dá um apoio confortável a seu ritmo natural, com todos os seus caminhos largos e limpos. Emi diz que, mesmo quando tem de fazer apenas uma mudança mínima em sua liberdade de movimento, os móveis mudam de lugar.

## Os suportes do conforto

Trazer uma lembrança revigorante de sua infância, por meio de objetos que fazem você se recordar dela na casa onde está passando sua vida adulta, é uma forma de reverenciar sua própria história e, ao mesmo tempo, obter conforto emocional. Pense nessas coisas como "os suportes do conforto". Assim como as muletas em um hospital permitem que você ande quando está machucado, em casa os suportes do conforto levantam o seu astral quando surgem sinais de depressão. Toda vida tem seus períodos difíceis, e é aí que eles são particularmente úteis.

Se, quando você era criança, tinha a tradição de tomar chá em xicrinhas frágeis com sua avó adorada, como foi o caso de uma das autoras, começar sua própria coleção de xícaras de porcelana é algo que lhe proporcionará o conforto emocional de uma xícara de chá com a vovó toda vez que você puser um bule fumegante diante de si. Se é a limonada gelada na varanda que lhe traz lembranças doces, comprar uma jarra alta de cristal e copos de limonada é algo que pode fazer a mesma mágica. Pendurar uma rede na varanda, colocar fotografias antigas em molduras ou murais ou jogar regularmente com algumas amigos à noite pode manter vivos momentos reconfortantes.

Quando somos adultos, muitas vezes as necessidades da vida nos afastam dos prazeres simples. Por isso há uma felicidade serena em reviver experiências prazerosas da infância. Lembre-se de fazer justiça à sua história, de valorizar tudo quanto lhe trazia conforto quando era criança e de celebrar sua própria pessoa dessa forma. Os suportes do conforto são bons remédios para a alma.

## Diário da casa

Que boas lembranças do passado você trouxe para sua casa? Ande por toda ela com seu diário e identifique-as. Depois mude todos os Itens do Conforto que você tem para o cômodo no qual elas mais lhe dão apoio (reveja a Tabela das Funções, do Capítulo 9, da página 87, para se recordar das funções emocionais e ver onde elas se encaixam melhor). Se não conseguir encontrar nenhum objeto que lhe sirva de suporte de conforto, escreva sobre suas fontes atuais de conforto emocional e faça uma lista de algumas boas lembranças de sua infância que você gostaria de trazer para sua casa de adulta. Anote na seção PLANO DA CASA de seu *Fichário de Decoração da Casa Terapêutica* quais os cômodos específicos nos quais gostaria de colocá-las.

# 12

## REGRA Nº 4

# O modo de vida dita o estilo da decoração

*Pare de lutar contra os seus hábitos. Aceite quem você é e crie um ambiente que combine com a sua pessoa.*

Seu modo de vida – suas rotinas e atividades diárias – precisa ditar a maneira como sua casa é organizada e decorada. Senão, sua casa se torna uma mãe ou pai que não pára de fazer críticas, censurando você por ser quem é. A vida cotidiana num lar como esse parece um conflito impossível de resolver. Não é uma Casa Terapêutica, é uma armadilha para a sua força vital. Mas, se você considerar as questões de sua vida cotidiana como um simples problema de replanejamento, e não como um problema de seu modo de vida, vai encontrar inúmeras soluções.

Voltando à Parte I, "O seu Projeto", lá você identificou logísticas e problema específicos de seu lar e de sua vida cotidiana. Esse exercício lhe deu informações sobre as exigências atuais e futuras de sua vida para ajudar você a determinar as prioridades de seu plano de replanejamento. Os problemas que descobriu apontam as opções de decoração que você precisa fazer para chegar às soluções.

Seu modo de vida e seus objetivos vêm antes das ideias maravilhosas de seu decorador, antes das opiniões de suas amigas sobre o que é bacana e o que não é, antes daquilo que seus pais acham que é certo e que não é.

Esse conceito está no cerne de todo este programa. Por exemplo: as casas de fazenda parecem casas de fazenda porque a missão de vida de um fazendeiro dita necessidades muito específicas. Praticamente todas as casas de fazenda têm um espaço que detém a sujeira vinda dos celeiros e dos campos onde as pessoas podem tirar as botas e as roupas sujas do trabalho. Os fazendeiros não negam o fato de ficarem sujos – reconhecem-no e providenciam soluções viáveis. O modo de vida dita o estilo da decoração.

Pelo mesmo motivo, se você tem filhos pequenos ou cães grandes, seu lar vai assumir um visual específico que você pode facilitar com elegância e móveis resistentes, ou sucumbir ao caos trancando cômodos e restringindo acessos. Lembre-se da Regra nº 1: Viver na casa inteira. Um cômodo fechado isola uma necessidade emocional, e também uma necessidade prática. Se na sua casa moram atletas, talvez haja mochilas com material esportivo, toalhas molhadas e roupas suadas, calçados largados na entrada, na sala de visitas, no banheiro ou no quarto, e toda a casa ter aquele cheiro de vestiário de clube; mas, em vez disso, você também pode escolher um lugar e um processo para administrar tudo isso.

Você precisará designar um corredor, um canto ou um armário para os brinquedos dos cachorrinhos pequenos, um banco ou baú onde colocar diversas peças, e ganchos ou cabides para acomodar roupas molhadas – coisas que a bagunça e a sujeira que acompanham os prazeres que os cães, os atletas e as crianças de todos os tipos e idades geram. Caso contrário, você só terá a bagunça, mas não o prazer.

---

**Qual dessas opções de modo de vida estão criando fatores estressantes em sua casa neste momento?**

- ❑ Cônjuge
- ❑ Crianças
- ❑ Animais de estimação
- ❑ Colegas de quarto/república
- ❑ Passatempos
- ❑ Negócios em casa
- ❑ Atletismo
- ❑ Jardinagem
- ❑ Entretenimento
- ❑ Viagens
- ❑ Jogos
- ❑ Outros_______________

---

As áreas problemáticas que você identificou no Capítulo 2, provavelmente estão ligadas a algumas dessas questões. O seu lar já está lhe mostrando seus problemas de forma gritante. Pontos de bagunça e desordem, sujos ou em total abandono são indicadores de um estilo que certamente não combina com seu modo de vida.

Escolha uma das áreas problemáticas de sua casa, que você acha desorganizada, congestionada, constrangedora ou cheia de lixo e faça com ela o exercício abaixo.

## Quatro passos para resolver conflitos de modo de vida

Primeiro passo: Corrigir a função do cômodo. A Tabela das Funções da Regra nº 1 (Capítulo 9), define o uso apropriado de cada cômodo. Se a sala de jantar se transformou numa despensa, você perdeu um lugar importante de convivência com a família. Se o seu equipamento de ginástica está na sala de visitas, como é que você pode cultivar o companheirismo com sua comunidade maior? Retire do cômodo tudo o que não está de acordo com suas funções.

Segundo passo: Aumentar o espaço onde guardar as coisas. Se a pilha de objetos largados no chão faz parte deste cômodo – um monte de papéis no escritório da casa, por exemplo, acrescente latas de lixo e armários de arquivo como solução.

Terceiro passo: Mudar ou acrescentar móveis. Se isso não resolver o problema, os móveis podem ser formais (ou informais) demais para o seu modo de vida atual. Você pode estar vivendo com um estilo de decoração que já deixou para trás ou superou, principalmente se você administra uma empresa em casa e recebe seus clientes ali, os quais você precisa impressionar. Talvez os seus móveis exijam cuidados demais para o seu modo de vida atual. Mude-os, impermeabilize-os ou use capas para eles.

Quarto passo: Dividir os cômodos para funções extras. Finalmente, se você não tem espaço para todas as funções necessárias a seu modo de vida, vai precisar tornar seus cômodos multifuncionais (uma tarefa sobre a qual você vai aprender mais no Capítulo 16, sobre a Regra nº 8: Estabelecer limites para o uso de um cômodo.

Depois que você der a perspectiva apropriada a essas prioridades da decoração, talvez descubra que sua vida melhora ao mesmo tempo que sua casa fica mais bonita e aconchegante.

## O estilo de moradia e a história do modo de vida de uma mulher

Embora uma pessoa possa mudar seu estilo de decoração para que ele combine melhor com o seu modo de vida, o perigo está em ter um estilo de decoração que *determina* seu modo de vida. Uma colega que queria muito encontrar um marido e ter filhos, lutou por esse objetivo por mais de uma década. Essa jovem executiva é uma mulher cheia de energia, bem sucedida e bonita, com um emprego fantástico, salário alto e boa aparência de modo geral. Anda sempre na última moda, veste-se bem, usa um belo corte de cabelo e sempre parece maravilhosa. Seu intelecto e senso de humor são consideráveis. À primeira vista, é um partidão. No entanto, assim que você chega mais perto, suas questões pessoais começam a dar sinal de vida.

Apesar de não ter problemas de dinheiro, ela parece pobre quando se trata do seu lar. Mesmo que possa se dar ao luxo de comprar um apartamento num bairro chique, ela teima em viver frugalmente num minúsculo apartamentinho sublocado numa rua sombria. Embora não economize com sua aparência física, seu apartamento nu não reflete quem ela é, nem o tipo de vida que deseja... na verdade, diz a seus pretendentes que o melhor a fazer é virar as costas e sair correndo.

Gostando ou não, os pretendentes sempre procuram alguém com capacidade de construir um ninho. É essa a base do companheirismo: criar um, juntos. E não há nada mais atrativo numa pessoa do que o seu lar.

Ao insistir naquela frugalidade mutilante, essa mulher maravilhosa condenou-se a um modo de vida que diz a si mesma e ao mundo inteiro, que é alguém que está de passagem, que não tem direito a um lar, e que nem sequer está indo nessa direção. Condenou-se a uma vida que não parece ser a que escolheu, nem a que escolheria. Apesar disso, ela a *escolheu*, pois insiste em viver nesse lugar. Seu estilo de moradia determinou seu modo de vida, e não o contrário. Se ela mudasse sua casa, mudaria sua vida. Assim como você.

## Teste da realidade do seu modo de vida

Quais são as realidades resultantes de seu modo de vida que têm como base sua rotina, hábitos, atividades e responsabilidades, e quais as realidades dos outros moradores da casa? Pense em termos gerais. Por exemplo: você poderia dizer: "Sou mãe solteira com dois filhos na creche", "Gosto de correr todas as manhãs", "Tenho um emprego de tempo integral, e um pequeno negócio em minha casa que toco nos fins de semana", "Um dos meus filhos tem necessidades especiais e precisa de supervisão constante", "Não posso me dar ao luxo de sair muito e, por isso, preciso de distrações baratas em casa, como pipoca e vejo filmes em DVD à noite. Mas sempre reservo uma noite de folga para mim toda semana, para tomar um banho de banheira e ler, aconteça o que acontecer.

---

**Agora é a sua vez:**

A realidade do meu modo de vida é que sou ____________________

______________________________________________

______________________________________________

A forma como vivo agora é ______________________________

______________________________________________

______________________________________________

Agora que estou me dando conta das realidades da minha vida, a forma ideal de morar devia ser mais como ______________________

______________________________________________

______________________________________________

1. **Que tipo de mobília você precisa?**
❑ Informal ❑ Tradicional ❑ Feita sob encomenda

2. **Que tipo de mobília você tem?**
❑ Informal ❑ Tradicional ❑ Feita sob encomenda

3. **Que tipo de tapete seria apropriado?**
❑ Escuro ❑ Claro ❑ Estampado

4. **Que tipo de tapete você tem agora?**
❑ Escuro ❑ Claro ❑ Estampado

Trate cada elemento da decoração da seguinte forma: estude seu modo de vida e decida que tipo de mobília você precisa em primeiro lugar. Depois veja qual o tipo que você tem agora. Logo vai ver quais coisas estão em harmonia e porque surgem problemas. Este é um teste de realidade maravilhoso. Faça anotações sobre o estilo de decoração de que você precisa para combinar com seu modo de vida na seção MEU ESTILO de seu *Fichário de Decoração da Casa Terapêutica.* Você vai usá-las quando começar a trabalhar a Parte III, Seus Alicerces. Do que você precisa? Por onde começar? Marque tudo o que lhe disser respeito:

1. **Você recebe amigos em casa**
❑ Frequentemente ❑ Às vezes ❑ Nunca

Se você está sempre recebendo amigos, vai precisar de pratos em número que esteja de acordo com a quantidade e o grau de animação da sua lista de convidados. Vai precisar de uma área de serviço de bebidas e tira-gostos que deixe o *chef*/cozinheiro em paz para preparar as refeições e servi-las. Alguém com esse modo de vida se beneficiaria com um bar com geladeira na sala de visitas ou na principal área em que recebe, e de aparadores espaçosos na sala de jantar.

2. **Você gosta de cozinhar**
❑ Frequentemente ❑ Às vezes ❑ Nunca

Se você cozinha muito, vai precisar de uma despensa bem abastecida, de uma adega (que hoje em dia pode ser uma caixa de metal com refrigeração eletrônica), uma boa geladeira com um *freezer* que funcione bem e uma prateleira de pendurar panelas para acomodar utensílios de cozinha de uso constante. Até cozinhas minúsculas podem ter uma despensa. Verifique as opções que usam os armários como opção. Mas, mesmo que você nunca cozinhe, sempre vai ter necessidade de apoio e de uma cozinha que alimente você. Concentre suas soluções de decoração num forno micro-ondas de bom tamanho para aquecer comidas prontas, congeladas, ou enlatadas, e numa torradeira/grelha para alimentos congelados pré-cozidos.

**3. Você gosta de:**

❑ Medos
❑ Ler
❑ Costurar
❑ Escrever
❑ Passatempos
❑ Carpintaria
❑ Alergias
❑ Navegar pela Internet
❑ Ouvir música
❑ Assistir TV e DVDs
❑ Jogar videogames
❑ Tocar um instrumento

Todas essas opções de modo de vida requerem espaço, lugar para sentar, equipamentos e iluminação apropriados para lhes fazer justiça. Cada uma delas pode contrariar as necessidades e direitos de outros moradores da casa, de modo que a solução está em cômodos multifuncionais, que servem de ponto de apoio de atividades afins. O objetivo é sempre não interferir nas funções práticas e emocionais. Ver a Regra nº 8: Estabelecer limites para o uso de um cômodo (Capítulo 16) para dispor de instruções sobre a maneira de criar espaços multifuncionais.

**4. Você tem dificuldade na hora de jogar coisas fora:**

❑ Sempre ❑ Às vezes ❑ Nunca

Caixas atraentes para guardar coisas e um rotulador de primeira linha são ferramentas obrigatórias para quem gosta de fazer coleções. Determinar o que vai ser mostrado num lugar de destaque, como uma mesa ou prateleira, e o que vai ser guardado dentro de uma caixa com belas etiquetas para uso futuro é a maneira de transformar a bagunça em pacotes viáveis de objetos. Se colecionar é um prazer natural, você precisa apresentar soluções de decoração para esse traço de personalidade, em vez de lutar contra quem você é. É difícil mudar as pessoas, mas implementar uma solução de decoração pode facilitar o surgimento de um ambiente sem tensões. Ver o Capítulo 14, Regra nº 6: Um lugar para cada coisa e cada coisa em seu lugar, para ter mais dicas sobre isso.

5. **Você pratica exercícios físicos em casa**
   ❑ Regularmente ❑ Às vezes ❑ Nunca

Se a sua sala de visitas está cheia de equipamentos de ginástica, é uma academia, não um espaço de convivência. Atualmente, os decoradores já estão começando a trabalhar com o desejo dos clientes que praticam exercícios em casa. Há propostas engenhosas de decoração que combinam o escritório da casa com uma esteira e um banco para levantamento de pesos fáceis de esconder depois do uso (ver a seção de Referências para mais informações). Considerar sua rotina, hábitos e as realidades do seu modo de vida *real* vai ajudar você a definir um estilo de decoração que lhe dará mais pontos de apoio.

A ÁREA PROBLEMÁTICA que você identificou como o espaço menos funcional de sua casa é um bom lugar para começar. Anote três soluções de modos de vida ou de decoração que lhe ocorrerem nesse exato momento para esse espaço. Depois guarde essas ideias na seção PLANO DA CASA.

1. ______________________________
2. ______________________________
3. ______________________________

# 13

## REGRA Nº 5

# Uma casa-vitrine não é um lar

*Use-a ou deixe-a.*

Você já viu aquelas fotografias maravilhosas de casas perfeitas em revistas. Escadas de mármores faiscantes, cortinas de seda importada e esculturas muitíssimo bem iluminadas sobre pedestais giratórios. Quem não ficaria de queixo caído diante de uma coisa dessas? São verdadeiras obras de arte em termos de decoração e beleza – mas será que acomodariam as complicações de sua vida pessoal?

Uma casa deve ser o lugar no qual você pode entrar, atirar os sapatos para o lado, recostar-se e soltar um suspiro de satisfação. Ela lhe dará o alívio do turbilhão do mundo. Não deve ser um lugar que exige uma série formal de comportamentos estudados.

## Casa-vitrine x Casa Terapêutica

Não é bom construir uma casa de acordo com as especificações de outras pessoas, e nunca é certo decorar sua casa para impressionar alguém que não mora nela. É simples: se a sua casa é "para mostrar" e não para viver, vai ser perfeita para mostrar, mas não para viver nela. Qualquer moradia que não satisfaz *todas* as suas necessidades emocionais vai isolar você dessas necessidades e você não vai se sentir protegido por ela.

Este livro conduz você a identificar e definir seu *verdadeiro* eu. A logística e as questões de seu ambiente e de sua vida, bem como seu gosto pessoal e seu estilo, tudo isso precisa ser levado em conta para a construção de um lar que satisfaça suas necessidades reais e seu verdadeiro caráter, intensificando assim sua experiência de viver bem. Todos temos uma *persona*, uma máscara que apresentamos ao mundo de tempos em tempos. Mas esperamos que as questões e oportunidades de reflexão que oferecemos aqui ajudem você a separar seu verdadeiro eu do eu-vitrine. Uma bela aparência sempre fica mais radiante quando gira em torno da autenticidade.

## A história de uma cliente

Ao planejar uma reforma de cozinha, uma cliente se deparou com um modelo ultramoderno numa loja sofisticadíssima. O *design* brilhante era fantástico, complementado por armários que iam do chão ao teto com um visual impactante de tirar o fôlego. Era, sem dúvida alguma, uma cozinha "de poder". Qualquer um que entrasse naquele cômodo tinha imediatamente a impressão de que o dono era uma pessoa de personalidade e muitos recursos, e também de um bom gosto impecável.

A cliente refletiu durante algum tempo sobre o *design* e o preço igualmente imponente. Gostava da impressão que dava aquela cozinha; mas, depois de pensar se seria um cômodo no qual ela gostaria de estar com frequência, de cozinhar, de ficar sentada num banco com o marido comendo sobremesa, ou conversando com a melhor amiga enquanto tomavam uma taça de vinho, logo se deu conta de que não era um espaço convidativo para sua vida real. Apesar do *design* estonteante, era uma cozinha fria, distante e criada exclusivamente para causar impacto, pois sua funcionalidade deixava muito a desejar. E ela queria uma cozinha acolhedora,

confortável, quente. Essa cozinha não era nenhuma dessas coisas. O desejo de estar em contato com a pessoa que ela é realmente – *e não aquela que gostaria que as pessoas achassem que era* – fez com percebesse que uma cozinha no estilo rural combinava mais com ela. A cozinha é, de fato, o cômodo da alimentação do corpo e da alma, onde os sentidos e o organismo são nutridos; uma cozinha "de poder" não fazia isso por ela.

## "Levanta para eu arrumar a cama"

Uma mentalidade de vitrine é prima da insistência na perfeição: ambas tornam a vida muito desagradável. Essa ordem, "Levanta para eu arrumar a cama", foi ouvida todo fim de semana pela família de uma mulher cuja casa inteira era só para mostrar aos outros. O marido não podia andar pela sala de visitas (poderia deixar marcas dos pés no carpete), as crianças não podiam preparar nada na cozinha (faziam muita bagunça) e ninguém podia dormir depois das 7:00 da manhã (senão as camas não podiam ser arrumadas). Quando se vive desse jeito, não demora que todos se sintam desconectados de seu lar. E, nesse caso, o resultado é um casamento frio e filhos distantes afetivamente.

A verdade é que ninguém gosta de estar numa casa-vitrine, pois ela não aquece nem impressiona ninguém. As visitas não ficam à vontade. Não sabem onde se sentar ou pôr um copo de bebida, nem se podem ficar de sapatos ou precisam deixar os mesmos do lado de fora. Se você tem a intenção de se isolar e afastar os outros, seu caminho não vai passar por uma Casa Terapêutica. Viver deixa provas. Uma casa-vitrine não é um lar porque não permite que ninguém viva.

Reveja os cômodos que você identificou como "mobiliados, mas nunca usados" em sua lista de ÁREAS PROBLEMÁTICAS. Depois volte à Tabela das Funções do Capítulo 9 (página 87) e veja quais de suas necessidades emocionais e práticas estão sendo satisfeitas atualmente por sua casa. Será que toda necessidade da sua alma está sendo atendida? Há algum lugar especial em seu lar para o crescimento pessoal? Tome nota agora, no seu PLANO DA CASA, de que é preciso transformar esse cômodo-vitrine num espaço útil que satisfaça necessidades que estão precisando de atenção.

# 14

## REGRA Nº 6

# Um lugar para cada coisa e cada coisa em seu lugar

*Defina uma base doméstica para todos os objetos e acrescente caixas para guardá-los onde quer que surjam pilhas de coisas.*

Como diz uma amiga que trabalha com organização do lar, "Tudo precisa de um lar, mesmo que esse lar seja uma lata de lixo". A organização tornou-se um dos maiores problemas dos lares modernos. A Era da Informação está a pleno vapor e estamos submersos, embaixo de uma montanha de papel. As mulheres não são mais as diretoras-executivas de sua casa, trabalhando em regime de tempo integral, sempre à disposição para separar as coisas, lavá-las e limpá-las. Agora, uma porcentagem enorme de famílias é dirigida só pela mãe ou só pelo pai, e nosso modo de vida, cada vez mais voltado para o consumo, encheu nossa casa de novos produtos. Há dez anos, os DVDs não eram comuns, os sistemas de *home theater* eram só para pessoas muito abastadas e, em geral, as salas de ginástica tinham apenas um único banco para levantamento de pesos na garagem. As construtoras não estavam preparadas para o dilúvio de pequenas empresas que seriam administradas em casa, nem para o volume enorme de centros de comunicação que surgiriam, ou para as crescentes demandas eletrônicas de residências movimentadas.

Sistemas de organização e armazenamento são a resposta. Comece aumentando o número de prateleiras e armários e organizando suas coisas verticalmente, utilizando o valiosíssimo espaço vazio das paredes em toda a casa. Na cozinha, instale prateleiras para as panelas até o teto para esvaziar os armários e abrir espaço para a organização da despensa.

Atribuir um lugar para cada coisa que você leva para casa e devolver todas elas a seu lugar depois de usá-las não mata ninguém. A bagunça não é só estressante e um imenso desperdício de tempo e grande gerador de ansiedade: é simplesmente absurdo afundar-se nela meia-hora todo dia procurando suas chaves porque você não reservou um lugar específico para elas, ou não as colocou onde deviam estar quando chegou em casa. Por outro lado, um cômodo organizado de forma atraente diminui a tensão e contribui para aquela sensação boa que você identificou em seu cômodo favorito no Capítulo 1, O que é uma Casa Terapêutica?

Se você puder se dar esse luxo, os organizadores profissionais são uma bênção dos céus. Mas, se não puder, reserve apenas dois fins de semana para:

1. **Avaliar sua bagunça e identificar as ÁREAS PROBLEMÁTICAS.**

2. **Comprar latas e caixas para guardar suas coisas e usá-las nessas ÁREAS PROBLEMÁTICAS.**

Hoje em dia as lojas vendem latas, caixas e cestas muito bonitas de todas as formas, tamanhos e *designs* – desde aquelas de plástico até as de vime. Compre mais do que você precisa no começo, para dispor de recipientes vazios que combinem com o visual geral da casa. Você vai começar uma viagem de transformação de todo o seu lar. Seu destino final é um ambiente eficiente e sem tensões – uma pedra angular importante da Casa Terapêutica. Organização chama organização. E planejar com antecedência elementos úteis de organização e armazenamento vai ajudar você a manter as áreas de trabalho limpas e funcionais, e impedir que se tornem uma Central da Bagunça. Coloque sempre um objeto bonito, um cesto de frutas ou vaso de flores no meio de sua mesa de jantar para reservar esse lugar para as próximas refeições. Superfícies vazias parecem atrair a correspondência que você pretende jogar fora e todo tipo de papelada, até você estar diante de pilhas enormes.

## Dicas e estratégias de organização

DUAS REGRAS PRÁTICAS:

1. O lugar onde você guarda as coisas tem de estar logicamente relacionado a seu uso.

2. O armário do corredor não pode ser *o* lugar onde você guarda *tudo*.

## A resposta do organizador profissional à desordem: ganchos, caixas, latas e cestas

É típico esses objetos não terem um lugar próprio.

PAPEL – correspondência, revistas, catálogos, relatórios etc., entram e saem constantemente da casa e formam pilhas cada vez maiores.

ROUPAS – estão sendo constantemente tiradas: casacos, luvas, sapatos e roupas que ainda não estão suficientemente sujos para a máquina de lavar, mas não estão suficientemente limpos para guardar.

UTENSÍLIOS DE COZINHA E DA CASA – tudo, de pratos a comida, de eletrodomésticos a baterias, tende a estar em todos os lugares, ou em nenhum em particular.

BRINQUEDOS DAS CRIANÇAS E DOS ANIMAIS DE ESTIMAÇÃO – veja bem onde pisa, esses objetos são realmente perigosos.

**Guarde, em vez de pôr em qualquer lugar.**

Cite quatro questões organizacionais que se transformam em problemas emocionais ou práticos para você. Um exemplo: você se frustra por que se atrasa frequentemente para o trabalho ou outros compromissos e não consegue encontrar as coisas de que precisa? As contas não são pagas na data de vencimento por estarem perdidas no meio da papelada?

1. ______________________________

2. ______________________________

3. ______________________________

4. ______________________________

A mudança de hábitos é um objetivo de longo prazo que requer tempo e disciplina, mas não é impossível conseguir pequenos avanços agora. Comece observando onde é que você tem tendência de amontoar as coisas e, nesse interim, crie uma solução viável pondo uma caixa, lata ou cesta para esses objetos naquele lugar. Depois desenvolva um sistema de fluxo de trabalho para resolver o problema. Vamos começar com o maior deles: os papéis.

## Crie um novo fluxo de trabalho

### *Correspondência*

O PROBLEMA: Correspondência importante e contas perdem-se no meio do excesso de papelada a ser jogada fora. Antes da era moderna, as pessoas tinham uma escrivaninha na entrada para a correspondência – às vezes ela tinha até o tampo inclinado e várias gavetas para guardar papel de carta, canetas e tudo o que é necessário para escrever, além do livro de contabilidade da família. Precisamos de algo parecido outra vez, mesmo que seja uma versão atualizada, para acomodar um computador *laptop* e um carregador de celular.

A SOLUÇÃO: Crie seu próprio sistema de fluxo de correspondência com três caixas. Ponha etiquetas nelas: SELECIONAR, VERIFICAR, PAGAR.

## SELECIONAR • VERIFICAR • PAGAR

Os três itens de seu sistema de correspondência vão ajudar você a separar o joio do trigo. Organize suas caixas em pilhas: SELECIONAR embaixo, VERIFICAR no meio e PAGAR em cima. Separe a correspondência da seguinte maneira:

SELECIONAR: não precisa ler todos os folhetos e outros tipos de propaganda que lhe mandam. Arquive esse tipo de correspondência na caixa de baixo, para reciclagem.

VERIFICAR: cartas, notificações, anúncios, assinaturas e seus catálogos favoritos, aqueles para os quais vale a pena reservar um tempinho, vão para a segunda caixa, a do meio de seu sistema.

PAGAR: as contas vão para a caixa de cima. A melhor coisa a fazer é pagá-las imediatamente e documentar o pagamento (data, quantia, número do cheque) no verso da conta, em seu talão de cheques, ou num programa de contabilidade no seu computador, se você usa algum. Se você não paga suas contas imediatamente, reveja a caixa superior de sua pilha uma vez por semana e coloque aquelas que estão para vencer em cima da pilha. As empresas de cartão de crédito ganham fortunas com os juros de contas pagas com atraso. *Nunca* jogue fora suas contas, nem os papéis referentes ao cartão de crédito ou qualquer informação bancária, sem primeiro rasgá-los. O roubo de identidade está em alta. Guarde todas as contas, comprovantes de pagamento e recibos nesta caixa até poder transferi-los para seus arquivos de impostos devidamente classificados (é preciso guardar seus comprovantes e arquivos relativos a finanças por cinco anos. O Imposto de Renda exige isso).

**PRENDEDORES DE PAPEL PARA A CORRESPONDÊNCIA A SER ENVIADA**

Pendure um prendedor de papeis na porta para a correspondência a ser enviada. Quando receber uma fatura, coloque-a no prendedor. Ao sair de casa, pegue as contas para levá-las ao banco.

**SELOS EXTRAS**

Compre dois rolos e deixe um perto da porta, numa caixa, e outro na escrivaninha onde você preenche sua papelada. Sempre é bom ter uma reserva.

Muito bem: agora você tem tudo guardado, mas não teve tempo de ler toda a sua correspondência até agora e as caixas estão começando a esgotar sua capacidade. No dia da faxina, jogue fora o que está na caixa de baixo (aquela da correspondência indesejável). É um ato liberador e você vai sentir imediatamente a gratificação que ele lhe dá: o Fator Alívio. Depois verifique tudo o que está na sua segunda caixa. Algumas coisas vão ficar, mas você vai descobrir que uma boa quantidade delas vai parar na caixa de reciclagem debaixo para jogar no lixo na próxima semana.

## Roupas

O problema das roupas são as pilhas, porque estão perpetuamente em um de cinco estágios:

- Sujas, precisando ser lavadas na máquina ou a seco.
- Acabadas de lavar, esperando ser guardadas ou passadas.
- Estragadas, exigindo consertos.
- Jogadas em gavetas ou armários, esperando uma seleção.
- Limpas demais para serem lavadas, mas sujas demais para serem guardadas

**EXPURGUE SEUS ARMÁRIOS UMA VEZ POR ANO**

A moda varia drasticamente, de modo que aquelas calças *jeans* manequim 40 que você está guardando para depois de emagrecer provavelmente estarão obsoletas quando você chegar lá. Seja como for, comprar roupas novas deve ser a recompensa para qualquer mudança significativa de peso.

Você precisa enfrentar esses cinco estágios com lugares próprios para cada um deles, senão vai ter pilhas de roupas e perguntas constantes do tipo, "Essa aqui está limpa ou suja? Essa aqui precisa ser lavada ou você vai usá-la amanhã?" e assim por diante.

A solução para pilhas de roupas? Um sistema de fluxo de trabalho da lavanderia que combine com seu modo de vida real e com as áreas onde surgem as pilhas de roupas em sua casa.

Você vai precisar de:

- Vários sacos ou cestas de roupa suja do mesmo tamanho e estilo.
- Cestas decorativas secundárias para roupas comuns nas áreas onde surgem as pilhas.
- Um cabideiro para as roupas prontas para usar.

## A montagem de seu sistema de lavanderia

1. Na lavanderia (ou num armário), instale três prateleiras para as cestas. Ponha nelas as seguintes etiquetas: SUJAS, LIMPAS e PRECISAM DE CONSERTO. Ponha suas cestas ou sacos de roupa suja aí.

2. Nas ÁREAS PROBLEMÁTICAS de toda a casa, onde surgem as pilhas de roupas, coloque suas cestas decorativas, que vão ser esvaziadas na sua cesta de roupa suja no dia reservado para lavar roupa.

3. No quarto de casal coloque um cabideiro, que é uma peça muito funcional e que não dá aquela impressão de bagunça, como dão as roupas penduradas no espaldar das cadeiras.

4. No seu armário, pendure suas roupas em cabides idênticos (os mais recomendáveis são os de

**CABIDES OU GANCHOS PARA PENDURAR ROUPA**

Escolha cabides ou ganchos de um estilo de que você goste em número suficiente para todo o seu guarda-roupa, mais 10% para as roupas que vai comprar. Eles devem formar uma fila uniforme, sem se sobreporem uns aos outros, pois assim vai ficar mais fácil escolher uma roupa.

madeira). Cabides bonitos que não se sobrepõem uns aos outros, nem ficam em alturas diferentes, facilitam tanto fazê-los deslizar quanto escolher uma peça.

5. Nas gavetas de sua cômoda, guarde itens da mesma categoria ou da mesma cor.

Quando os cinco estágios das roupas têm um lugar só seu, fica mais fácil administrar o guarda-roupa da família sem um drama diário na hora de cada membro se vestir, nem brigas para saber quem é o bagunceiro. Pode não ser você quem sente o drama, mas o marido, a mulher ou sua filha – e é por isso que o sistema precisa da participação de todos.

**O EXPURGO DO GUARDA-ROUPA**

Divida os armários em três seções:

1. Roupas usadas atualmente.
2. Roupas que não foram usadas no último ano.
3. Roupas que não foram usadas nos últimos dois anos.

## Óculos

Compre um bom par de óculos mas adquira também outro par de armadura barata só para leitura na sua farmácia. Coloque-o em caixas iguais para você ter acesso visual onde quer que esteja. Algumas óticas vão lhe dar um desconto se você comprar vários pares e é sempre bom ter um outro par no carro, caso haja uma emergência.

## Ferramentas

Tenha sempre um mini-martelo, um conjunto de alicates e uma chave de fenda do tipo todas-em-uma com pontas intercambiáveis numa gaveta de sua cozinha. Quando a porca de um parafuso se soltar durante a noite, você não vai precisar escarafunchar a garagem em busca de um simples alicate para resolver o problema. Suas outras ferramentas – martelos maiores, chaves de fenda, ferramentas elétricas etc., devem ser guardadas numa caixa apropriada para transportar, ou que tenha rodinhas para você puxar até o lugar onde vai fazer um conserto.

## Brinquedos

Ensinar e impor bons hábitos às crianças faz parte da educação dos filhos. Eles vão adquirir os seus hábitos, pois é o que eles conhecem. Você não quer que a vida de seus filhos seja inadministrável, quer? Pois então fale com eles sobre coisas de que gostam muito: brinquedos. Coloque ao menos três caixas separadas no chão, às quais os mais pequenos possam ter acesso fácil e que não virem: uma para brinquedos de pelúcia ou outro material macio, outra para os de plástico duro e outra para livros. Crie a regra de que as crianças têm de arrumar suas coisas sempre que terminar o período das brincadeiras. Quando as crianças sabem onde pôr as coisas fica mais fácil para elas cuidar do que é seu. Além disso, adquirem bons hábitos organizacionais que vão levar para sua vida adulta. As crianças também devem saber onde colocar suas roupas sujas toda vez que se trocarem.

## A gaveta da bagunça

Toda casa deve ter uma gaveta para a bagunça. Você tem permissão total para criar uma – uma gaveta grande, desestruturada, para guardar tudo, e qualquer coisa que entre em sua casa e não tenha um lugar próprio definido. Se a sua tendência de guardar coisas for maior do que a gaveta da bagunça e você precisar de um armário da bagunça, então precisa primeiro arrumar caixas que possam ser empilhadas umas em cima das outras, para haver uma estrutura semi-organizada no interior de seu armário da bagunça. Escreva nas caixas: Baterias, Brinquedos etc. Quando não conseguir encontrar alguma coisa no lugar onde devia estar, você sempre vai dispor de um último recurso: o armário da bagunça.

## Longe dos olhos, longe do coração

Quando se trata de organização, o adágio "Longe dos olhos, longe do coração" pode ser tanto uma bênção quanto uma preocupação. Depois de sua primeira viagem pelo universo da organização, aquelas lindas superfícies limpas podem ser complicadas por uma questão candente: "Onde foi que eu pus aquilo?". Etiquetar tudo é a resposta. Compre um rotulador, ou use pincéis atômicos para fazer um quadradinho em tudo e escrever uma mensagem que possa ser apagada depois. Os pincéis atômicos usados nas lousas brancas permitem que você crie instantaneamente superfícies semelhantes a essas lousas em paredes, latas, caixas e até para fazer decoração de portas – eles são fabulosos não só para etiquetas, mas também para LISTAS DE TAREFAS e de OBJETIVOS. Manter essas listas de objetivos visíveis é uma forma de promover a atividade no sentido de alcançá-los. Lembra do que falamos sobre "longe dos olhos, longe do coração"? Isso não é bom quando se trata de objetivos. Usando uma fita-crepe faça uma área quadrada que possa funcionar como um muralzinho de fácil acesso e depois pinte ou cole sua decoração. Fica lindo em quartos de crianças. O melhor de tudo é que as etiquetas que podem ser apagadas permitem que as caixas, latas ou cestas mudem de função rapidamente, de acordo com a necessidade.

## O chá de cozinha

Nossa cultura criou formas de ajudar recém-casados e futuras mamães a se prepararem para as mudanças que estão prestes a acontecer em sua vida: o "chá de cozinha" e o "chá de bebê".

Participe do chá de organização. Dar uma festa para um(a) amigo(a) ou membro da família é uma forma deliciosa de discutir estratégias, consolidar relações afetivas e ajudar. Inclua em sua lista de presentes itens grandes para guardar coisas, como caixas, latas, conjuntinhos de contêineres para a mesa de trabalho, murais de recados e programações, cabides, ganchos para pendurar roupas e outros objetos, cestas, móveis, ferramentas, prateleiras para as panelas, ganchos para as chaves, pincéis atômicos, rotuladores e outros objetos úteis para a organização. Um chá de organização é uma forma excelente de dar uma força a alguém que está precisando de ajuda para criar uma verdadeira Casa Terapêutica.

## Diário da casa

Dê uma olhada em suas ÁREAS PROBLEMÁTICAS. As áreas que lhe causam mais tensão ou constrangimento são as mais congestionadas ou desorganizadas, e são as mais bagunçadas – todas elas precisam ser reorganizadas. Faça uma lista delas no seu PLANO DA CASA e anote o número de caixas, cestas, ganchos, cabides, prateleiras, cestas ou sacos de roupa suja, cabides, sapateiras, divisórias de gavetas, latinhas para guardar chá, caixas de ferramentas e estantes, e para fazer as etiquetas de que você precisa para resolver suas dificuldades nessas áreas.

# 15

## REGRA Nº 7
## Arte é fundamental

*Coloque ao menos um objeto de arte em cada cômodo de sua casa, inclusive na cozinha e no banheiro.*

Se a música é uma dimensão superior da fala, as artes plásticas são uma dimensão superior da visão e uma visão intensificada de nossa experiência de mundo. A arte vai além do pensamento cognitivo, chegando direto ao cérebro de uma forma que não é verbal – conectando você a seu espírito e expandindo sua visão para além dos limites de espaço e tempo. Os antropólogos acham que a magia era o pensamento artístico dos povos antigos... e talvez estejam certos. A arte tem a capacidade de transportar você do mundo para o transcendente num piscar de olhos – do ritmo frenético da existência urbana para a serenidade de uma paisagem pastoral inglesa, das realidades prosaicas da vida cotidiana para a visão colorida de uma expressão abstrata que muda toda vez que você olha para ela.

A arte é importante para todas as partes de seu ser: suas emoções, seu intelecto, seu espírito. Oferece um canal de expressão quando não há palavras, e propicia uma mudança no estado emocional quando não há outra opção. Faça uma retrospectiva de sua vida, tentando se lembrar das obras de arte criativas que viu na casa dos outros. O que essas outras pessoas mostravam dizia coisas sobre quem elas são. Aquilo que absorvemos com os olhos, fica em nós de uma forma tão inconsciente que chega a surpreender. É por isso que ter e mostrar uma obra de arte numa Casa Terapêutica é fundamental. Porque você quer impregná-la com todo o seu ser, em todos os níveis, até mesmo no nível inconsciente.

## Sua escolha de obras de arte reflete-se sobre você

Provavelmente nada em sua casa fala tanto de quem você é quanto as obras de arte penduradas nas paredes. É o maior indício de sua profundidade, estilo, senso de humor e, sim, de seu intelecto. Mas não se deixe intimidar: essas coisas são intrínsecas a quem você é. Escolher obras de arte não é nada mais do que encontrar as imagens que tocam você – de uma forma que você possa assimilar todos os dias.

Visite galerias, museus e feiras de artesanato sempre que puder, e tome nota das obras de arte em exposição em todo lugar onde você for, inclusive lugares públicos, restaurantes e casas de amigos. Vá além de pensar coisas como "isso aqui vai ocupar a parede toda" ou "aquilo ali briga com o sofá", ou "aquilo lá vai impressionar meus amigos". Em vez disso, não tenha pressa: continue observando seus pensamentos e sentimentos enquanto fizer suas pesquisas, procurando detectar aqueles com os quais quer impregnar sua casa. Escolha o que gosta, o que toca você, o que estimula a reflexão, descansa sua cabeça e levanta seu astral, porque vai servir de moldura para suas lembranças.

> Coloque suas obras de arte na altura dos olhos para obter o máximo de impacto.

## *As fotografias de família como obras de arte*

Quando falamos de artes plásticas não nos referimos a um monte de fotografias de família espalhadas por suas paredes. Embora gostemos muito de retratos de família como parte de nossa coleção de *memorabilia,* as artes plásticas fazem parte de uma categoria diferente. Podem ser quadros (a óleo, em acrílico ou aquarelas), pintados com pastel ou carvão; esculturas, cerâmicas, desenhos, litogravuras, serigrafias, obras em madeira, artesanato, xilogravuras, bustos de bronze e outros tipos; mas as artes plásticas não são uma foto das férias de verão da família. Qual a diferença entre artes plásticas – sim, a arte fotográfica está incluída aqui – e fotografias? Toda obra de arte é de natureza impressionista. Não é necessariamente a documentação de um momento. É a perspectiva de um artista sobre um determinado assunto. Sem perspectiva, tudo quanto existe é um registro – documentação, não obra de arte.

Até a arte abstrata consiste num ponto de vista único e irrepetível do mundo, expresso por meio de cor e forma. Mas entender de arte não é apenas entender "o que o artista queria dizer", é mais a sua forma de experienciar, você mesmo, a visão dele. E essa experiência tem poder. A arte nos libera da repetição dos pensamentos habituais e nos oferece uma perspectiva fresca.

> Use obras de arte para criar um ponto focal num cômodo descaracterizado.

## Um sorriso na parede

O dono de uma galeria parisiense da moda, contou a história de uma cliente que fez sua primeira incursão no mundo da arte quando estava passando férias em Paris. Esta mulher, que nunca tinha comprado obras de arte antes, adquiriu por US$ 4 mil uma pintura extravagante e provocativa de um artista espanhol jovem e ardente. Chocada com o desembolso impulsivo e incomum de uma soma tão grande, uma soma que evidentemente deu fim às suas férias, ela foi embora em meio a um redemoinho de pânico, com medo do que acabara de fazer. O dono da galeria sorriu ao explicar que a cliente voltou anos depois para lhe dizer que foi o melhor investimento que tinha feito na vida. Superara em muito todas as suas férias juntas. Seu motivo: "Todo dia, há um sorriso em minha parede".

As obras de arte devem ser sorrisos em sua parede. E você pode ter algumas, mesmo com um orçamento apertado. As feiras de artes plásticas e artesanato de sua cidade têm pechinchas maravilhosas, e sempre existe o sótão da sua velha tia para você caçar seus tesouros. Exposições de faculdades de artes plásticas, galerias e leilões são lugares onde você também pode encontrar obras originais de artistas novos e emergentes. Nada se compara a ter um original, mas se você não pode se dar esse luxo, sempre há reproduções, gravuras e pôsteres de obras consagradas para encantar seus olhos.

## Uma obra de arte para ancorar um cômodo

A obra de arte serve de âncora para o tema de um cômodo. Quer seja uma paisagem, algo típico do estilo de um período, uma cor ou uma forma decorativa, uma bela obra de arte ajuda a definir o espaço como um todo. Em geral, as obras de arte são colocadas na altura dos olhos para serem uma das primeiras coisas que se vê ao entrar num ambiente. Quando a obra de arte não combina com o resto do cômodo ela destoa, parece deslocada e rompe o equilíbrio. Você sentirá uma estranha perturbação com os visuais contrastantes.

Um casal que tinha decorado sua sala de visitas com animais empalhados, brinquedos clássicos e confortáveis móveis informais, pendurou num lugar de destaque um quadro com temas sexuais, que alguns poderiam considerar pornográficos. Talvez o casal pretendesse dar uma nota engraçada com o quadro, ou ao menos levar o tema à reflexão, mas o conteúdo enviava uma mensagem estridente que contrariava o resto da sala e deixava todo mundo que entrava meio desequilibrado. E embora o tema geral convidasse as pessoas a se acomodar, se divertir e se envolver com sua criança interior, era impossível não sentir a presença dessa imagem contraditória que parecia avançar na direção das pessoas, sugerindo que talvez não fosse seguro soltar-se nesse ambiente.

A obra de arte pode realmente ser usada para provocar e perturbar, como fizeram os artistas sócio-políticos do movimento dadaísta do começo do século 20 e o movimento de arte feminista das décadas de 1960 e 1970; no entanto, o mais provável é que você prefira obras de arte com um conteúdo contemporâneo que sirvam de âncora para o seu tema geral – a menos que desequilibrar as pessoas seja sua missão na vida. Tenha ainda em mente que essa é a imagem que você escolheu para o cumprimentar todos os dias. A substância de sua âncora tem impacto. Se esse impacto for excessivo, vai fazer seu tema desmoronar; e, se for insuficiente, deixará seu tema à deriva (entre em nosso website para ter um resumo bem sucinto de alguns dos principais movimentos artísticos e dicas para emoldurar seus quadros).

## *A obra de arte sob seus pés*

"Um tapete é uma obra de arte no chão", diz Rahmat Moradzdeh, dono de uma galeria de tapetes orientais em Los Angeles. Olhe para baixo. Se não houver uma obra de arte ali, você precisa de tapetes novos. O revestimento do assoalho domina o visual de um cômodo, servindo de diapasão. E o diapasão sempre faz a música. Alguns dos mais belos tapetes persas, como os tapetes de seda Tabriz e Qums, são obras-primas intrincadas que vão lhe dar um prazer indescritível e aumentar de valor com o tempo e o uso.

É claro que você tem de levar em conta o seu modo de vida ou o uso do cômodo ao escolher as obras de arte que ficam no chão, mas faça uma escolha atraente e valiosa. Os revestimentos do assoalho têm realmente muito impacto sobre nossa psique. Você provavelmente ainda tem a cor, a textura e o cheiro daquele carpete verde-mostarda com belos desenhos que havia na casa de sua infância, ou daquele emaranhado nojento de acrílico laranja do dormitório de seu namorado gravados para sempre em sua memória. Veja só a impressão que os tapetes deixam.

Ao comprar um tapete para a sua casa, compre a melhor qualidade a que você puder se dar o luxo de adquirir e, se possível, compre produtos orgânicos como lã, algodão ou misturas de seda e lã que não sejam tratadas com substâncias químicas e não emitem gases tóxicos, ambos causadores de problemas no aparelho respiratório. Uma bela obra de arte no chão vai fazer de todo trajeto da sua casa uma viagem estética.

> Reúna obras de arte temáticas de forma a contar uma história.

## A arte como experiência terapêutica

Uma cliente chamada Louise, que se refere ao lar de sua infância como a "Casa do Narcisismo", percebeu que não havia uma única obra de arte por lá. Em seu lugar, havia gigantescos espelhos com molduras em todos os cômodos, pendurados em locais de destaque – um detalhe que levou tanto ela quanto os pais ao egocentrismo. Essa percepção fez com que ela entendesse o porquê de ter deixado nuas todas as paredes de sua casa. Mas, em vez de protegê-la das lembranças penosas do passado, as paredes nuas só serviam para sublinhar a ausência de pais amorosos.

> Escolha molduras e caixilhos que chamem o olhar para a obra de arte, e não para si.

Na tentativa de reestruturar seu sentimento constante de abandono, Louise mudou a atmosfera de sua casa enchendo-a de reproduções baratas de obras de arte que tinha visto numa viagem de campo com um professor que lhe dava muito apoio e que ela adorava. A arte tem a capacidade de ir ao âmago da questão. É um instrumento terapêutico que pode afetar o estado emocional e o temperamento. Talvez seja por isso que algumas instituições de saúde mental usam a arte como forma de tratamento, conhecido como arteterapia.

### *O artista interior*

Todo mundo tem um artista dentro de si: sua casa é a sua tela. Você pinta o quadro da vida cotidiana de seu passado, presente e futuro pela forma de organizar as coisas que tem, de determinar o lugar dos móveis e de conviver com eles. Permitir a criatividade, romper velhos hábitos e encontrar uma forma de se expressar não *em* casa, mas *com* sua casa, revigora e enriquece sua vida cotidiana. Pense no que sente uma criança que chega em casa da escolinha maternal com seu primeiro desenho, vê a mamãe pegar aquele pedaço de papel como se fosse uma valiosa obra de arte e colá-lo cerimoniosamente na geladeira para todos verem: ela fica *encantada*. As necessidades criativas dessa criança são satisfeitas e enriquecem ainda mais quando a mãe também as estimula.

Em seu lar, você é tanto a criança que se expressa quanto a mãe que a estimula. Você pinta a parede de azul-turquesa e depois aplica uma pátina dourada para envelhecê-la; dá um passo para trás e pasma de admiração ao ver sua obra. Encontra o vaso perfeito numa feira de artes plásticas, que sublinha tanto o azul-turquesa quanto o dourado, e o coloca no ângulo certo para ancorar todo o cômodo. E depois acha a moldura antiga que combina perfeitamente com um bordado feito à mão e descobre um lugar perfeito na parede que dá harmonia ao conjunto do seu cômodo. É assim que trabalha um artista: usando materiais familiares: observando, descobrindo e imaginando, e depois sintetizando tudo isso. Confie na sua intuição, arrisque-se em coisas novas (você sempre pode mudar depois, se não gostar) e traga vibração para a sua vida. Tente usar o exercício abaixo para inspirar seu artista interior.

## *Uma forma para a sua âncora*

1. Vá a uma loja de artes plásticas e compre:
   - uma tela de tamanho médio já esticada e presa ao painel
   - cinco potinhos de tinta à base de água cujas cores você tem em casa (nas almofadas, acessórios, plantas etc.)
   - um pincel para aquarelas do tamanho que você achar melhor
   - uma esponja de artista

2. Vá a uma loja de tintas (ou à sua garagem) e pegue:
   - uma lata de 1 litro de tinta látex que seja:
     a) da cor de sua parede (se elas foram pintadas com uma cor que não seja branco ou outro tom neutro próximo), ou
     b) da cor predominante de suas cortinas, tapete ou sofá (se as paredes forem brancas).
   - Um rolo para pintura (do tamanho de um cachorro-quente).

3. Pinte sua tela da cor de sua parede (ou sofá, tapete ou cortinas) com o rolinho. Cubra toda a tela. Enquanto a tinta estiver úmida, pegue seu pincel, molhe-o com a cor mais contrastante dos potinhos que você comprou e *esparrame-o* na tela. Pouco ou muito – você é quem sabe, você é o artista.

4. Depois que secar, borrife com o pincel, ou use a esponja ou o rolo com outra cor, até você gostar do visual. Varie esse projeto de arte da forma que bem entender, introduzindo outros elementos. Cole um pedaço do tecido de seus estofados na tela, pintando por cima dele. Cole fotos ou *memorabilia* na tela. Dê pontinhos com agulha e linha, ou use um selo ou papel-carbono para acrescentar letras ou um desenho. Brinque! Deixe algumas áreas da tela em branco. Assine-a na parte de baixo com um lápis preto. Não há necessidade de colocar moldura – basta pendurar sua tela num lugar escolhido a dedo.

Parabéns! Você acabou de despertar seu artista interior e de criar uma obra de arte para ancorar um cômodo de sua casa. O tema é a paleta de cores desse cômodo.

Verifique suas ÁREAS PROBLEMÁTICAS para descobrir o cômodo que você designou como o *menos atraente de todos*. Você vai querer acrescentar elementos artísticos a esse espaço. Faça uma anotação naquela seção relativa a este cômodo no seu *Fichário de Decoração da Casa Terapêutica* e, enquanto toca a sua vida cotidiana, procure obras de arte que ficariam bem naquele espaço. Coloque um sorriso na parede.

# 16

## REGRA Nº 8

# Estabelecer limites para o uso de um cômodo

*Crie regras para esclarecer que atividades e indivíduos são permitidos em cada cômodo – e não abra mão delas!*

Seu lar está cheio de fronteiras que dividem as coisas umas das outras. O teto sobre a cabeça, o assoalho sob os pés e as paredes externas que separam esses dois determinam uma fronteira, não só entre o espaço interno e o ar livre, mas também entre o comportamento aqui dentro e lá fora: "Ouça sua voz interior!"

As divisões entre os cômodos dão-lhe privacidade e separam um tipo de atividade de outro. Também pode haver limites no interior de um cômodo para separar um uso dele de outro – um biombo que separa uma sala de jantar de uma sala de visitas; uma bancada de cozinha que separa a área onde as refeições são preparadas da sala de visitas, num apartamento construído com o conceito de espaços abertos. Mas, como limites implicam criação de regras, muita gente tem dificuldade em estabelecê-los para os cômodos da mesma forma com que os estabelecem em suas relações sociais. Harmonia e equilíbrio exigem parâmetros para ser mantidos, assim como fazer de seu lar um espaço que oferece apoio e um ambiente sem tensões não acontece magicamente. Às vezes você tem de insistir. Os limites são questões complicadas, tanto por razões práticas como por razões emocionais. Este capítulo oferece soluções.

Descobrimos que as pessoas ficam pouco à vontade na hora de estabelecer limites porque os associam a experiências negativas ou penosas de rejeição, castigo ou impotência. Mas os limites não precisam ser vistos como alienantes, nem punitivos; são apenas formas de definir o que é apropriado para uma área, em contraposição a outra. E, às vezes, criar uma regra é a única maneira de fazer isso.

Na verdade, ter limites dá uma sensação de segurança maior a todos. É tranquilizador conhecer as diretrizes. Se não houvesse leis de trânsito, imagine o horror que seria para os motoristas atravessar uma encruzilhada. Os limites pessoais dão definição e estrutura à vida, tornando-a mais fácil e mais segura para todos.

Para garantir que seus cômodos atendam as necessidades básicas para cuja satisfação são construídos, e também para atender as necessidades emocionais às quais se destinam, você precisa estabelecer limites para o seu uso. Às vezes, eles podem ser flexíveis – como dar oportunidade de comer e fazer dever de casa na mesa da cozinha. E, às vezes, você precisa impor regras "é proibido colocar objetos em cima da secadora" – para proteger espaços destinados a atividades específicas, bem como aqueles que os usam.

## Como estabelecer limites

Alguns espaços são naturalmente áreas problemáticas por serem espaços privados – por exemplo o quarto de casal, o escritório e a oficina ou ateliê. Mas a maioria das pessoas se dá permissão de abrir espaço para o trabalho; mesmo que não respeite a sua necessidade de ficar sozinha, ser criativa ou mesmo ter intimidade com alguém, respeita muito a necessidade de ganhar dinheiro. E se você trabalha em casa, certamente já teve dificuldade para definir espaço e horários de trabalho.

Por exemplo: "Trabalhar das 9:00h da manhã às 3:00h da tarde, e das 9:00h da noite às 11:00h em seu escritório na garagem, e não querer que ninguém solicite você para nada nesses horários" é um limite razoável a ser estabelecido se você trabalha ou administra um pequeno negócio em casa e a própria segurança de sua família depende dessa renda.

Não abrir mão dessa regra é tanto uma questão de respeitar seus limites pessoais quanto de autodisciplina. Não faz diferença se o limite gira em torno de um período de tempo privativo para pensar, estar a sós com alguém, criar um novo negócio, ou ler, assistir um jogo, criar uma obra de arte, consertar coisas, costurar, fazer jardinagem, ou qualquer outro motivo. A dificuldade em definir limites para o uso do tempo e do espaço parece ser um problema prático; mas, na verdade, é uma questão *emocional*.

## *As dificuldades em estabelecer limites*

Em geral, as pessoas que têm dificuldade em manter – e até em definir – limites, acham que não têm esse direito. Puseram as necessidades dos outros acima das próprias. Tanto as mulheres quanto os homens acham difícil manter um espaço à parte de seu cônjuge. As mães e pais costumam ter problemas quando se trata de impor limites aos filhos. Até as crianças pequenas precisam de ajuda para estabelecer limites em relação a suas irmãs e irmãos mais velhos. Mas, seja como for, este é um esforço que vale a pena, porque os limites são o próprio âmago da pedra angular do apoio.

## *Crianças e limites*

O dr. Phil McGraw, autor da popular série de livros intitulada *Life Strategies [Estratégias de Vida]*, conta que, quando seus filhos eram pequenos, ele lhes dizia algo do gênero "Quando a porta do quarto de dormir de mamãe e papai estiver fechada, vocês não podem entrar, ponto final. E, a menos que alguém esteja às portas da morte ou a casa tenha pegado fogo, é melhor vocês nem baterem." O ponto de vista que ele defendia é bom: você merece ter um refúgio em sua casa, mesmo que tenha filhos; portanto, tem de impor limites ao comportamento das crianças para proteger esse refúgio.

Uma participante de um workshop sobre Limpeza Espiritual protestou, dizendo que não tinha um refúgio em casa porque os brinquedos de seu filho ficavam em seu quarto de dormir. Por quê? "Porque meu quarto tem um bom carpete." Tudo bem se a criança tivesse dois anos de idade.

Mas o menino tinha sete anos e ela não queria restringir a liberdade de ele brincar onde bem entendesse. "Além disso, ele gosta de ter brinquedos em todos os cômodos, só por precaução..."

Atenção, mamães e papais: se vocês não ensinarem a seus filhos que os direitos deles terminam onde começam os seus, ou que qualquer um tem direito a um espaço pessoal e propriedade privada, vão permitir que eles intimidam os outros desde pequenos. Qualquer um que exerça o "Posso, sim!" sem os limites de "Na verdade, eu não devia", é um tirano, seja qual for a sua idade. Os valentõezinhos crescem e tornam-se grandes problemas; eduque-os agora.

Aprender a assumir responsabilidades como respeito pelos direitos dos outros deve começar assim que as crianças tiverem condições de entender o que significa a palavra não. Comece ensinando a elas o direito de dizer *não* e a necessidade de eles respeitarem um não que estabeleça limites para certos cômodos; ou: não pule em cima do sofá da sala de visitas; não bata na porta do banheiro quando ela estiver fechada; não bata na porta do quarto dos papais a menos que a casa tenha pegado fogo; *nunca* brinque no escritório da mamãe. Se os seus filhos precisam de passar algum tempo com você, de um lugar para pular, ou para brincar etc., reserve horários e espaços para essas coisas. Mas não sacrifique aqueles que satisfazem suas necessidades emocionais (ou financeiras) por causa disso. Atender primeiro suas necessidades torna mais fácil atender as deles. Desse modo, todos recebem o apoio de que precisam.

Em seu DIÁRIO DA CASA, cite três limites que você tem de estabelecer em seu lar para obter o apoio de que precisa. Depois, anote esses limites futuros na seção correspondente ao CÔMODO em questão, em seu *Fichário de Decoração da Casa Terapêutica*. Quando começar a trabalhar neste cômodo, na Parte III, tomará providências que vão levar seu lar para mais perto da condição de Casa Terapêutica.

## Como impor limites

Os filhos precisam tanto dos limites quanto seus pais e mães. Isso inclui barreiras à prova de crianças (visite nosso website, www.emotionalhouse.com, para conseguir uma boa lista delas). É apenas quando não conhecem as regras que as crianças se sentem inseguras e começam a testar seus limites aprontando.

Um pai de duas crianças que trabalhava em casa começou a ter dificuldade em conseguir momentos de silêncio e calma depois que sua filha começou a andar. Ele e sua mulher resolveram então reformar a garagem para transformá-la num escritório separado do corpo da casa para economizar o dinheiro que gastariam para ter um espaço de trabalho em outro lugar. Depois da reforma, ele esperava ter a privacidade necessária para se concentrar, sem que o barulho feito por sua filha pequena o interrompesse em momentos cruciais. Mas as coisas não aconteceram como ele esperava. Ele não lutou realmente por um espaço de trabalho que fosse só seu, nem fez dele um lugar à prova de crianças. Na verdade, este lugar acabou se tornando o melhor *playground* da casa. Não demorou nada para que as mantas e bichos de pelúcia da menininha de três anos se amontoassem por lá entre as bolas e caminhões do garoto de sete, que podia entrar ali correndo assim que chegava da escola. O escritório do papai tinha se transformado num quarto de crianças muito caro, embora mal equipado. E agora ele ainda continuava na situação de falta de tempo e espaço para si mesmo, e estava sofrendo.

Perguntei por que não manteve as crianças fora dali, e ele disse que não queria que elas tivessem o sentimento de rejeição que ele tinha tido quando ficava trancado do lado de fora do escritório do pai. Mas, na verdade, ele acabou trancado do lado de fora de seu próprio trabalho, revivendo ele próprio a experiência de rejeição de sua infância.

Os limites são necessários para manter a separação entre as atividades. Brincar com seus filhos é importante, mas para isso há um tempo e um lugar – não pode ser o tempo todo, nem em qualquer espaço. Você não só tem o direito de mantê-los fora de seus espaços privados quando precisa trabalhar ou ficar um pouco sozinho; você tem a responsabilidade perante si mesmo, e perante seus filhos, de ensiná-los a entender e respeitar esses limites.

Estabeleça limites para si mesmo, para todos os moradores da casa e também para suas *visitas*, principalmente quando a autodisciplina ou os distúrbios emocionais são um problema do seu mundo. Uma das autoras, que acabara de se separar do marido, estabeleceu um limite: não comeria sozinha na frente da TV – uma experiência deprimente para ela. Em vez disso, toda noite arrumava a mesa de jantar com velas, vinho e música por companhia, e reconectava-se com o ser amado de seu *interior*. Numa

Casa Terapêutica, os limites pessoais preparam o terreno para a cura das feridas. Quer seja "não ande com os pés sujos de lama no carpete" ou "não pendure suas calcinhas/cuecas na maçaneta da porta", esses limites não restringem as liberdades: definem parâmetros e respeitam necessidades. Se você precisa de um lugar para sua oficina, ou de um quarto de brinquedos, ou de um local para deixar roupas molhadas de chuva ou cheias de lama, ou sujas, abra espaço para ele. Mas não arruíne a função de um outro cômodo, nem desrespeite os direitos de outra pessoa para conseguir isso.

Na hora de comunicar os limites aos outros moradores da casa, faça o possível para comunicá-los de forma positiva. Explique que precisa desses limites e que vai ser mais fácil conviver com você se eles forem respeitados. Diga que há abertura para uma discussão dos limites que os outros moradores também gostariam de ver respeitados. Essa atitude desobstrui as linhas de comunicação e possibilita satisfazer as necessidades de todos, evitando que os outros se sintam atacados.

## Dividir para governar

Na Regra nº 1: Viver na casa inteira (Capítulo 9), foi solicitado que fossem anotadas no seu PLANO DA CASA as funções emocionais e práticas que estavam faltando na estruturação atual de seu lar. Pegue essa lista agora. Escolha uma função dessa lista que sua casa não cumpre e continue a leitura.

### *Como tornar os cômodos multifuncionais*

Ao estabelecer limites físicos e criar cômodos de função dupla, você pode acrescentar essas funções à sua casa, eliminar o caos e aumentar o equilíbrio de seu modo de vida. Como fazer isso? É simples. Defina os espaços de acordo com as atividades para os quais são destinados e instale limites físicos (como divisórias) para separá-los.

Uma sala de visitas pode ser tanto uma área de convivência quanto seu setor de contabilidade, ou ter uma parte mais baixa para as conversas, um canto de leitura e uma copa para o café da manhã; e tudo isso pode ser conseguido com a localização estratégica de móveis e acessórios. Até espaços pequenos podem ter funções múltiplas se você se der ao trabalho de pensar sobre a maneira de atribuir tarefas apropriadas e complementares ao espaço.

## *Considere a fusão de tarefas*

Comece respeitando a principal função do cômodo antes de decidir quais tarefas combinar. Se falta uma sala de jantar, ela pode passar a existir facilmente numa sala de visitas, por exemplo. Ambos os espaços têm funções complementares: convivência e consolidação de vínculos. Mas você não vai querer pôr sua mesa de costura no quarto dos brinquedos de seus filhos, onde os pezinhos pequenos poderiam se deparar com o perigo de alfinetes e agulhas no chão. Da mesma forma, um ateliê na principal área de convivência não é um lugar ideal se você precisa se concentrar enquanto os outros ocupantes da casa se reúnem para ruidosas competições de videogame. Mas muitas tarefas se combinam harmoniosamente e, na verdade, podem aumentar a funcionalidade de toda a casa dando a impressão de que ela tem cômodos adicionais. Isso não é verdade também no caso das relações afetivas? É mais fácil um amigo de escola se tornar seu contador do que um vizinho se tornar seu médico. Tudo é uma questão de oportunidade. Portanto, a primeira lei da multifuncionalidade é considerar a fusão de tarefas para as quais o cômodo vai servir.

Reveja a lista de funções emocionais e práticas que estão faltando, que você anotou em seu PLANO DA CASA, e selecione os cômodos aos quais você pode acrescentar essas funções. Por exemplo:

| **Cômodo** | **Tarefa 1** | **Tarefa 2** |
|---|---|---|
| Cozinha | Preparo e consumo de refeições | Cantinho da contabilidade |

## *Defina o equipamento e os móveis necessários*

Depois de concluir quais áreas casam bem, faça uma lista dos móveis e acessórios que você acha que vão ser necessários para as novas funções. Reveja a tarefa mentalmente – do que precisa? Se está criando uma área de contabilidade na cozinha, você vai precisar de uma escrivaninha, de uma cadeira, de boa iluminação (lembre-se do fator conforto), um sistema de arquivamento e uma caixa para ele, e um espaço onde guardar as contas a pagar recém-chegadas. Você também vai precisar de bons conceitos organizacionais para itens de uso regular, um mural onde pregar seu plano financeiro e um elemento inspirador, como um mural de objetivos ou um objeto de arte para dar vida a essa área.

Confira para saber se também conhece a localização de suas tomadas. As tomadas de corrente alternada vão ser um fator determinante para a localização de itens que exigem esse tipo de corrente, como a tarefa iluminação, a menos que você queira viver com um emaranhado de fios pelo chão, que pode causar acidentes em áreas de muito trânsito.

Ponha sua lista na seção do CÔMODO pertinente em seu *Fichário de Decoração da Casa Terapêutica*, onde sua nova função vai morar – neste caso, na seção COZINHA. E refine sua lista à medida que for avançando pelas Regras da Casa, vendo se há outras coisas que é necessário acrescentar. Você vai reavaliar suas listas de compras mais tarde, no Capítulo 21, Uma volta pela casa toda, quando estiver determinando as prioridades de acordo com o orçamento.

Agora que você já fez a lista de móveis e equipamentos, o passo seguinte é criar um projeto para o piso de todo o cômodo, que vai incorporar todas as tarefas.

## *Medir e preparar*

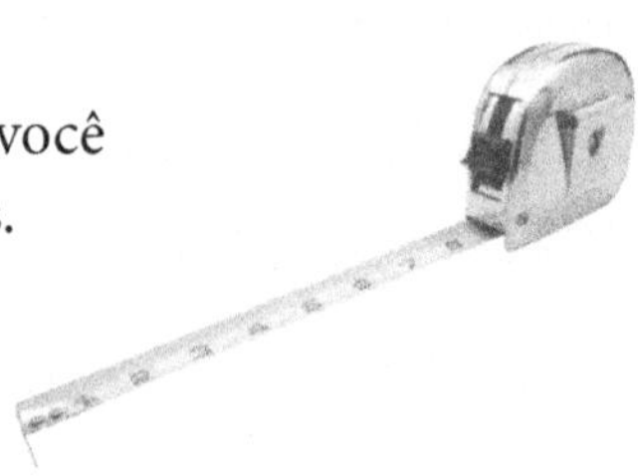

Para se preparar para seus novos visuais, você precisa avaliar o espaço e os móveis existentes. Medir a área do cômodo e dos móveis permite que você monte uma planta ou representação gráfica com medidas em escala da área dos móveis e do chão para fazer experiências em papel quadriculado. Preparar essas plantas ou representações gráficas (como fazem os decoradores) é a melhor forma de encontrar soluções criativas para tornar seus cômodos multifuncionais, e é muito mais fácil que a tarefa penosa de tirar os móveis de lugar, que acaba com as suas costas. Se você quiser começar agora, há instruções detalhadas sobre a maneira de medir e criar suas plantas no Capítulo 21. Mas também pode esperar até começar o trabalho concreto em cada cômodo.

## *Agrupar e organizar os móveis de acordo com cada tarefa*

Depois que fizer suas plantas dos móveis e do cômodo, o passo seguinte é fazer experiências com esboços desse cômodo. Lembre-se, a principal função do cômodo deve ocupar a maior parte do espaço, mas a função secundária que você está acrescentando não tem de ser empurrada para um canto. O que você está tentando criar é limites de demarcação. Por exemplo: se você quer tornar uma sala de visitas multifuncional, combinando-a com uma sala de jantar, cada campo pode ser facilmente definido pela área de um tapete ou mesa, que serve de âncora à área daquela tarefa. Os móveis podem ser organizados em volta dela. Mas você pode ter soluções mais criativas.

> **DIVISÓRIAS INSTANTÂNEAS**
>
> Frequente aquelas liquidações que as pessoas fazem para se livrar de objetos usados em busca de molduras vazias. Pinte-as para combinarem com a cor predominante das paredes do cômodo e instale-as pendendo do teto com cordas coloridas trançadas para criar a ilusão de uma parede flutuante.

Pense na maneira com que seus restaurantes favoritos organizaram seu espaço. Os decoradores desse tipo de estabelecimento são mestres na criação de cômodos multifuncionais. Dentro de um espaço grande, eles muitas vezes colocam bancadas de garçom, serviços de bufê, apoios para sobremesas, bares, balcões para guardar casacos e chapéus, caixa registradora, área de recepção e, evidentemente, as áreas com mesas e os reservados. No entanto, cada seção parece uma área completamente distinta. Eles usam divisórias implícitas – jardineiras, fontes d'água, uma escultura, vidro com desenhos em água-forte e até obras de arte suspensas do teto ou cortinas, simplesmente. Você também pode usar todos esses recursos.

Uma forma barata, mas linda, de dividir uma área de convivência, é criar a ilusão de uma parede. Na sala de visitas, por exemplo, se você colocar o sofá no meio do cômodo em cima de um tapete, em vez de empurrá-lo contra a parede, pode pôr um console atrás dele e pendurar uma moldura de quadro vazia, suspensa do teto e que fique na altura dos olhos sobre o console (fora da área de trânsito). Suspenda a moldura com fio de pesca ou com uma corda de seda trançada, dependendo do visual que você quer, ou pendure-a na frente de uma cortina translúcida. Colocar plantas altas em vasos, esculturas ou abajures de pé atrás do sofá também ajuda a dar a impressão de que existe uma parede quando não há nada ali, e sem fechar o cômodo. No caso de uma moldura vazia, seus olhos conseguem enxergar a outra área, destinada a outra função mas, ao mesmo tempo, registram a moldura como uma linha de demarcação. Você também pode usar estantes de livros, um candelabro ou um grupo de suportes de velas, plantas e até uma fonte de água para interiores, que mascara sons e divide o cômodo. Experimente pendurar um suporte de cortina que atravesse parcialmente o teto e instalar ali metade de uma cortina com dossel para criar uma linha de demarcação. Pense fora dos padrões tradicionais. Já vimos até pequenas meias-paredes construídas de chapas de gesso para revestimento isolando completamente aquela área, sem chegar até o teto. Essas maravilhosas barreiras flutuantes (que podem ser removidas como um cenário de teatro), permitem a instalação de obras de arte e oferecem um local extra para uma bancada ou armário.

Veja qual a técnica que mais agrada você para demarcar as tarefas de seus cômodos multifuncionais. Tome nota dela nas seções apropriadas de CÔMODOS de seu *Fichário de Decoração da Casa Terapêutica.* Acrescente à sua Lista de Compras todos os itens necessários para conseguir isso.

## *Crie um ponto focal para a área de cada função*

Criar um ponto focal para a área de cada função é outra forma excelente de ajudar a demarcá-la. É fácil obter pontos focais com tapetes, quadros, cores ou tecidos ousados, detalhes arquitetônicos especiais ou acessórios como lareira, objetos de arte, estantes ou armários embutidos, aquários, vitrais ou pintura nas janelas, mas principalmente com a iluminação. O ponto focal é o item que atrai seu olhar e em torno do qual gira a função daquela área. Dá definição ao local; portanto, veja bem se o ponto focal está em harmonia com a atmosfera e o tema que você deseja para aquela função. Você não quer que seu olhar seja atraído para aquela feia pilha de contas a pagar no chão, se ele pode ser atraído para a linda cúpula de abajur que paira sobre o tampo polido de sua escrivaninha, não é? Toda área destinada a uma certa função deve ter um ponto focal que define essa área e a atmosfera do espaço. Que seja um ponto focal positivo.

Veja qual o ponto focal para cada área de seu cômodo multifuncional. Anote todos eles na seção designada CÔMODOS de seu *Fichário de Decoração da Casa Terapêutica.* Um exemplo:

| | TAREFA 1: SALA DE VISITAS | TAREFA 2: SALA DE JANTAR |
|---|---|---|
| **Ponto focal** | Console da lareira | Objeto decorativo do centro da mesa |

Finalmente, relacione as tarefas do seu cômodo multifuncional com cores, formas, texturas, temas ou estilo dos móveis. A coordenação do visual geral dá uma impressão de uniformidade ao cômodo. Qualquer que seja seu orçamento ou preferência em termos de estilo, verifique se a área funciona em termos práticos e emocionais e se casa bem com o estilo predominante de decoração da função principal. Acrescentar um ousado salpico de cor na área secundária, que combine com a cor preponderante do ponto focal da área da função principal, também é uma das mágicas da decoração. Talvez uma bela caixa em cima da escrivaninha para guardar as contas à medida que elas chegam, ou um vaso de flores de seda que combina com o sofá na outra extremidade da sala – seja o que for, o visual precisa ser coordenado.

Nas seções dos CÔMODOS de seu *Fichário de Decoração da Casa Terapêutica*, anote suas ideias relativas ao tema (cor, desenho, textura, local de instalação, estilo) para usar em cada espaço.

Agora que você já conhece todos os passos, vamos recapitular.

### *Recapitulação - como tornar um cômodo multifuncional*

- Considere primeiro a combinação das funções.
- Faça uma lista dos móveis, equipamentos e acessórios para cada função.
- Meça e prepare uma planta do chão e dos móveis em papel quadriculado.
- Primeiro organize no papel a localização dos móveis de cada área, sem se esquecer de deixar um espaço para o trânsito.
- Ancore cada uma das áreas com um tapete ou outro objeto de demarcação de limites.
- Divida as seções com móveis, prateleiras ou acessórios colocados em lugares estratégicos.
- Crie um ponto focal para cada área.
- Coordene o visual do cômodo com um tema, uma cor ou um estilo.

## Segurança – o limite supremo

Agora vamos falar do limite mais importante – a segurança de sua casa, tanto em relação a invasores externos quando a perigos internos. A segurança pode aumentar se você fortalecer tanto o perímetro de seu lar quanto seus parâmetros pessoais.

Antes de mais nada, seu lar *precisa* ser protegido de abusos físicos e emocionais, e não pode abrigar atividades ilícitas que representem perigo para você ou sua propriedade. Uma atmosfera de medo permanente sobre o que "pode acontecer" não alimenta o espírito, nem leva a uma vida feliz. Afaste de sua casa e de seu hemisfério pessoal todo e qualquer indivíduo que traga essa montanha-russa emocional para a sua vida. Se isso não for possível, afaste-se você, para poder ficar em segurança. Se seus filhos correm perigo, afaste-os. Se, ao contrário, for um filho que representa perigo para o seu lar, procure ajuda profissional imediatamente. Você não vai conseguir criar uma Casa Terapêutica nessas circunstâncias.

Em termos de perigos externos, sabemos que é impossível controlar completamente. Nenhuma casa é imune a um invasor determinado – mas há medidas que você pode tomar para diminuir a probabilidade de que sua residência venha a se transformar em alvo. Comece examinando suas condições de segurança básicas (aquelas que você identificou na seção LOGÍSTICA DA CASA no Capítulo 4) e faça uma lista dos lugares que você considera vulneráveis, tanto dentro de casa quanto em espaços externos, como a entrada de carros, o quintal, um quarto de despejo exterior ou a garagem.

| ____________________ | ____________________ | ____________________ |
|---|---|---|
| ____________________ | ____________________ | ____________________ |

Há medidas incrivelmente baratas que você pode tomar nesse sentido. Sua primeira linha de defesa é a porta. Instale fechaduras de segurança *deadbolt* (que abrem de um lado com a chave e do outro com maçaneta), além das trancas e ferrolhos, em todas as portas e janelas de sua casa. Pode os arbustos e o mato em volta da casa para diminuir a possibilidade de incêndios acidentais e eliminar esconderijos de possíveis invasores. Instale iluminação de segurança dentro e fora de casa.

Holofotes com sensores de movimento, que se ligam quando alguém passa por eles, são uma proteção excelente. Luzes de segurança com células fotoelétricas, que se ligam ao anoitecer e se desligam com o nascer do sol, são uma alternativa barata em termos de energia elétrica. Adicione um sistema de alarme para garantir a segurança em volta do imóvel, quer você more num apartamento ou numa casa. Versões a bateria instaladas nas janelas e portas estão à venda por preços razoáveis. As versões de grande porte podem ser adquiridas em companhias especializadas em segurança. Despertadores programáveis acoplados às suas luzes interiores são outra boa opção.

A proteção do lar é uma coisa com a qual não se deve brincar. Quer você tenha casa própria ou more de aluguel, reforce seus limites e mantenha seu lar em segurança. Se ele ainda não tem algum dos itens mencionados, coloque-os hoje mesmo em sua lista de compras do PLANO DA CASA.

- Fechaduras de segurança para todas as portas.
- Fechaduras e travas para as janelas.
- Detectores de fumaça e gás carbônico.
- Extintor de incêndio.
- Sistema de alarme (com baterias operando no nível mínimo).
- Iluminação de segurança exterior e interior.

Para uma explanação mais detalhada de outras opções de segurança, visite nosso website.

# 17

## REGRA Nº 9
# Se estragou, conserte

*Monte uma caixa de ferramentas e compre outros artigos secundários para os consertos; faça sua lista de Referências de Confiança.*

Seu lar é uma entidade viva, que pulsa e requer cuidados constantes. Tem um sistema ósseo e pele. Se você se concentrar na decoração e se esquecer dos ossos, não vai demorar para ter problemas de vazamento, cupim, um telhado precário, alicerces que ameaçam ceder e muito mais. Se esquecer da pele, a pintura vai começar a lascar, as cores do papel de parede se desvanecem, os ácaros proliferam e um ar viciado logo vai encher a sua casa. Vestir um corpo doente com roupas maravilhosas só disfarça o problema e deixa o ser essencial sem cuidados. Em outras palavras: a manutenção e os consertos vêm antes da decoração, na hora em que é preciso fazer uma escolha.

Quando as coisas começam a quebrar em seu lar, a Casa Terapêutica fica estressante. As coisas simples são as que mais aborrecem, como a lâmpada queimada quando você quer ler, uma torneira que pinga e aumenta sua conta de água exatamente quando você está precisando apertar o cinto, ou uma geladeira cujo motor extremamente barulhento faz sua cozinha parecer mais uma pista de corrida de carros do que um lugar para alimentar seu corpo e sua alma.

Quando os consertos são deixados de lado, atrapalham o bom uso de sua casa e destroem suas chances de criar um ambiente sem tensões, além de minar o suporte físico que sua casa deve lhe dar. Essa é a razão dessa regra.

**DICA DE FERRAMENTAS**

Tenha sempre um conjunto de ferramentas e courinhos para as torneiras numa gaveta da cozinha para poder consertar vazamentos e fazer reparos fáceis imediatamente. Para resolver problemas de encanamento, fiação elétrica e estrutura da casa, chame um profissional.

## É melhor prevenir que remediar

Mais cedo ou mais tarde, tudo precisa de conserto e, quanto mais você esperar para fazer reparos em alguma coisa, tanto mais vai lhe custar. Prestar atenção aos pequenos reparos pode evitar danos maiores. Se você tem casa própria, é vital dispor de uma lista de profissionais competentes em matéria de consertos antes dos problemas acontecerem. Peça referências a seus vizinhos. Eles vão estar superdispostos a lhe dar o nome dos profissionais de que gostam e daqueles dos quais manter distância. Se você mora de aluguel e está à mercê de um proprietário difícil, tem duas escolhas – mudar-se ou arcar com os custos de fazer pequenos consertos você mesmo. O fator alívio sempre vale o esforço e o dinheiro gasto – considere-o o preço de cuidar de si mesmo.

Seja qual for a sua situação, você deve ter sempre à mão guias úteis em casos de consertos e uma caixa de ferramentas bem equipada (peça conjuntos completos como presente de aniversário ou de Natal).

*Guias que devem constar de sua biblioteca*

- Um guia completo sobre o encanamento da casa.
- Um guia completo sobre a fiação da casa.
- Um guia completo de consertos do lar.

Além de lhe dar informações sobre a maneira de consertar as coisas, esses guias sobre consertos também lhe dão informações sobre o básico da tarefa: as ferramentas, os materiais necessários e a quantidade aproximada de tempo e trabalho para executar o reparo. Você também precisa dessas informações *antes* de contratar alguém para fazer o serviço – leia sempre tudo sobre o conserto a fazer antes de contratar um profissional, para que os profissionais saibam que não podem fazer um trabalho sujo, nem explorar você na hora de apresentar a conta. Junto com esse reconhecimento, vem normalmente também um trabalho mais caprichado.

---

## *Sua caixa de ferramentas*

### O KIT DE ENCANAMENTO

- Vários courinhos para as torneiras.
- Fita isolante.
- Cola de silicone.
- Roscas para vedação.
- Desentupidor de pia.
- Desentupidor de vaso sanitário – dê preferência àqueles com um arame forte e flexível acoplado a uma empunhadura.

### O KIT DA PARTE ELÉTRICA

- Lâmpadas extras para todos os bocais (com os watts certos).
- Fusíveis extras (com as amperagens certas).
- Alicates próprios para retirar fusíveis.
- Cortador e desencapador de fios.
- Fita isolante preta.
- Alicates de ponta fina com cabos de borracha.
- Vários terminais de conexão de fios.
- Um aparelho próprio para testar o circuito elétrico.

### O KIT DE CARPINTARIA E A CAIXA DE FERRAMENTAS BÁSICAS

- Martelo.
- Alicates comuns e alicates de ponta fina.
- Chave de boca ajustável.
- Grifo.
- Um jogo de grifos ou um jogo de chaves de boca comuns – tubulares e achatadas.
- Chaves de fenda achatadas.

- Serrotes: de madeira, serra para metal (os modelos elétricos opcionais são a serra de vaivém, composta de peças recortadas, e a serra circular).
- Furadeira sem fio.
- Um bom sortimento de pregos, parafusos e ganchos.

---

## *Três coisas que todo mundo deve saber - inquilinos e proprietários*

1. Como desligar a água que entra em sua casa e em cada torneira.
2. Onde fica a caixa de fusíveis ou a caixa de luz (e como substituir fusíveis).
3. Como desligar o gás.

Nunca faça nenhum conserto no encanamento ou na fiação elétrica sem antes desligar a água ou a caixa de luz, respectivamente. Deixe os consertos do encanamento de gás por conta dos profissionais.

## *Como contratar um profissional*

Depois de se informar sobre *a maneira* de consertar qualquer coisa que estragou, procure um profissional, mas peça sempre ao mesmo e a seus auxiliares para assinar um termo de responsabilidade para o caso de se machucarem durante a execução do serviço, assim como um de renúncia a quaisquer outros direitos quando você fizer o pagamento final. Se o contratado receber o pagamento na íntegra mas não pagar seus auxiliares, eles podem entrar na justiça contra você para exigir o que lhes é devido. Nos EUA, eles têm até o direito legal de penhorar seu imóvel, o que impedirá o proprietátio de vendê-lo quando quiser. De qualquer modo, peça a todos eles para assinar esses formulários na hora do pagamento final.

**NOTA SOBRE AS ESTIMATIVAS DE ORÇAMENTO E TEMPO DE SERVIÇO DOS PROFISSIONAIS**

Tanto o custo quanto o tempo gastos no serviço vão ser maiores do que as estimativas. Sejam quais forem, dobre.

## A tensão emocional dos consertos grandes

Fazer uma reforma em sua casa ou apartamento é um processo extremamente tenso. Todo o *equilíbrio* do sistema de *apoio* desaparece, e você vai se surpreender com sua crescente irritação. Antes de qualquer reparo grande, sente-se com sua família e prepare todos os membros para esse mal inevitável. Explique que, mesmo que alguém perca a calma, todos continuam sendo amados e o mais bem cuidados que for possível. A perturbação física causa mais do que tensão emocional: há também a toxidade da cal e da poeira do reboco e outras partículas flutuantes que podem desequilibrar o sistema imunológico e as emoções dos seres humanos. Se for possível, procure lembrar de antemão, assim como a todos os outros moradores da casa, que precisam entrar naquela frequência cerebral elevada que lembra todos de que é a toxidade da reforma que está falando, e não a pessoa. É aconselhável sair de uma residência que está em reforma e passar algum tempo em ambientes mais saudáveis e que tenham ar fresco. Isso fará um bem incrível a todos.

## A faxina depois de um conserto grande

Depois que o serviço estiver pronto, não deixe de reservar no mínimo três dias para a faxina. Faça o orçamento de um serviço de limpeza profissional para lhe dar uma folga merecida. As paredes vão precisar ser lavadas, é necessário passar o aspirador nos ventiladores e, em geral, as cortinas e os estofados têm de ser lavados a seco. Mesmo que você cubra tudo com lençóis de plástico, o que é recomendável, uma certa quantidade de poeira vai penetrar, de modo que você tem de prever um tempo extra para essa limpeza.

Agora reveja os cômodos de sua lista de ÁREAS PROBLEMÁTICAS, citados por precisarem de consertos. Tome nota de cada um deles nas seções dos CÔMODOS de seu *Fichário de Decoração da Casa Terapêutica*. Se o conserto for um daqueles que você mesma pode fazer, acrescente o manual de instruções de que vai precisar à sua Lista de Compras. Depois disso, estude as instruções do manual e acrescente também à sua Lista de Compras todos os artigos de que vai precisar. Se houver necessidade dos serviços de um profissional, comece pedindo referências aos vizinhos. Crie uma seção de REFERÊNCIAS E CONTATOS DE CONFIANÇA em seu *Fichário de Decoração da Casa Terapêutica* e anote os nomes. Coloque a tarefa na sua Lista de Tarefas antes de mergulhar na decoração. Lembre-se, os consertos vêm antes da decoração quando é preciso fazer uma escolha.

# 18

## REGRA Nº 10

# O divino está nos detalhes

*Tenha no mínimo dois detalhes divinos em cada cômodo.*

Não é o motor de sua casa, mas é, com certeza, a chave que liga esse motor. É aquilo que você nota quando está procurando um apartamento ou casa – aquela característica ultra especial, como um console entalhado, cornijas e cimalhas, nichos embutidos nas paredes, belos azulejos na cozinha, portas em arco, lambris, uma fonte no jardim etc. Detalhes divinos simplesmente fazem você gostar mais de sua casa, o que não é um fator para o qual se deve torcer o nariz. Você não precisa nadar em dinheiro para ter esses detalhes incríveis. Se a sua casa ou apartamento ainda não tem essas dádivas da arquitetura, algumas podem ser acrescentadas até com um orçamento modesto, e você vai ficar surpresa quando, de repente, ouvir aquele motor sussurrar. É o som da harmonia.

Mas detalhes divinos não podem ser pregados ou colados na parede só para haver algo diferente. Pequenas coisas extras como um caminho de mesa com um vaso de flores, uma cesta de frutas, uma gaiola pintada e cheia de hera, ou a simples mudança dos puxadores antiquados das portas de seus armários, são coisas que podem mudar a atmosfera de um ambiente num piscar de olhos. Lençóis, travesseiros ou almofadas com tecidos ousados são detalhes divinos instantâneos, e hoje existe uma enorme variedade de formas e cores à venda.

Os artigos decorativos de ferro ficam muito atraentes quando são combinados a folhagens, assim como esquadrias pintadas e vasinhos de ervas na janela de sua cozinha servem a dois ambientes – a presença de um detalhe divino e um prazer da jardinagem de interior lhe dando o gosto do prazer gastronômico. Acrescente ao seu armário puxadores decorativos, uma franja recortada a persianas insossas ou ainda borlas de seda, a cortinas da última moda. Comece hoje mesmo a pôr detalhes divinos em seu refúgio particular e veja como a casa parece desabrochar.

### *É tudo uma questão de ângulo - espelhos*

Os espelhos são objetos perfeitos para começar a acrescentar detalhes divinos à decoração de sua casa. Armas secretas dos profissionais, quando colocados em lugares estratégicos enganam os olhos dando a impressão de um espaço maior. Colocar um espelho ao lado de uma janela vai espalhar mais luz num ambiente escuro e, se for posto na frente dela, vai refletir a luz e lançar brilho por toda parte.

Uma chanfradura num espelho é uma depressão oblíqua na superfície do vidro em torno das extremidades. Dá um toque de beleza e elegância à superfície – um detalhe realmente divino e aumenta apenas um pouquinho o custo do espelho. Espelhos com moldura também são moda na decoração dos banheiros, além de constituírem excelentes pontos focais. Substituir aquele espelho insosso do armário de remédios por um espelho emoldurado, chanfrado ou com desenhos em água-forte dá um destaque incrível a seu elemento divino.

## Os elementos divinos naturais: fogo, água, luz

### *Lareiras*

Uma lareira talvez seja um dos detalhes mais desejados numa casa ou apartamento. O amor pelo fogo bruxuleante e crepitante está no fundo de nosso DNA – significa sobrevivência e dá um conforto inacreditável. Mas, se a sua moradia não tem essa bênção, você não precisa embarcar numa grande aventura de construção para ter uma. Mesmo não sendo proprietário do local onde mora, pode comprar ou criar uma lareira falsa que vai dar calor a seu ambiente. Há várias opções, além da lareira tradicional a lenha ou uma estufa a gás (essas duas precisam de chaminé).

## Estufas elétricas/aquecedores

É só ligar e curtir. As estufas elétricas estão começando a parecer mais autênticas. Ventiladores internos disbribuem o ar aquecido pelo cômodo e criam a ilusão de uma chama bruxuleante que crepita quase como o fogo de verdade.

## Lareiras RealFlame

Nos EUA existe a lareira *RealFlame*, que funciona com um combustível específico – um gel em lata que não solta fumaça e não exige um respiradouro. O gel é composto basicamente de álcool isopropil e espessantes, segundo os revendedores, e é considerado um produto não poluente pela FDA. Tem a vantagem de ser portátil e poder ser transferida facilmente de um cômodo para outro.

## Lareiras falsas

Se você precisa pensar no orçamento, pode frequentar liquidações e lojas de objetos de segunda mão para conseguir uma lareira falsa; mas também pode construir a sua própria com algumas molduras e azulejos. Prenda-a à parede com cola de construção ou pendure-a usando suspensórios para quadros pesados. Coloque um conjunto de velas na frente (bem longe de madeira combustível) e pronto! Você tem um ponto focal e um detalhe divino instantaneamente. Alguns moradores de apartamento estão criando esse tipo de opção.

## Como fazer

Vá a uma loja de materiais de reforma e compre:

- Duas pilastras (as colunas laterais verticais).
- Um pedaço de madeira para conectar as colunas na horizontal.
- Uma moldura para servir de acabamento.
- Parafusos e prendedores.
- Tinta.
- Suspensórios de quadros pesados ou cola de construção para pregar sua lareira à parede.

Crie o assoalho de sua lareira com:

- Uma chapa de gesso.
- Azulejos de cerâmica que imitam tijolos.
- Uma unidade pequena de argamassa pré-misturada (Thinset).

Espalhe uma camada de argamassa pré-misturada sobre a chapa de gesso. Pressione seus azulejos sobre ela e acrescente um pouco da argamassa entre eles. Pronto. Lareira instantânea. Você pode fazer o mesmo na parte de trás de sua lareira falsa. Mas lembre-se de que não há chaminé: portanto, coloque seu fogo de velas no assoalho de azulejos, bem longe de qualquer madeira. Se você quiser um visual com a profundidade de uma lareira de verdade, construa pequenas pilastras do lado de fora da caixa e pregue-as na chapa de gesso. Esse tipo de lareira falsa vai ficar pesada demais para suspender e encostar na parede e, por isso, vai ter de ficar no chão.

**DICA PARA AZULEJAR**

Primeiro monte os azulejos no chão para ver se há necessidade de cortar algum antes de cimentá-los. A maioria das casas especializadas em reformas cortam os azulejos para você. Basta marcar as linhas a lápis nas costas de cada unidade.

### *Fontes de água*

Os poucos eleitos abençoados com a proximidade do oceano ou de um lago sabem o valor que a água tem para melhorar o estado de espírito. Estudos recentes confirmam os efeitos mentais dos íons negativos, e indicam que, para você se equilibrar, tudo o que precisa fazer é ir até à praia e experimentar a redução do estresse e a reconexão com a natureza que a água proporciona. Portanto, introduzir o elemento divino de água corrente em sua casa é um esforço que vale a pena.

### *Fonte de água de mesa*

Hoje você pode comprá-la em qualquer lugar. Mas também pode fazer a sua com nada mais que uma tigela, algumas pedrinhas arredondadas e uma bomba de aquário que você pode encontrar numa loja de ferragens ou jardinagem. Tranquilidade instantânea. Sentiu o relaxamento? Entre em nosso website, se precisar de instruções.

### *Fontes maiores*

Você encontrará esses artigos maravilhosos – cascatas que caem sobre vidro com desenhos em água-forte, aço ondulado e pedras – em lojas que vendem produtos para viveiros de plantas. São mais do que fontes, são também excelentes barreiras de som, além de esculturas em água (lembre-se de que A arte é fundamental). Considere instalar uma grande fonte de interior em áreas onde você precisa mascarar os sons, ou uma fonte menor em cima da mesa de seu quarto de hóspedes – simultaneamente um detalhe divino e um mascarador de som que deixa seus hóspedes muito mais à vontade em sua privacidade.

## A magia da luz

A iluminação é um elemento muito subestimado na decoração mas, apesar disso, é provável que seja *o mais importante*. Vários abajures de mesa espalhados por todo o cômodo transformam uma sala austera num esconderijo aconchegante. Um pequeno grupo de velas bruxuleantes cria instantaneamente um clima romântico para lembrar à libido a sua *raison d'être*, enquanto 100 watts de luz concentrados sobre uma poltrona são um convite para passar a noite com um bom livro. Considerar uma iluminação direcionada para as prateleiras pode transformar uma insossa estante de livros numa galeria de arte, e holofotezinhos espalhados pelo jardim podem marcar teatralmente uma trilha para um jardim secreto. Tenha sempre uma grande variedade de opções de iluminação em sua sala de visitas para criar atmosferas diferentes para atividades diferentes.

> Iluminar os quatro cantos de um cômodo faz o espaço parecer maior.

## *Iluminação é saúde*

Vários estudos mostraram que reduzir a intensidade da luz perto da hora de dormir pode ajudar os insones a se sincronizarem com os bio-ritmos da natureza, informando seus relógios biológicos de que está na hora de encerrar o dia. Uma iluminação que tenha todo o espectro da luz (você pode instalar redutores de intensidade nos interruptores) auxilia no combate ao distúrbio afetivo sazonal, também conhecido como depressão do inverno. Mesmo que você não tenha problemas de sono, é uma boa ideia introduzir a luz natural em casa, principalmente no quarto de qualquer adolescente que o tenha pintado de preto.

Verilux é a marca de um tipo de lâmpadas que contém todo o espectro da luz natural – as lâmpadas em tons púrpura são mais caras, mas dão um brilho especialíssimo. As lâmpadas halogênias, que também lembram a luz do dia, são boas, mas sempre devem ser usadas com cuidado porque queimam a temperaturas muito altas. Nunca coloque arandelas para lâmpadas halogênias (como os tocheiros) perto de cortinas, nem onde possam cair. E *desligue-as* sempre que sair do cômodo!

> Um abajur suspenso do teto, próximo de uma superfície, define um ponto focal, como uma mesa de café da manhã.

## O projeto de iluminação

Pense sempre na sua iluminação em termos da tarefa em pauta. Um banheiro escuro e soturno não é bom quando é o único lugar para aplicar maquiagem ou fazer a barba, e lâmpadas refletoras fortes no quarto de casal não vão deixar você com vontade de fazer nada. Ao criar um projeto de iluminação para seus cômodos, determine primeiro a função a que se destina cada um deles, e depois use os três passos apresentados a seguir para o seu projeto.

### PASSO UM – ILUMINAÇÃO DE TODO O AMBIENTE

Essa é uma iluminação destinada a todo o cômodo, chamada de iluminação geral. Boas fontes são as lâmpadas de teto, claraboias, lâmpadas em nichos que lançam a luz para baixo e tocheiros que lançam a luz para o teto, que se reflete nele e volta para o chão. Use espelhos e paredes brancas para refletir e amplificar a luz em áreas escuras.

### PASSO DOIS – ILUMINAÇÃO DIRECIONADA

Suplemente a iluminação geral com a iluminação direcionada para dar destaque a certas áreas, como abajures de mesa, castiçais e candelabros, fileiras de lâmpadas, bocais giratórios, lâmpadas tubulares e iluminação com poucos watts para destacar objetos de arte. Uma lâmpada incandescente de 40 watts por trás de uma tela japonesa *shoji*, de papel de arroz, pode iluminar todo um canto com pouco gasto de energia. Planejar a iluminação geral *sem* a iluminação direcionada é inaceitável (e vice-versa). O segredo de um bom projeto de iluminação está nos destaques, que dão instantaneamente uma nova dimensão à sua casa.

## PASSO TRÊS – ILUMINAÇÃO DESTINADA À FUNÇÃO DO CÔMODO

Por fim, não se esqueça de providenciar uma boa iluminação para a tarefa em pauta. Uma lâmpada incandescente de 100 watts, com a luz lançada para baixo e atingindo diretamente a área de trabalho é excelente numa escrivaninha ou mesa de trabalho. A iluminação embaixo de armários suspensos também é uma grande vantagem na cozinha e pode ser a diferença entre uma área funcional de preparo de refeições e um dedo cortado. Compre bocais giratórios, que podem ser movimentados para redirecionar o foco de luz. Esses bocais giratórios são particularmente úteis no lugar onde fica o seu computador, pois as lâmpadas exigem ajustes de foco por causa da luz que pode se refletir no monitor.

> **LÂMPADAS HALOGÊNIAS**
>
> Evite tocar na lâmpada quando for trocá-la. O óleo de seus dedos pode fazer com que elas queimem prematuramente.

Reservar um tempo extra para criar um bom projeto de iluminação pode ser a diferença entre o insosso e um lugar elegante e aconchegante.

# Detalhes arquitetônicos

Tudo o que você tem em sua casa deve melhorar sua experiência de vida. Sem seus arremates, um armário não passa de uma caixa quadrada; o mesmo se pode dizer das paredes, portas e janelas de uma casa que não tenham um toque específico. Quando alguém diz que "essa casa tem personalidade", em geral fala de uma casa com esses detalhes.

## *Emoldure sua vida cotidiana com detalhes arquitetônicos*

Não tenha medo dos fabricantes e vendedores do setor. Você não precisa ser um mestre-de-obras para fazer suas compras, e pode comprar de tudo, de tábuas a acabamentos de madeira entalhada, rosáceas decorativas, consoles e arabescos – alguns por apenas poucos reais. Aplique-os com

um pouco de cola de construção ou pregos próprios para acabamento e, de repente, suas paredes nuas e o console sem graça de sua lareira ganham vida nova. Quem paga aluguel também pode acrescentar detalhes arquitetônicos, como medalhões de madeira ou estuque (em geral, à venda em motivos celtas ou florais), que podem ser pintados ou envelhecidos e pendurados na parede ou no teto. Venezianas puramente decorativas, instaladas com suspensórios de quadros para poderem ser removidas com facilidade, podem ser postas dos dois lados de uma janela que abre para dentro, para um visual de Velho Mundo. Consoles decorativos com entalhes de arabescos embaixo de uma prateleira são belos substitutos para os comuns suportes de metal e podem transformar a aparência de todo um conjunto de prateleiras, além de criar a ilusão de um detalhe arquitetônico permanente.

Quem tem casa própria e, por conseguinte, a liberdade de fazer mudanças mais duráveis, pode instalar prateleiras ao longo do alto das paredes e criar lugares maravilhosos para expor seus tesouros. E as rosáceas (medalhões minúsculos usados nos cantos do madeirame do interior da casa, como os batentes das portas) dão realmente um ar chique aos espaços. É fácil acrescentar frisos por meio de efeitos criados com gesso ou papel de parede. Por fim, cornijas em volta das extremidades do teto são acréscimos dos quais você nunca vai se arrepender, mesmo que tenha de lutar com cortes em meia-esquadria e com as dificuldades da instalação. Quando estiver curtindo a beleza desse novo detalhe que acrescentou a seu lar, vai esquecer todos os problemas da instalação.

## *Trompe L'oeil - para um cômodo com uma vista*

Por fim, se você vive num andar muito alto de um prédio, ou no primeiro, e sempre quis ter uma vista diferente, ainda pode tê-la, graças a um quadro *trompe l'oeil* (um termo francês que significa "enganar os olhos"), que é um estilo realista de pintura tridimensional destinada a criar a ilusão de que a pintura é *de verdade* – por exemplo uma vista maravilhosa acima de uma janela, ou um nicho de parede com um vaso. Os artistas especializados em *trompe l'oeil* cobram caro, mas você pode comprar em papel de parede pré-fabricado, folheados de madeira e litogravuras com praticamente qualquer orçamento.

## *Acrescente seus detalhes especiais*

1. Pegue sua lista de ÁREAS PROBLEMÁTICAS e procure os cômodos que você considerou os mais constrangedores e os menos atraentes.

2. Determine novos pontos focais para cada um desses cômodos usando outro detalhe especial: um centro de mesa, um espelho chanfrado com moldura que você ainda espera encontrar numa liquidação, ou algo melhor ainda. Acrescente esses novos itens à sua Lista de Tarefas e à sua Lista de Compras na seção pertinente dos CÔMODOS de seu *Fichário de Decoração.*

# 19

## REGRA Nº 11

# Tudo branco não é bom

*Ponha um pouco de cor em ao menos uma parede de todos os cômodos de sua casa.*

Aquele evasivo pote de ouro (no final da tão famosa ilustração da nossa memória) não é encontrado na base de um raio de luz branco; só é encontrado na ponta de um arco-íris, com todas as suas cores. Isso é porque precisamos de diversidade de cores em nossa experiência para receber todas as riquezas maravilhosas que a vida tem a oferecer – cor no *design*, nas obras de arte, nas pessoas, nas relações afetivas, nos encontros (sim, até nas piadas, embora às vezes às vezes elas sejam consideradas inconvenientes pelos mais conservadores). Somos um povo multicolorido que vive num planeta azul que gira no espaço e tem um grande número de necessidades, valores, emoções e pontos de vista. E, no meio disso tudo, existe cor – quente e fria, ousada e discreta, chocante e neutra. Cores lindas, inegáveis – uma dádiva dos céus, que devemos receber de braços abertos – e é por isso que tudo branco não é bom.

## A cor enquanto limitação pessoal

Um sistema só de cor branca pode se tornar uma limitação em termos de modo de vida, principalmente quando se trata de carpetes. "Não pise no carpete" é uma frase que *nunca* deve ser ouvida em sua casa, a menos que alguém entre com lama nos sapatos. Os carpetes são revestimentos dos pisos e estes são superfícies que servem exatamente para serem pisadas. Prefira portanto tapetes numa cor receptiva a essa atividade. Toda vez que uma opção de cor se tornar um elemento restritivo em sua casa, você precisa mudá-la.

Uma colega tinha uma casa inteiramente branca – as paredes, o sofá, as poltronas e cadeiras, os lençóis, as cortinas e os tapetes. Isso lhe dava uma sensação de pureza e acentuava o controle que tinha assumido sobre sua vida, que começara na condição de filha do meio de uma família caracterizada pela violência e pelo caos, onde tudo o que tinha era destruído por irmãos egoístas ou tirado dela de alguma outra forma. Seu único consolo na infância era uma pequena área onde cuidava dos animais de estimação que ela adorava. Agora, no lar de sua vida adulta, ela queria controlar seu ambiente. Mesmo que seus amigos ficassem nervosos demais na sua sala de visitas branca e não conseguissem relaxar com medo de derramar alguma coisa, ela não ligava: gostava da impressão que todo aquele branco lhe dava. Finalmente seu mundo branco, sereno e limpo.

Mas, certo dia, ela se apaixonou por um homem que trouxe o cachorro para viver ali, um *terrier* cheio de energia que ela também adorava e que se acostumou a ter livre trânsito pela casa. E, de repente, o branco tornou-se uma opção impraticável em termos de decoração. Mas as duas coisas de que ela se deu conta que faltavam em sua vida – amor e animais – assumiram o controle tão completamente que ela começou quase inconscientemente a mudar sua decoração para acomodá-los. Hoje, a sua casa é mais linda que nunca, cheia como está com o marido, animais de estimação e um quintal cheio de vida silvestre. Seus sofás, cadeiras, poltronas, cortinas e tapetes são todos em tons de terra, com estampas ousadas e gravuras de cores vivas escolhidas por sua capacidade de disfarçar manchas e pêlos de animais. Na verdade, o seu recente modo de vida levou seu antigo estilo de decoração para além do controle – levando-a a construir um refúgio, e hoje o seu lar é reflexo disso. O seu também pode ser.

## Sua paleta de cores

Abra seu *Fichário de Decoração da Casa Terapêutica* e pegue as amostras de sua paleta de cores na seção MEU ESTILO. Você as conseguiu em sua viagem de campo dos exercícios do capítulo relativo a Ter estilo. Agora vamos ver como é que elas podem ser usadas e se estão em harmonia com a sua vida.

Você separou suas amostras de tinta nas categorias que mais se pareciam com as cores primárias e secundárias da roda das cores. Lembra-se de quais eram as principais? Do lado esquerdo ficam as cores quentes. Do lado direito as cores frias. Quantas você escolheu de cada grupo de cores?

| | | | |
|---|---|---|---|
| Vermelho | ________________ | Azul | ________________ |
| Laranja | ________________ | Verde | ________________ |
| Amarelo | ________________ | Violeta | ________________ |

Cientificamente, as cores têm propriedades diferentes. Seus comprimentos de onda e vibrações diferem. O vermelho, por exemplo, tem um comprimento de onda maior que o azul. Como as coisas quentes têm comprimentos de onda maiores que as frias, o vermelho é considerado uma cor mais quente que o azul. Lembre-se: vermelho, laranja e amarelo são considerados cores quentes, ao passo que azul, verde e violeta são considerados cores frias, porque têm comprimentos de onda mais curtos. Ao usar as cores em sua casa, ter isso em mente pode ajudar a criar um ambiente terapêutico exclusivamente para você.

Reveja a lista de pontos negativos abaixo e faça um círculo em volta das palavras relativas a estados emocionais que se aplicam a você. Seja honesto consigo mesmo. Não é hora de negar-quem-você-é. É hora de ser quem você é.

**A maior parte do tempo você se sente:**

Deprimido • Irritado • Com ódio • Triste • Em pânico
Com medo • Exausto • Infeliz • Distante • Distraído
Inquieto • Agressivo • Desmotivado • Alienado
Inseguro • Indeciso • Disperso

Reveja essa lista com todos os círculos que você fez e escolha as três emoções que mais afetam adversamente a sua vida hoje. Escreva-as abaixo de acordo com a ordem de importância. Coloque aquela que sente com a maior intensidade em cima e continue em ordem decrescente.

1. ________________________
2. ________________________
3. ________________________

Agora que você já reconheceu suas áreas de desequilíbrio emocional, vai tratar delas com cromoterapia. Ao injetar cores em seu lar, estimulantes ou sedativas, você pode dar um passo *em termos de decoração* para aliviar esses sentimentos negativos.

## Cromoterapia

A cor pode afetar o estado emocional? Sim. Será que é de surpreender que o verde seja encontrado com tanta frequência em instituições de saúde mental e delegacias de polícia, onde há tantas emoções explosivas? Imagine esses mesmos ambientes pintados de vermelho-vivo. Será que parece certo um espaço de reabilitação ou de detenção pintado de vermelho? A cor não combina com a função do espaço, combina?

O sistema educacional está sempre fazendo experiências com o uso da cor para aumentar a concentração, diminuir o índice de falta às aulas e melhorar a disposição e o desempenho dos alunos. Os publicitários também usam há muito tempo a capacidade da cor para chamar a atenção ou mudar a opinião a respeito de um produto. Até os especialistas em trânsito usam o poder da cor. Por que você acha que os sinais para parar são vermelhos? O vermelho é uma cor assertiva que avança na sua direção, em vez de se afastar de você. Os decoradores usam essa sensação de avanço e recuo que as cores podem gerar para criar ambientes que deem a impressão de serem espaçosos ou aconchegantes.

Portanto, sim, a cor afeta realmente seu estado emocional e, às vezes, até as suas condições físicas. Paredes cor de abóbora no seu quarto de dormir não são exatamente a melhor coisa para fazer você cair no sono. E as paredes azuis parecem diminuir o apetite na sala de jantar – possivelmente algo a considerar se você está fazendo regime. O vermelho é uma cor estimulante, que intensifica a sociabilidade. Se você prefere uma temperatura baixa para dormir, um quarto com cortinas de um tom claro de verde ou azul pode ser benéfico. Cada um de nós é um indivíduo único, de modo que você mesmo tem de escolher suas cores para diminuir seu grau de tensão, dar apoio à sua personalidade, equilibrar seus estados emocionais exacerbados e dar harmonia à sua experiência visual.

**Você escolheu esses estados?**

Agressividade • Irritação • Distração • Com ódio
Em pânico • Inquietação • Dispersividade

Se escolheu, vai precisar pensar em usar cores mais frias nas áreas de sua casa em que tende a passar grandes períodos de tempo. Se você é excitável e tende à ansiedade, é do tipo que "esquenta", vai precisar de cores mais frias, tranquilizadoras, para equilibrar e levar a um estado mais reflexivo. Vermelhos-fogo e amarelos energéticos só vão excitar você ainda mais. Procure cores que acalmem, como o marrom ou o verde, ou use cores neutras calmantes como o bege, ou um azul-claro no ateliê ou no quarto de dormir para evocar a influência serena do mar. Usar duas cores frias juntas num cômodo cria um visual mais limpo, mais revigorante, que pode ajudar a centrar quem se sente distraído ou disperso.

**Ou você escolheu essas emoções?**

Alienação • Depressão • Distante • Exaustão • Com medo • Indecisão •
Tristeza • Inseguro • Infelicidade • Desmotivação

Nesse caso, você vai querer cores mais quentes em sua casa. Se lhe falta autoconfiança, ou se você sente desconecção, distancia, esgotamento ou sensação de isolamento, tons mais quentes podem ajudar no equilíbrio. Uma cor mais quente também pode ajudar a reconfortar quem estiver com medo de algo, trazendo aconchego e proteção. Procure tons vermelho-alaranjado, ferrugem e amarelos, pois eles aumentam a sua temperatura, injetam um pouco de fogo em sua vida, aquecem seu coração e reconectam você à maravilha que é viver.

Ao preencher sua lista de três emoções, você pode começar a ver as oportunidades para criar um sistema de cores baseado em suas necessidades emocionais. Faça combinações diferentes com cada uma das cores benéficas – e com as miríades de outras cores que podem ser criadas a partir dessas combinações, como o verde-abacate, o turquesa ou o azul-alfazema – ao mesmo tempo em que presta atenção às cores que vão atender suas necessidades emocionais. Faça uma anotação sobre o uso dessas cores benéficas na seção relativa aos cômodos que são MONTANHAS-RUSSAS EMOCIONAIS. Coloque suas opções de cores nas seções pertinentes dos CÔMODOS de seu *Fichário de Decoração da Casa Terapêutica.*

## Como criar um sistema de cores

Existem vários sistemas universalmente aceites para criar um sistema de cores para sua casa. Aqui estão os três mais comuns:

O primeiro é chamado de sistema de cores *complementares* porque usa tons complementares da roda das cores. Em geral, a proposta é ousada. As cores complementares ficam em posições exatamente opostas umas às outras (em diagonal) na roda das cores. Violeta e amarelo, por exemplo. Vermelho e verde. Ou laranja e azul. Quando essas são as combinações feitas, cada cor salta realmente aos olhos, o que significa que elas parecem mais ousadas e mais vibrantes do que pareceriam se estivessem sozinhas ou em combinação com outras cores. Dizem que os opostos se atraem mas, nesse caso, as duas cores se "complementam" tão vigorosamente que ambas acabam parecendo um pouco exageradas. As cores complementares funcionam bem para destacar objetos ou jardins de flores, mas podem realmente aumentar a sua rotação emocional se forem usadas em grande quantidade, como em paredes e pisos.

O segundo sistema de cores é o sistema *análogo*, que usa as cores que ficam exatamente *depois* umas das outras na roda das cores. Poderíamos chamá-las de cores vizinhas: azul e violeta, vermelho e laranja, vermelho e violeta, laranja e amarelo, amarelo e verde, e verde e azul. Esse sistema de cores é muito agradável para os olhos porque cada uma delas tem um pouco da outra em si. Parecem compatíveis – assim como pessoas que vivem juntas há muito tempo, começam a crescer juntas e, às vezes, até começam a se parecer uma com a outra. Use um sistema de cores análogas com um toque de uma cor complementar (num objeto de arte, em tecidos, almofadas e outros acessórios), e terá belo um sistema de cores.

O terceiro é o sistema de cores *monocromático*, que é criado só com uma cor, mas em tons variados: há matizes que recebem o acréscimo de só um pouquinho de preto, outros de só um pouquinho de branco e outros ainda de só um pouquinho de cinza. O rosa, por exemplo, é uma cor à qual foi acrescentada um pouco de branco. O marrom é uma cor à qual foi acrescentado um pouco de preto, e o rosa-antigo é uma cor à qual foi acrescentado um pouco de cinza. Portanto, um sistema monocromático em vermelho teria diversas variações do vermelho, com graus maiores e menores de saturação. Você vai ver frequentemente um sistema monocromático em cores neutras, como o bege, o areia e o marrom. De certa forma, é como se o seu olho estivesse deslizando sobre a mesma cor à medida que a luz muda no cômodo, lançando sombras aqui e ali.

O sistema monocromático pode ser bem interessante e sedativo, de uma forma muito controlada e estilizada, se você lhe der um toque de cor, de preto ou de branco para completar o visual. Se preferir um visual deliberado em sua decoração, o sistema monocromático dá essa impressão.

## *Reciclagem*

Não pense que está com idade demais ou acomodado demais para introduzir mudanças no seu ambiente. Nunca é tarde demais para colorir sua vida. Dotty, uma senhora frágil de mais de setenta anos, viveu numa casa toda pintada de branco, tanto dentro quanto fora, durante toda a sua vida adulta. Depois de uma cirurgia difícil, que quase resultou em transferência para um hospital, ela chegou à conclusão de que precisava de uma nova demão de tinta no interior da sua casa. Com um pouco de estímulo, ela deu o salto, rejeitou o branco pela primeira vez e selecionou o pêssego como a sua nova cor de parede. Sua disposição melhorou instantaneamente e o efeito ficou evidente de imediato. Segundo suas palavras, "Não sei porquê, mas isso me deixa feliz, só isso". Surpresa? O pêssego é um tom do laranja com um pouco de branco, uma cor quente conhecida por sua natureza jovial. Até a mais leve tonalidade de calor em sua casa conseguiu animá-la.

Depois de se recuperar por completo, ela continuou a reforma: um novo assoalho, novos azulejos para o banheiro, novos carpetes etc. Ela deu vida nova à sua casa e a si mesma. A cor pode afetar o estado emocional? Pode apostar que sim.

## As características emocionais da cor

| | | |
|---|---|---|
| Vermelho = passional | Laranja = jovial | Amarelo = energégico |
| Verde = equilibrado | Azul = sereno | Violeta = visionário |
| Malva = etéreo | Rosa = fantasioso | Bege = receptivo |
| Marrom = realista | Preto = absorvente | Branco = contido |

### *As cores e os sentimentos*

O BEGE é uma cor neutra que não ameaça nem compromete, e serve de base para uma miríade de sistemas de cores; mas sozinho é meio sem graça. Se todo o seu sistema de cores tem o bege como fundamento, você é uma pessoa com gosto clássico e, em geral, gosta de segurança. Mas talvez queira sacudir um pouco toda essa compostura e arriscar-se a realizar aquele sonho enterrado há tanto tempo. Comece com alguns toques de ousadia em sua casa. Salpicos de vermelho, preto e laranja casam-se todos muito harmoniosamente com o bege. Injetar cor em sua casa vai ajudar a ligar aquele motor de arranque – ele só precisa de um pouquinho de combustível.

O PRETO é único no sentido de não refletir a luz. Usado no corpo, passou a simbolizar o elegante, o melancólico e a vanguarda. O preto absorve a luz, o que o torna uma maravilha para casas noturnas que querem dirigir o foco para um palco iluminado. Mas, nas paredes de uma casa, ele é bem deprimente, principalmente quando o acabamento é insípido. Por outro lado, bem polida, a mobília de laca preta pode ficar muito bonita, embora haja uma certa frieza nela, como no caso dos sofás de couro preto. Em pequenas doses, um preto brilhante tem lá o seu encanto; mas, quando é exagerado, o cômodo pode ficar sombrio e sem vida. No entanto, o preto é uma cor maravilhosa para molduras, porque destaca a imagem e arrasta o olhar para a tela.

O BRANCO é ao mesmo tempo destituído de cores e a combinação de todas elas. Em geral, é considerado sinônimo de puro e, com isso, vem a sensação de limpeza. Mas também pode ser muito estridente e, às vezes, estéril, motivo pelo qual você o vê em muitos hospitais. Usado no corpo, o branco chama a atenção – mas para a roupa, não para a pessoa que a está usando. Nas suas paredes, não diz nada. É uma folha nua à espera de imagens grandes e coloridas. O branco é suavizado e fica muito mais bonito quando acompanhado até por quantidades mínimas de rosa, azul ou amarelo.

O AMARELO é uma cor quente, talvez por ser a cor dourada da luz do sol. É uma cor de ação – cheia de otimismo e estimulação. O amarelo-limão vivo pode ficar desagradável quando usado na decoração, mas os tons mais suaves podem acalmar e aconchegar, ao mesmo tempo que permite um calorzinho brando envolvente. Usar amarelo dá a impressão de ser gregário, alguém com um temperamento solar. Nas suas paredes, o amarelo é certamente um raio do sol de verão. Antes acreditava-se que essa cor causava depressão, mas hoje há toda uma nova gama de tons de caráter alegre e cordial.

O VERDE é considerado uma cor tranquila, sossegada, mas tudo depende do tom. Embora o verde seja a cor da natureza e possa encantar os olhos no jardim, adquire toda uma nova dimensão dentro de casa. Use-o com cuidado, principalmente no carpete. Uma forração verde no jardim pode ser relaxante mas, dentro de casa, pode parecer grama sintética de má qualidade. Dizem que quem usa verde tende a ser realista e trabalhador. Nas paredes, o verde evoca uma sensação de calma e equilíbrio. Mas os graus cambiantes de saturação do verde mudam a atmosfera de um cômodo. Embora o verde-musgo seja claramente uma cor equilibrada, um verde-claro acinzentado pode parecer quase irrelevante. As pessoas tendem a ter opiniões extremas sobre o verde, positivas ou negativas.

O ROSA é pura fantasia – cheio de alegria despreocupada e castelos no ar. É uma cor bem excitante. Não há nada de muito sério ou triste no rosa. Talvez seja por isso que tantas meninas têm o quarto pintado com essa cor. Mas o rosa não é só para meninas e mocinhas. Combinado ao preto, também resulta num toque exótico. Tem um efeito mais sutil ainda combinado ao cinza. Se você tem uma personalidade frenética, o rosa vai acentuá-la. Mas, se você se sente apática e isolada, alguns toques de rosa aqui e ali podem realmente levantar o seu astral. Comece com flores como destaque antes de a espalhar por todo um cômodo em rosa.

O VIOLETA (ou púrpura) é uma cor forte, excitante, poderosa. Quem a usa no corpo é seguro de si, assertivo, confiante. Quem pinta suas paredes com ela é destemido, não se deixa intimidar com facilidade e não suporta ser contrariado. No jardim, o violeta vai fazer você parar com "ohs!" de admiração. Em sua casa, vai fazer seus cômodos trepidarem com suas ousadias. A cor violeta não pode ser usada em grandes quantidades. É a cor dos reis, dos cardeais e dos feridos de guerra. Também é associada ao ocultismo. Mesmo que o violeta esteja ao lado dos tons frios da roda das cores, seus tons fortes podem ser uma declaração de coragem e agressividade. Suavizado com branco num tom como o lavanda, perde sua força instantaneamente. Se pintar suas paredes com a saturação máxima da cor, o violeta vai gritar como um rei todos os dias – portanto, prepare-se para lhe fazer suas mesuras.

O AZUL é frio como um dia de inverno, embora geralmente seja associado ao mar e ao céu. O azul é a cor favorita dos norte-americanos, mas fica lá embaixo na escala de preferência de outros países. Não é uma cor ameaçadora. No corpo, o azul diz "eu me conformo". Basta pensar no azul-marinho tradicional do terno dos executivos, ou nas calças *jeans,* bem mais informais. Nas paredes, um azul-claro acalma como um dia na praia. Transmite um clima de serenidade. Mas, um pouquinho mais escuro, um tom marinho vai transportar você para os mistérios inefáveis do fundo do oceano. Visto do espaço, nosso planeta é uma bola azul rodopiante. Não é de surpreender que seja tão popular. Use-o para criar ambientes frescos ou contemplativos. Dizem que diminui o apetite.

O MARROM simplesmente tem gravidade. É uma cor sólida, realista e consistente. Usado no corpo, o marrom parece desarmonioso, insosso e sem graça mas, com texturas suaves como o couro ou o veludo cotelê, ou em combinação com o creme ou o ferrugem, pode dar a impressão de coragem e senso de identidade forte. Da mesma maneira, um marrom-chocolate nas paredes é uma declaração de segurança, ao mesmo tempo dramática e cordial. O marrom é a cor da terra firme que nos dá sustentação, do café revigorante que tomamos e do chocolate delicioso que saboreamos. Todas são coisas muito seguras e reconfortantes, e essa bela cor vai causar a mesma impressão em sua casa. Mas não esqueça que, usada com exagero e sem contraste, pode tornar-se melancólica e sem graça.

O VERMELHO é considerado há muito tempo a cor da paixão. É uma cor quente e cheia de energia, de excitação, de promessas. As pessoas que usam vermelho não têm medo de dizer "Olhem para mim, estou aqui!". Nas paredes ou nos pisos, o vermelho diz que sua casa está cheia de entusiasmo pela vida. Todos são bem vindos, mas espere envolver-se em discussões acaloradas.

## A parede de destaque

Para quem tem medo de se comprometer com todo um novo sistema de cores, sempre há a parede de destaque. Lembre-se: nada é para sempre – e pintura é algo rápido, fácil e mutável. Comece com uma única parede. Em vez de comprar um galão de tinta, compre um quarto de galão. A tinta látex pode ser lavada com água. A tinta a óleo vai exigir *thinner* e um sistema mais complicado de limpeza. Depois de pintar sua parede de destaque, conviva com os resultados durante algum tempo antes de decidir se quer ir em frente ou não.

Se você se sente perdido na hora de criar seu sistema de cores, estude os objetos que já possui. Já tem peças grandes com cores? Um bom tapete, uma obra de arte que chama a atenção ou um sofá grande com uma estampa chamativa? Se tiver, crie sua paleta de cores de modo que ela se harmonize com as cores dessas peças. Vai ajudar a coordenar o visual do cômodo. Mude a cor principal das paredes que ocupam uma posição neutra em relação a esses objetos e acrescente uma cor de destaque nas cortinas, cúpulas de abajur, móveis ou tinta que combine com a cor predominante. Por fim, adicione ousados pontos de cor com peças decorativas que vão deixar sua paleta vibrante. Essas cores podem ser realçadas numa parede de destaque ou em acessórios e plantas.

**Algumas coisas sobre as quais pensar:**

- Que emoção você quer retratar nesse cômodo?
- As cores são combinações complementares, análogas ou monocromáticas?
- Uma de suas cores favoritas está presente em algum lugar desse cômodo?
- As cores das paredes ou da mobília desse cômodo limitam seu modo de vida de alguma forma?

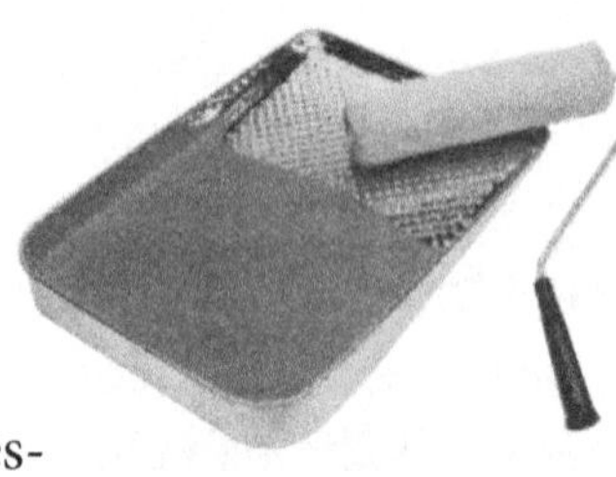

## *A cruz branca que todos os inquilinos carregam*

Os inquilinos cujo proprietário é difícil – e quem nunca teve um? – têm de arcar com o ônus de uma pessoa que quer ganhar dinheiro com seu imóvel, mas também considera direito seu dizer-lhe como viver nele. Você sempre deve tentar negociar a pintura com o proprietário antes de fazê-la. Suas maiores preocupações são, sem dúvida, o custo de pintar o imóvel de novo quando se mudar e possíveis danos causados pela tinta a assoalhos de taco, carpetes ou janelas. As paredes coloridas são mais caras para pintar do que as brancas, porque exigem mais demãos e muitas vezes precisam da aplicação de massa-corrida. Como a maioria dos apartamentos é pintada de branco, antes de comprar massa-corrida e alguns galões da cor original para a nova pintura, você deve convencer o proprietário a deixar você entrar em ação.

Se o proprietário ficar irredutível, há outras maneiras de acrescentar cor a seus cômodos. Compre grandes telas pré-fabricadas e pinte-as com a cor predominante da parede que você escolheu para destacar. Pendure-as compondo formas geométricas nessa parede, para que elas predominem sobre o fundo branco. O bom dessa opção é que você pode carregar sua parede colorida portátil para seu próximo apartamento sem as despesas com pintura em sua nova residência. Você também pode usar tecidos, plantas e objetos de arte para dar cor à sua parede de destaque. O objetivo sempre é injetar em sua vida cores que vão equilibrá-la, e não brigar com o proprietário que, em última instância, sempre vence.

Lembra-se daquele cômodo pouco atraente que você citou em suas ÁREAS PROBLEMÁTICAS? Está na hora de revisitá-lo outra vez com uma cor. Primeiro você vai criar uma paleta de cores para esse cômodo. Escolha agora uma cor emocionalmente benéfica no exercício de cromoterapia que você acabou de fazer e use-a como a cor dominante desse cômodo. Depois, decida-se sobre o sistema de cores – complementares, análogas ou monocromáticas. Usando o sistema como guia, escolha cores secundárias e cores de destaque que combinem com a cor principal. Assegure-se de que já tem amostras de tintas dessas cores, para que possa viver com aquelas de que mais gosta. Coloque as amostras para esse cômodo pouco atraente no *Fichário de Decoração da Casa Terapêutica* na seção dos CÔMODOS. Quando for pintá-lo e transformá-lo em um espaço terapêutico, seu sistema de cores e sua paleta já estarão prontos para entrar em ação com móveis, tecidos, tintas e acessórios.

## Retoques

Sempre que pintar um cômodo, não deixe de tomar nota do tipo de tinta que você usou, nem do número do código da cor; guarde esses dados em seu *Fichário de Decoração da Casa Terapêutica*. É melhor guardar também uma amostra ou lasquinha da tinta e escrever nela o nome da loja onde a comprou. Quando você quiser dar retoques ou refazer sua pintura depois, é importante saber se usou uma tinta à base de água ou de óleo. Isso vai determinar o tipo de pincel que você vai precisar e o produto de limpeza a usar na parede. Anote as seguintes informações para poder se lembrar depois:

TINTA:

Óleo ou látex ________________
Nome da cor ________________
Código da cor ________________
Loja de tinta ________________
Cômodo pintado ________________
Data da pintura ________________

# 20

## REGRA Nº 12

# Um espaço próprio para cada um – inclusive para os animais de estimação

*Não deixe de ter no seu lar um espaço privativo e pessoal para cada um de seus habitantes, inclusive os animais de estimação.*

Por volta de 1929, Virginia Woolf escreveu que as pessoas precisam de "um espaço que seja seu "para desenvolver a inteligência, ter o sentimento de liberdade e responsabilidade pessoal e alimentar suas realizações independentes. Nem sempre existem cômodos suficientes em casa para dar um a todos que vivem ali; mas você pode demarcar um *espaço* para cada um, mesmo que seja apenas um cantinho ou uma parte de um cômodo, que pertença somente a uma pessoa ou bicho.

*Um espaço que seja seu* significa tornar um ambiente multifuncional ao mesmo tempo em que se tem a privacidade em mente (com uma divisória, por exemplo). Ninguém quer estar exposto em seu espaço pessoal – todo mundo quer ter privacidade. Assim, podem deixá-lo uma bagunça ou mantê-lo limpo e arrumado, como quiserem, sem perturbar o espaço comum, e todos podem se envolver com atividades só suas sem a intromissão de olhos curiosos.

“Todo mundo” significa realmente todo mundo. A mamãe precisa de um espaço privado, mas não deve se apropriar do quarto de casal se o divide com o papai. O papai precisa de um espaço privado, mas não deve se apoderar da sala de visitas, banindo todos os outros de lá. As crianças precisam de um espaço privado assim que tiverem idade suficiente. As crianças mais velhas devem ter seus momentos privados sem vigilância – mas não se deve permitir que tomem posse de toda a casa. Aprender a ficar sozinho é importante para se poder chegar à maturidade, a uma relação sólida consigo mesmo e a formas de se reconfortar e consolar a si mesmo.

Até os animais de estimação precisam de um espaço só seu. Na natureza, os bichos criam suas tocas e ninhos, e você precisa respeitar esses instintos: eles têm necessidades emocionais exatamente como nós. Precisam de um lugar onde se recolher, um lugar seguro em termos de interferência de outros animais de estimação, crianças ou até de adultos desatentos. E não pode ser uma cadeira onde você se senta, nem sua cama, de onde você tenha de tirá-los. Pode ser uma caminha de cachorro ou de gato, um túnel/esconderijo para o seu hamster, ou um aquário com caverninha – pois até os peixes precisam de um lugar onde se abrigar. Os pássaros recolhem-se naturalmente nas árvores em busca de proteção quando vão dormir, e vão ser mais saudáveis e mais felizes se esse ambiente for recriado para eles – portanto, cubra suas gaiolas à noite. Se tem bichos de estimação diferentes, lembre que cada um precisa de uma cama, uma toca, um ninho ou habitat de acordo com o seu tamanho.

Não abra mão de nenhum elemento de sua Casa Terapêutica, nem de nenhuma de suas Quatro pedras angulares – harmonia, equilíbrio, apoio e um ambiente sem tensões. Aplique todas as Regras da Casa a todos os espaços privados, para que eles cumpram sua função (os lugares dos animais de estimação também podem ter uma estética: imite um ambiente natural ou coloque em sua cama ou toca um cobertor da mesma cor de seu pêlo, como camuflagem.

## *Coisas de cães e suas donas*

Há algum tempo, uma cliente solteira herdou um segundo cachorro. Seu primeiro, Robbie, era um pastor alemão afetivo e já velho, que tinha sido pego na rua e era muito sensível a ameaças a seu espaço. Quando o segundo entrou em cena, um *terrier* Yorkshire chamado Bart, que não estava acostumado a ser mimado, dava para ver sua tristeza quando ele tinha de ceder o lugar no colo da dona para o primeiro cachorro da casa. Sugerimos a ela que tranquilizasse Bart com uma cama que fosse só sua. Foi comprada uma da mesma cor de Bart e que também se harmonizava com a paleta de cores da casa. Bart apegou-se à sua cama num piscar de olhos e logo tudo ficou em paz.

Segundo as últimas notícias, Bart ainda continua indo direto para sua cama toda vez que Robbie rouba o seu lugar no colo de sua dona. À noite, quando todos vão dormir, Robbie segue sua dona até o quarto, e Bart vai para sua cama, abanando o rabinho... e ainda está lá quando ela se levanta de manhã.

Não achamos que as pessoas sejam muito diferentes de Bart. Todos ficamos mais felizes quando temos um lugar garantido, que é nosso e só nosso. Isso diminui o estresse e dá um ponto de reequilíbrio, porque é um local onde podemos ter os momentos de que todos precisamos para crescer e planejar o futuro de uma forma que nos dê apoio fisicamente: três pedras angulares do Programa da Casa Terapêutica.

## "Quem é responsável?" ou "não é da conta de ninguém se eu..."

Quer seja um ateliê maravilhoso, uma oficina na garagem ou uma poltrona confortável com um abajur de leitura ao lado da janela que dá para a baía, seu espaço pessoal tem de ser bem cuidado. Quem melhor do que você, faria isso?

Qualquer pessoa que tenha critérios rigorosos para seu espaço pessoal precisa assumir a responsabilidade por sua manutenção, a não ser que os comunique claramente a quem faça a limpeza, porque, de contrário, outra pessoa pode jogar fora papéis importantes sem se dar conta disso, ou, na tentativa de organizar melhor as coisas, "perde" um objeto crucial colocando-o na pilha errada.

Da mesma forma, todos devem ter permissão para manter a ordem do espaço que é só seu de acordo com seus próprios critérios, mesmo que não sejam convencionais. Se você gosta de roupas limpas mas amarrotadas numa pilha, pôsteres do Shrek na parede ou montes de livros no chão, não é da conta de ninguém, desde que não estejam prejudicando a saúde. Bagunça é uma coisa, sujeira, restos de comida e roupas molhadas ou sujas são outra completamente diferente. Essas coisas vão criar problemas e gerar um ambiente pouco saudável – insetos e bactérias – de modo que é preciso dar um jeito nelas. Mas o tesouro escondido de uma pessoa é a bagunça de outra, e a ordem e arrumação de uma é a esterilidade e a tensão de outra. Os espaços comuns exigem um acordo, mas você deve ter liberdade total em seu espacinho nessa terra, mesmo que seja apenas uma cadeira.

## *Uma nota sobre adolescentes e privacidade*

Os adolescentes, por imperativos de seu desenvolvimento, lutam para explorar seu desligamento da unidade familiar, e é importante que todas as "separações experimentais" da adolescência se deem numa atmosfera que ofereça apoio e segurança. Esse período em que os hormônios estão saindo pelo ladrão faz os adolescentes passarem por mudanças físicas, emocionais e intelectuais drásticas, e é importante respeitar a necessidade que eles têm de privacidade.

Entretanto, como algumas tragédias que causam grande comoção nos dias de hoje são provocadas por adolescentes muito problemáticos, tornou-se comum os pais adquirirem o hábito de revistar o quarto de dormir e a mochila de seus filhos. Considere essa opção com muito cuidado antes de colocá-la em prática, porque, se você chegou ao ponto de escarafunchar as coisas de seus filhos, é provável que vocês estejam se desentendendo há muito tempo. A comunicação e a confiança podem ter desmoronado. Harmonia, equilíbrio, apoio e um ambiente sem tensões foram certamente sacrificados há muito em favor de outros princípios, quaisquer que sejam. Se o perigo for iminente, claro, você pode revistar o quarto de seu filho, mas violar a privacidade de qualquer membro da família só serve para notificá-los de um problema do qual já devem ter consciência.

Há formas melhores de saber o que está se passando na vida dos filhos e mantê-los em segurança no mundo, do que mexer nas coisas deles. Interessar-se realmente por seu bem-estar e preocupações, e envolver-se com a vida deles de modo a dar um apoio real (críticas incessantes são degradantes), ao mesmo tempo em que os envolve com a sua, é uma maneira mais eficaz de mantê-los longe de encrencas. Isso não quer dizer que você tenha de se comportar como se fosse um deles. Ter alguém interessado neles como pai ou mãe, e não como um coleguinha, ou um dono e senhor, é o sonho de todo filho. Tenha sempre os limites em mente no setor "respeito" aos direitos dos adolescentes a um espaço só seu.

## Como criar um "espaço só seu"

Pegue seu DIÁRIO DA CASA – está na hora de sonhar e planejar. Responda as seguintes perguntas:

1. Que área de seu lar é um espaço só seu? ______________________

2. Ele invade áreas comuns ou os direitos de outros moradores da casa, impedindo-os de satisfazer suas necessidades emocionais ou práticas?

   ______________________________________________

3. Se você não tem um espaço só seu, onde poderia criá-lo em sua casa apropriando-se de uma área que ninguém usa, de um quarto de hóspedes ou tornando um espaço comum multifuncional? ______________

Antes de chegar à conclusão de qual é essa área, reveja seu PLANO QUINQUENAL na seção OBJETIVOS de seu DIÁRIO DA CASA para ver que objetivos pessoais essa área privativa pode ajudar você a realizar. Isso pode determinar a localização e se o cômodo vai ser multifuncional. Talvez deseje que essa área sirva para você chegar a ter alguns daqueles rótulos ou títulos futuros que *quer* possuir. Mas também pode só querer um canto para ler todos os grandes clássicos sem que ninguém o perturbe. É o seu espaço – portanto, ele tem de funcionar bem para você!

4. Que tipos de coisas você quer ter em seu espaço privado? Faça a sua lista.

   __________ __________ __________ __________

5. Que suportes de conforto você poderia acrescentar que levantariam seu astral e lembrariam você da beleza de seu espírito interior? Faça uma lista.

   __________ __________ __________ __________

6. De que itens de organização você vai precisar? Faça uma lista.

   __________ __________ __________ __________

7. Que sistema de cores vai dar vida ou acalmar você aqui? Cite três cores de sua paleta pessoal – uma cor predominante, uma cor harmonizadora e uma cor de destaque.

   - A cor dominante vai cobrir a maior parte da área (ou do tecido, se for apenas uma poltrona).
   - A cor harmonizadora pode ser outro tom da cor dominante, mais claro ou mais escuro, ou vizinho de sua cor dominante na roda das cores.
   - Uma cor mais ousada que realmente se destaque, talvez uma cor complementar que está diretamente oposta à sua cor dominante na roda das cores.

   __________ __________ __________

   Esse vai ser o sistema de cores de seu espaço privado. Tenha-o em mente quando for comprar tinta, acessórios e móveis.

8. Que tipo de objetos de arte você quer aqui? Pinturas a óleo, aquarelas, esculturas ou outro tipo? Decida qual. ____________________

**9.** Com que detalhes divinos você vai impregnar seu espaço privado de beleza? Cite dois.

____________________ ____________________

**10.** Que móveis e tecidos estarão em seu espaço pessoal? Faça uma lista.

__________ __________ __________ __________

**11.** O que você mais anseia por fazer em seu espaço particular?

________________________________________

Coloque esse projeto na seção DIÁRIO DA CASA de seu *Fichário de Decoração da Casa Terapêutica*, para não o esquecer. E acrescente-o à sua Lista de Compras dos CÔMODOS que você vai tornar multifuncionais. Não deixe de colocar nenhum tipo de divisória nessa lista. Não deixe esse compromisso consigo mesmo esvaziar-se. Anote a meta, "*Vou* criar um espaço pessoal que seja só meu!" na seção OBJETIVOS de seu DIÁRIO DA CASA. Bom trabalho! Esse foi um grande passo no sentido de criar uma Casa Terapêutica para si. Passe agora para a Parte III, que começa com Uma viagem pela sua casa. O trabalho físico está prestes a começar!

# PARTE III

# SUA CASA

# 21

# Uma viagem pela sua casa

Agora você vai andar pela *sua* casa para descobrir os lugares que não funcionam bem porque não estão de acordo com as Regras básicas da casa, nem com aquelas que poderiam dar certo se se consolidassem as Quatro pedras angulares. Essa caminhada vai servir de guia para seus projetos, mostrando-lhe o que é crucial, o que vai exigir a maior dedicação de sua parte em termos de tempo e dinheiro, e o que você poderia fazer numa noite livre pelo preço de um jantar. Mas antes, vamos recapitular o que você já aprendeu.

## A unidade básica de uma Casa Terapêutica: recapitulação

### *As Quatro pedras angulares*

As Quatro pedras angulares são as pedras-chave dos alicerces de sua Casa Terapêutica. Elas descrevem a atmosfera que você vai ter dentro de uma Casa Terapêutica:

*Harmonia • Equilíbrio • Apoio • Ambiente sem tensões*

## Sua planta de engenharia

Sua planta de engenharia pessoal (a logística de sua vida única e irrepetível) define como essas pedras angulares vão se manifestar no seu projeto e nos seus esquemas – aqueles que você cria para o modo de vida que leva realmente e para a pessoa que você espera vir a ser. Sua Planta de Engenharia compreende seus factóides, rótulos, obstáculos, objetivos, suas próximas atrações, montanhas-russas emocionais, estilo pessoal e as ÁREAS PROBLEMÁTICAS de sua casa.

## Seus alicerces

Os alicerces da Casa Terapêutica são constituídos pelas doze Regras da Casa. Elas são as vigas-mestras que fortalecem as Quatro pedras angulares ao mesmo tempo em que permitem que sua Planta de Engenharia seja posta em prática.

---

**AS REGRAS DA CASA**

REGRA Nº 1: Viver na casa inteira

REGRA Nº 2: Limpeza

REGRA Nº 3: Conforto, acima de tudo

REGRA Nº 4: O modo de vida dita o estilo da decoração

REGRA Nº 5: Uma casa só para mostrar não é um lar

REGRA Nº 6: Um lugar para cada coisa e cada coisa em seu lugar

REGRA Nº 7: A arte é fundamental

REGRA Nº 8: Estabelecer limites para o uso de um cômodo

REGRA Nº 9: Se estragou, conserte

REGRA Nº 10: O divino está nos detalhes

REGRA Nº 11: Um espaço próprio para cada um – inclusive para os animais de estimação

---

Você sabe que ter um estilo pessoal de decoração que combina com seu modo de vida real pode criar *harmonia*, tanto em termos práticos quanto emocionais, sabe que manter o *equilíbrio* na arrumação dos móveis, nas características complementares da decoração e no uso apropriado e justo do espaço cria uma atmosfera de equilíbrio emocional para todos, e também sabe porque os espaços criados exclusivamente para a ostentação são uma canoa furada, a menos que todas as funções práticas e emocionais necessárias a uma vida equilibrada sejam satisfeitas por outros cômodos de sua casa.

Você compreendeu que limites razoáveis, faxina rotineira e espaços funcionais e saudáveis podem servir de *apoio* às suas necessidades cotidianas e dar harmonia às interações familiares e também que a arte, as cores e os elementos divinos podem reavivar seus sentidos e dar suporte ao seu crescimento emocional e intelectual.

Você também já sabe que precisa de conforto e de beleza, de um fluxo de trabalho claro e organizado, de tudo em ordem, pronto para usar e de uma área privativa para refazer e expandir seus horizontes para diminuir as *tensões* e servir de base àquilo que você sonha para o futuro.

O mais importante de tudo: você agora tem uma compreensão melhor de que os cômodos de sua casa foram concebidos originalmente para satisfazer todas as suas necessidades práticas e emocionais e que, seguindo as Regras da Casa, você não só vai devolver a eles seu estado natural de equilíbrio, como também vai elevá-los ao nível de companheiros em seu processo de desenvolvimento pessoal.

## *As funções práticas e emocionais de cada cômodo*

Como é que as regras vão fazer isso? Assegurando que as funções certas sejam exercidas e transformando:

- A ENTRADA numa "passagem" que *adapte* seus pontos de referência na *transição* entre fora e dentro.
- A COZINHA num espaço que gera "fogo sagrado" para o *sustento físico* e o *alimento* psíquico.
- A SALA DE VISITAS num "conselho tribal" de *convivência* onde um sentimento de *companheirismo* possa se desenvolver.

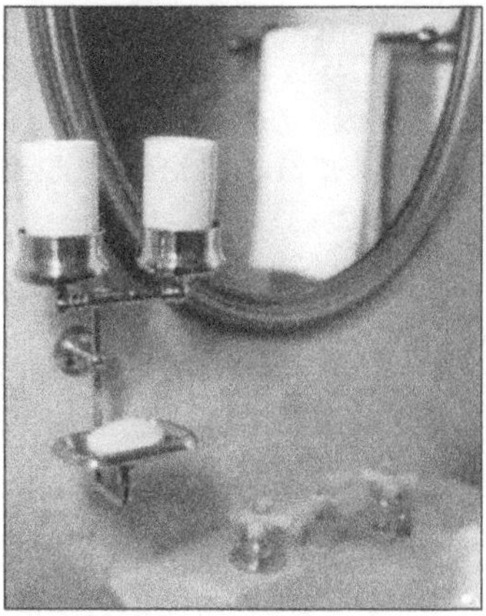

- A SALA DE JANTAR numa "távola redonda" destinada à *comunhão* e às *relações afetivas* entre os familiares e outras pessoas.
- O QUARTO DE CASAL num "santuário" do *sono*, do *recolhimento* e do *sexo*, onde a *intimidade* é cultivada.
- O BANHEIRO num "templo das águas" para o ato sagrado da *purificação* e da *reverência* pela pessoa que você é.
- O ESCRITÓRIO num "banco de dados" para os *negócios da família* e para a *contabilidade/senso de responsabilidade* pessoal.
- O PORÃO/GARAGEM num "cofre" onde o *depósito* se torna um espaço terapêutico para as *recordações.*
- O JARDIM num "Éden" onde *cultivo e colheita* dão vida a um cenário de *serenidade.*
- A SALA DE JOGOS num "parque de diversões" onde o *lazer e a boa forma* oferecem *relaxamento.*
- O QUARTO DAS CRIANÇAS num "forte" onde o *esconderijo* é um lugar seguro para o trabalho interior de *vir-a-ser.*
- A LAVANDERIA num "rio" onde *lavar e passar* revitalizam suas opções e oferecem a possibilidade de *novos começos.*

## A volta pela casa toda – sua Lista de Verificação

Transfira a lista de regras desobedecidas para a seção pertinente dos CÔMODOS de seu *Fichário de Decoração da Casa Terapêutica.* Agora as providências que você precisa tomar nesses cômodos individuais estão muito mais claras.

| LISTA DE VERIFICAÇÃO DAS 12 REGRAS DA CASA | LISTA DE VERIFICAÇÃO DA SUA CASA |
|---|---|
| 1. VIVER NA CASA INTEIRA<br>Tanto as funções emocionais quanto práticas estão sendo atendidas? Ver Tabela das Funções no Capítulo 9. | Entrada ________<br>Cozinha ________<br>Despensa ________ |
| 2. LIMPEZA<br>O cômodo está limpo e há um esquema de faxina para mantê-lo assim? | Copa de café da manhã ________ |
| 3. CONFORTO, ACIMA DE TUDO<br>Existem dois itens para seu conforto nesse cômodo? | Sala de jantar ________<br>Sala de visitas ________ |
| 4. O MODO DE VIDA DITA O ESTILO DA DECORAÇÃO<br>Há alguma coisa aqui que inibe ou não combina com seu modo de vida? | Sala da família/biblioteca ________<br>Quarto de casal ________ |
| 5. UMA CASA-VITRINE NÃO É UM LAR<br>Este cômodo é um lugar de ostentação usado raramente? | Segundo quarto ________<br>Quarto das crianças ________ |
| 6. UM LUGAR PARA CADA COISA E CADA COISA EM SEU LUGAR<br>Este cômodo está bem organizado? | Quarto de hóspedes ________<br>Banheiro ________ |
| 7. A ARTE É FUNDAMENTAL<br>Existe algum objeto de arte neste cômodo além das fotos de família? | Escritório ________<br>Jardim/Quintal ________ |
| 8. ESTABELECER LIMITES PARA O USO DE UM CÔMODO<br>Os limites para o uso deste cômodo foram estabelecidos e impostos? Este cômodo é seguro? | Lavanderia ________<br>Porão/Sótão ________<br>Garagem ________ |
| 9. SE ESTRAGOU, CONSERTE<br>Há necessidade de algum conserto aqui? | Ateliê/Oficina ________ |
| 10. O DIVINO ESTÁ NOS DETALHES<br>Existem dois elementos de beleza divina aqui? | Sala de jogos ________<br>Biblioteca ________ |
| 11. TUDO BRANCO NÃO É BOM<br>Há coordenação de cores neste cômodo? | Quarto de empregada ________ |
| 12. UM ESPAÇO PARA CADA UM – INCLUSIVE PARA OS ANIMAIS DE ESTIMAÇÃO<br>Você se sente acolhida aqui? Há um espaço só seu aqui? | Outros ________<br>Outros ________ |

Muito bem, está na hora de fazer algumas tarefas domésticas. Verifique suas anotações na seção do PLANO DA CASA. Se houver providências extras, consertos, suportes de conforto ou próximas atrações que você já anotou, transfira os dados para os CÔMODOS pertinentes também. E quanto aos objetos guardados que você descobriu no seu exercício de limpeza espiritual da Regra da Casa nº 2: Limpeza (Capítulo 10)? Há lugares especiais onde eles seriam mais úteis? Se você quiser passá-los para determinados cômodos, tome nota disso agora, para ter o plano completo na seção certa dos CÔMODOS quando chegar lá.

## Escolha um cômodo por onde começar

Consertos sérios exigem prioridade para que o esqueleto de sua casa esteja em condições de funcionar bem. Mas, em geral, você pode começar com qualquer cômodo que desobedeça a Regra da Casa nº 1 – cômodos que não satisfazem as *necessidades práticas ou emocionais* que lhes cabe. Se houver vários desses cômodos, então comece com aquele que infringe o maior número de regras além da Regra da Casa nº 1 e trabalhe a partir deste.

**1.** ________________ **2.** ________________ **3.** ________________

Todas as regras dependem umas das outras, exatamente como os tijolos e o cimento. Você talvez descubra que, ao obedecer a uma regra, várias outras vão ser obedecidas também, como um jogo de dominó. Um exemplo: talvez você não viva na casa inteira – uma infração da Regra nº 1 – por estar mantendo um cômodo-vitrine qualquer – uma infração da Regra nº 5. Você também pode acabar percebendo que está estressado e se sente sem apoio – um problema com duas de suas pedras angulares emocionais – e a principal razão é que não há um espaço só seu na casa, uma infração da Regra nº 12: Um espaço para cada um.

Pelo simples fato de se apropriar daquele cômodo-vitrine inútil e transformá-lo num retiro privado para si mesmo, terá corrigido as Regras nº 1, nº 5 e nº 12, e reforçado suas pedras angulares. Assim você se beneficiará com o sentimento de ter algo só seu, um lugar de recolhimento para relaxar e pensar em estratégias que sirvam de base para seus sonhos e objetivos pessoais, que vai além de suas responsabilidades cotidianas em relação à família e à comunidade.

Voltando à lista de seus três cômodos mais problemáticos: anote algumas das providências que poderia tomar para resolvê-los. Por exemplo: limpar o banheiro, organizar os armários da cozinha, pendurar quadros, consertar o vazamento, transformar a sala de visitas num espaço multifuncional, acrescentar suportes lombares nas cadeiras de espaldar duro, converter um quarto de dormir que não é usado num ateliê, remover o carpete que fica perto da porta que leva para a piscina e instalar azulejos, acrescentar cubículos para equipamento esportivo e assim por diante.

---

Cômodo 1 ______________________________

Cômodo 2 ______________________________

Cômodo 3 ______________________________

---

Anote essas decisões nas seções pertinentes dos CÔMODOS de seu *Fichário de Decoração da Casa Terapêutica.*

## A estruturação de seu plano – visão geral

Agora que você já escolheu os cômodos nos quais trabalhar, precisa pôr seu plano em ação. Comece com o Cômodo 1 e estude cuidadosamente o seu problema para poder resolvê-lo. Um exemplo:

CÔMODO: Sala de jantar – *a Távola Redonda.*

REGRA DESOBEDECIDA: Número 1: a sala de jantar não cumpre sua função.

PROBLEMA: a sala de jantar não serve como local onde tomar as refeições *(comunhão* e *relações afetivas)* por estar cheia de pilhas de papéis, com um *laptop* e contas em cima da mesa.

SOLUÇÃO: Criar um escritório mais bem organizado em outro local da casa.

A solução está em encontrar um lugar próprio para a tarefa indevida. Escolha um espaço que você possa transformar facilmente em multifuncional. Digamos que você tem um vão na cozinha que não usa e que se tornou um ponto onde todos os moradores da casa largam as suas coisas. Como é você quem faz a maior parte das refeições e da contabilidade, este é um espaço perfeito para se tornar multifuncional. Invoque a Regra nº 8 sobre limites – e instrua os outros no sentido de tirar suas coisas do vão e guardá-las em seu devido lugar para você poder usar aquele espaço.

Agora você vai criar seu projeto em quatro passos simples. Repita esse sistema em todos os outros cômodos de sua casa. É o mesmo processo, quer você esteja mudando os móveis de lugar, fazendo limpeza, reorganizando, tornando um espaço multifuncional ou fazendo uma reforma completa num cômodo.

1. Estabeleça seu objetivo.
2. Determine seu orçamento.
3. Determine um limite de tempo.
4. Organize a programação.

> Um objetivo é só uma ideia latente se não tiver um limite de tempo e uma programação para alcançá-lo.

## *Estabeleça o objetivo*

É necessário ser específico na hora de estabelecer seus objetivos. Comece com o mais importante deles e depois escreva suas aspirações. Por exemplo:

OBJETIVO PRINCIPAL: transformar a cozinha num espaço multifuncional para incluir um escritório no vão.

ASPIRAÇÕES: privacidade adequada, acesso à banda larga da Internet, coordenação com a decoração existente.

Agora é a sua vez. Aventure-se e declare qual é o seu principal objetivo para o Cômodo 1.

Meu principal objetivo para o Cômodo 1 é: ______________________

Quais são suas aspirações adicionais em relação a esse objetivo? ______

________________________________________

Agora que você já sabe o que quer fazer, pode determinar seu orçamento para o projeto.

## *Determine seu orçamento*

Nunca se prenda a qualquer mudança, renovação ou reforma baseada numa ideia fixa a respeito dos "custos" do projeto, porque eles são absolutamente maleáveis, dependendo de sua forma de planejar a execução de seu objetivo. Planeje em torno do que você pode pagar, e nem um centavo a mais – nunca será demais enfatizar isso. Se passar por uma crise financeira por fazer uma pequena mudança, vai ter menos probabilidade de realizar outras no futuro. Não se deixe levar pelas muitas tentações que há lá fora, principalmente se fazer dívidas muito grandes é um hábito seu. Uma mesinha nova para aquele canto que vai virar um escritório pode custar muito ou pouco, de modo que você deve fechar o seu leque para o que é apropriado para o seu bolso. Você quer alcançar um objetivo, não lutar por uma noção fugidia de perfeição. Materiais reciclados de demolições e até achados em feiras ocasionais podem ser inteiramente transformados com uma mão de tinta ou acabamento transado.

Engorde seu orçamento escarafunchando aquela Caixa de Objetos Repulsivos com *memorabilia* desagradável que você guardou no exercício de limpeza espiritual da Regra da Casa nº 2: Limpeza (Capítulo 10). Faça uma liquidação de garagem, venda tudo aquilo e transforme seu lixo emocional num composto útil – mais dinheiro para suas renovações!

Lembre-se, você sempre precisa saber de quanto é o seu orçamento e de onde o dinheiro vai vir, para poder ser realista no tocante a seus gastos.

Um cartão de crédito não é dinheiro em caixa. É dinheiro *emprestado* que vem com os juros correspondentes, de modo que você deve tratá-lo como tal. É uma boa ideia saber durante quanto tempo você vai se endividar com seus cartões de crédito. Verifique as taxas de juros para determinar exatamente quanto a sua dívida vai lhe custar ao todo. Compreender e aceitar a dívida real que você assume para cada empréstimo é uma grande motivação para pagar esses cartões de crédito na íntegra todo mês.

## ACRESCENTE UMA MARGEM DE 15% AO SEU ORÇAMENTO

É muito difícil ater-se a um orçamento. Até decoradores experientes lutam com isso e aconselham estar preparado para cerca de 15% a mais de gastos. Isso é porque sempre há coisinhas que não entraram no orçamento original. Mas, em vez de acrescentar mais 15% ao orçamento que você já fez – aquele com o qual já está se sentindo à vontade – reduza a quantia original em 15% e faça dessa cifra menor o seu orçamento de gastos. Mantenha o resto como margem de manobra.

Essa mesma fórmula se aplica quer a tarefa em pauta seja grande, quer seja pequena. Se você tem um orçamento total de R$200, o orçamento total das despesas deve ser de R$170, com uma margem de manobra de R$30. Se você tem um orçamento total de R$20.000, seu orçamento total das despesas deve ser de R$ 17.000, com uma margem de manobra de R$ 3.000.

Sempre planeje levando essas questões em consideração e compre tendo em mente a cifra menor (o orçamento total das despesas), porque assim vai ter mais chances de se ater ao orçamento total. Mais tarde, quando descobrir que você precisa de mais uma mão de tinta, de dobradiças para a divisória, pastas para seu novo armário de arquivos ou uma banqueta para os pés, e esqueceu de somar a taxa de juros do cartão de crédito, vai estar garantido.

Quando estão fazendo grandes reformas, em geral as pessoas se esquecem de considerar custos como licenças de construção, instalação e ligação de circuitos elétricos, caixas para guardar coisas durante o processo, residência temporária e custos de mão-de-obra e empréstimos.

Quanto você pode se dar o luxo de gastar de forma realista para realizar seu objetivo principal para o Cômodo 1?

MEU ORÇAMENTO TOTAL: R$______________________

MEU ORÇAMENTO DAS DESPESAS: R$______________________

### *Determine um limite de tempo*

Definir um período específico para o começo do seu projeto é a forma mais rápida de tirar seu objetivo do estado de latência e colocá-lo em prática.

Entre as coisas a levar em conta na hora de definir seu limite de tempo, temos as seguintes:

- **Fazer um esboço do projeto do piso** (o mesmo se aplica caso você só esteja reorganizando).
- **Consultar manuais de consertos de casa** (rever materiais e mão-de-obra em questão).
- **Apreçar suas matérias-primas, aluguel de ferramentas, móveis e acessórios.**
- **Obter orçamentos caso você decida contratar um mestre-de-obras ou um decorador.**
- **Determinar horários para fazer as compras, a faxina, a organização, a nova arrumação, consertos ou construção.**

Use dois parâmetros para definir seu limite de tempo:

1. **O período total necessário para você alcançar seu objetivo** (4 dias, por exemplo).
2. **A data inicial e a data final** (dois fins de semana consecutivos, por exemplo, sendo a data inicial 23 de julho e a data final 31 de julho).

Marque imediatamente essas datas no seu calendário. Agora você sabe que não pode aceitar convites para jantar ou ir a festas nessas datas. Você tem um objetivo para alcançar!

## O ROTEIRO DO FAÇA-VOCÊ-MESMO

Se resolveu tomar esse caminho – fazer tudo você mesmo –, prepare-se para o fato de que não há renovação sem obstáculos. Se resolveu trocar o assoalho, pode encontrar tacos podres ou térmites por baixo. Se derrubar uma parede, pode encontrar fios elétricos decrépitos ou problemas no encanamento que precisam ser sanados. Por trás da pele das paredes, assoalhos e forros do teto, seu lar esconde seus segredinhos sujos. Se estiver preparado para enfrentar alguns transtornos antes de começar, não vai estar desprevenido quando eles acontecerem.

Sempre compre as melhores matérias-primas que puder pagar. Para uma Casa Terapêutica, os produtos de "madeira maciça" sempre são preferíveis às chapas de partículas de madeira aglomerada e aos compensados. Os compensados são feitos com uma resina que contém formaldeído de ureia. Se você usar compensados em sua casa, sempre pinte todas as áreas para se resguardar de qualquer toxidade presente e, ao cortar ou serrar um compensado, use um ventilador e óculos de proteção.

**SEGURO DE ALUGUEL DE FERRAMENTAS**

Faça um seguro extra ao alugar ferramentas. Aquelas que são pouco familiares estragam-se facilmente nas mãos de usuários novos, e a reposição é cara!

## A REALIDADE DA TERCEIRIZAÇÃO

Lembre-se, se o seu objetivo exigir a contratação de um profissional, ligue antes e pergunte quanto tempo o serviço vai demorar e depois *dobre* essa estimativa e ajuste suas datas de acordo. Os profissionais do setor da construção civil são famosos por subestimar a duração de seus serviços e, muitas vezes, encaixam outros no meio daqueles que estão fazendo para você. Isso acontece invariavelmente, apesar de suas numerosas objeções. Espere surpreender-se dando telefonemas para descobrir onde os operários estão e por que não apareceram na hora combinada, e finalmente lançar os braços para o alto, gritando "Como é que eles conseguem ganhar a vida desse jeito?". Não leve a coisa a nível pessoal.

Faça três orçamentos antes de assinar um contrato com um profissional. Examine os currículos, verifique as licenças e as apólices de seguros e escolha o profissional que mais lhe agradar. Mas, se ele ou o decorador que você está pensando contratar não puder atender você nas datas programadas, procure outro. Não deixe seu projeto se atrasar por causa da agenda cheia dos outros.

**Qual é:**

O período total necessário para realizar seu primeiro objetivo?_____

_______________________________________________

Data inicial? ________________________________

Data final?__________________________________

Agora que você já dispõe das suas datas, marque-as no calendário. Peça imediatamente uma licença de construção, se precisar, e chame seus operários – sejam eles familiares, amigos ou profissionais.

## *Organize a programação*

Parabéns, você agora já selecionou um cômodo que vai arrumar. Já sabe qual é o objetivo principal para ele, definiu um orçamento e sabe quanto vai gastar, e também já sabe quanto tempo o serviço vai levar; no entanto, o mais importante é *quando* você vai começar. Está na hora de definir sua programação de atividades e fazer sua lista de TAREFAS. Comece de forma simples, com grandes pinceladas. Por exemplo:

| | |
|---|---|
| 1º FIM DE SEMANA: | 23 de julho – medir, fazer o projeto do piso, listas de compras e TAREFAS. Comprar.<br>24 de julho – pintar e terminar de fazer todas as compras que estiverem faltando. |
| 2º FIM DE SEMANA: | 30 de julho – construir a divisória da parede e instalar a tomada do computador.<br>31 de julho – arrumar os móveis. Instalar os arquivos e ligar o computador. |

Comece com uma vantagem fazendo a programação para seu primeiro objetivo agora mesmo. Não se preocupe se não ficar perfeita, você pode melhorá-la depois.

Data: ____________ Tarefa: ________________

Data: ____________ Tarefa: ________________

Data: ____________ Tarefa: ______________________________

Data: ____________ Tarefa: ______________________________

---

Ótimo. Agora faça a lista de compras, tendo em mente o orçamento das *despesas.*

## *Sua Lista de Compras*

Faça duas: a lista de coisas INDISPENSÁVEIS – o essencial, como um galão de tinta, uma mesa com cadeira e artigos para organização; e, a lista de ESPERA – as coisinhas extras sem as quais você pode viver, mas adoraria ter, como duas linhas de telefone com duas secretárias eletrônicas e dois identificadores de chamadas.

Primeiro faça as compras das coisas INDISPENSÁVEIS. Não entre na sua margem de 15% enquanto não tiver feito todas elas. Um exemplo de lista de compras para o escritório daquele canto da cozinha seria:

| **INDISPENSÁVEIS** | **LISTA DE ESPERA** |
|---|---|
| Mesa com uma gaveta | Segunda linha de telefone |
| Cadeira de trabalho e abajur | Duas secretárias eletrônicas com seus respectivos identificadores de chamada |
| Armário de arquivos | Software de contabilidade |
| Madeira, dobradiças e tecido para a divisória | Roteador sem fio para a Internet |
| Tomada e cabo para ligar o computador na Internet | Suporte para as costas |

Reveja qualquer das listas de compras iniciais que você colocou nas seções dos CÔMODOS de seu *Fichário de Decoração da Casa Terapêutica* antes de entrar em ação. Reavalie essas listas agora e divida-as nas suas categorias de INDISPENSÁVEIS e LISTA DE ESPERA.

| INDISPENSÁVEIS | LISTA DE ESPERA |
| --- | --- |
| | |
| | |
| | |
| | |

Finalmente você tem todas as coisas de que precisa para pôr seu plano em prática: um objetivo, um orçamento, um limite de tempo, uma programação e listas rudimentares de TAREFAS e compras. Já marcou as datas e combinou tudo com seus operários, obteve as licenças de que precisa e está pronto para pôr as mãos na massa.

Ao fazer as compras, anote o preço de cada artigo e depois some tudo para ver de que maneira cada compra afeta seu orçamento total de despesas. Ajuste suas escolhas à medida que for comprando, verificando se está se atendo à sua quantia final. Se, por exemplo, não sobrou dinheiro para aquele objeto de arte que você queria, considere opções criativas. Use o exercício Uma forma para a sua âncora, do Capítulo 15, para fazer você mesmo sua obra de arte inspiradora usando sobras de tinta e elementos de seus livros de pintura como fonte de inspiração.

## A prova de fogo

Todo projeto, por maior ou menor que seja, vai chegar a um ponto onde você vai querer desistir. Isso acontece quando você tem de ir fundo e *passar pela prova de fogo* para terminá-lo. Interprete isso como uma dificuldade pela qual tem de passar na vida. É uma medida de sua determinação para melhorar as coisas. Quando esbarrar nesses obstáculos, pare um momento para lembrar a si mesmo do motivo exato pelo qual começou o projeto respondendo essas três perguntas:

Como é que vai ficar a minha vida se eu parar agora? ________________

Como é que vou me sentir sempre que entrar nesse cômodo tal como ele está agora?______________________________________

Que melhorias a minha vida vai ter se eu *passar por essa prova de fogo* para alcançar meu objetivo?______________________________

Mantenha seu principal objetivo vivo, pois assim ele vai lhe servir de motivação. Depois de terminar, você não só vai se sentir maravilhosamente bem naquele cômodo, como também vai ter a satisfação de ter alcançado um objetivo que você mesmo definiu para melhorar sua vida. Vale a pena!

## Medida por medida – prepare a mudança

Você está quase pronto para os capítulos finais e para transformar seu lar numa Casa Terapêutica. Mas, antes de começar a reformar seus cômodos, meça tudo para poder fazer um projeto de piso e ter certeza de que tudo vai caber direitinho. Um erro comum ao encomendar móveis e revestimentos de piso novos é comprar artigos que são grandes demais para o cômodo, ou pequenos demais. Os *showrooms* são espaços grandes que enganam facilmente o olho em termos de escala. Você tem de levar em consideração o comprimento, a largura e a altura de seu cômodo ao instalar seus novos itens, principalmente móveis grandes como estantes e armários, que parecem pesados e abarrotados em cômodos de teto baixo. Inversamente, se você tem um pé-direito altíssimo, móveis pequenos podem parecer diminutos. Meça todos os seus cômodos agora ou, no máximo, quando tratar cada um deles individualmente.

### *As medidas dos cômodos*

Comece medindo os cômodos e as janelas. Indique as áreas onde as portas e janelas estão situadas, e a área do piso onde a porta abre (você não pode colocar móveis aí). Se não adquiriu seu papel quadriculado ao fazer seu *Fichário de Decoração da Casa Terapêutica,* compre-o agora. Use uma folha do papel quadriculado para cada cômodo. Guarde suas medidas nas seções pertinentes dos CÔMODOS.

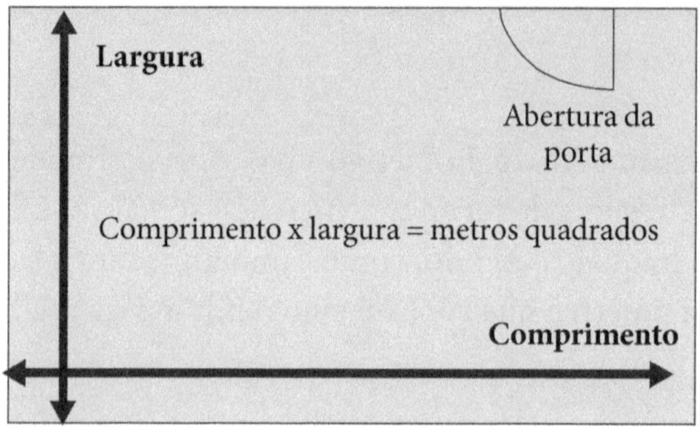


Para obter a área de um cômodo, cujo resultado vai ser em metros quadrados, multiplique o comprimento pela largura. Não inclua a altura.

## *Medidas das janelas*

Em seguida, meça a altura e a largura de todas as janelas. Guarde também essas medidas nas seções pertinentes de seus CÔMODOS para uso futuro. As venezianas das janelas podem abrir para dentro, expondo a moldura, ou para fora, cobrindo a moldura: isso depende só da sua preferência.

Para "enganar o tamanho" de uma janela pequena, use a medida da moldura externa e pendure cortinas que cheguem até o chão, o que vai lhe dar um efeito mais dramático. Nesse caso, não deixe de medir também a altura da parede.

Use as medidas externas para esconder a moldura da janela e as medidas internas para expô-la.

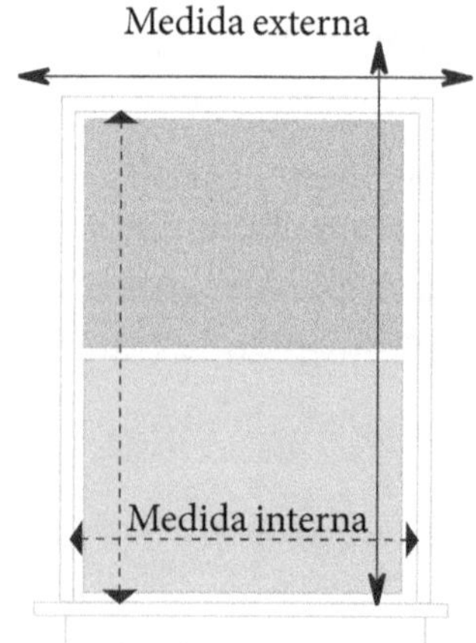


Largura x altura = dimensão da janela

### *Medidas dos móveis*

Finalmente, meça todos os móveis existentes – altura, largura e altura – para poder preparar seus projetos de piso. Isso é importante. Você vai lamentar se o seu novo aparelho de TV de alta definição não entrar naquele armário antigo, se não conseguir fazer a nova geladeira passar pela porta ou se suas novas roupas de cama forem pequenas demais para a cama nova, que tem a parte de cima estofada. Guarde suas medidas na seção pertinente dos CÔMODOS de seu *Fichário de Decoração da Casa Terapêutica.*

Essas medidas vão ser muito úteis por anos a fio porque você pode mudar de casa mas, em geral, leva seus móveis. E elas podem ser úteis até na hora de fazer uma apólice de seguro. Eis aqui um exemplo do tipo de informação que desejamos que você guarde:

---

**Armário**

Comprimento __________ Altura interior ________________

Largura ________________ Estrutura e acabamento __________

Altura________________ Data da compra ________________

**Aparelho de DVD**

Comprimento __________ Serial # ____________________

Largura ________________ Modelo____________________

Altura________________ Anos de garantia________________

---

## Faça a planta do seu projeto de piso

Depois de tomar todas as suas medidas, use o papel quadriculado para fazer miniplantas de seus cômodos e móveis em escala. Considere cada quadradinho do papel correspondente a 15 cm. Reorganizar as miniplantas dos móveis em escala no *layout* do chão é muito mais fácil do que tirar os móveis do lugar. Redistribua seus móveis como se estivesse misturando peças num tabuleiro de jogo. Às vezes, surgem soluções maravilhosas quando distribuimos as peças aleatoriamente. Quando chegar a um arranjo do seu gosto, use cola ou fita adesiva para manter as peças no lugar e criar uma planta do piso. Coloque suas soluções no CÔMODO pertinente de seu *Fichário de Decoração da Casa Terapêutica.*

## Coordene o visual e o projeto arquitetônico/decorativo

Use suas plantas do piso para criar um projeto de decoração como fazem os profissionais. Acrescente os recortes de revistas que você guardou na sua seção de INSPIRAÇÃO e os sistemas de cores e opções de decoração da seção MEU ESTILO de seu *Fichário de Decoração da Casa Terapêutica*. Adicione suas amostras de tinta, de tecidos e fotografias de móveis para ter uma ideia do visual final antes de fazer alterações permanentes. Agora está na hora de ver se aquela tinta combina mesmo com o estofado dos móveis, se as cortinas brigam com o tapete, se os complementos artísticos do cômodo funcionam bem e se há espaço de manobra suficiente para você andar pelo cômodo à vontade. Os ajustes são mais fáceis de fazer no estágio do planejamento. Às vezes, uma pequena mudança na cor da tinta ou do piso fazem uma diferença enorme.

Bom trabalho! Agora vamos enfrentar aqueles cômodos na prática. Você sabe com qual vai começar; portanto, dê início ao processo respondendo essas três perguntas para o cômodo em questão:

1. Quais são as ÁREAS PROBLEMÁTICAS deste cômodo?
2. Este cômodo é uma MONTANHA-RUSSA EMOCIONAL para mim?
3. Quais são as PRÓXIMAS ATRAÇÕES que tenho de preparar para este cômodo?

Resolva os problemas nessa ordem. E, se o cômodo *é* uma MONTANHA-RUSSA EMOCIONAL para você, faça imediatamente o exercício de limpeza espiritual. Procure todo e qualquer tipo de lixo emocional escondido, seja nos objetos do cômodo, seja em suas recordações de eventos acontecidos há muito tempo num cômodo desse tipo. Seja carinhoso consigo mesmo e acrescente "Itens de Conforto" na mesma hora. À medida que for trabalhando em cada um dos cômodos que se seguem, lembre-se das unidades básicas de uma Casa Terapêutica e aplique esses conceitos à sua. E divirta-se, pois o prazer também é muito importante!

# 22

# A entrada da casa

| FUNÇÃO PRÁTICA | FUNÇÃO EMOCIONAL |
|---|---|
| TRANSIÇÃO | ADAPTAR |

## *A sua entrada*

Não se deve subestimar a importância da Entrada – é onde você se recebe toda vez que chega em casa. Seu vestíbulo tem uma função *transicional* muito específica: é uma ponte entre o mundo exterior e seu santuário interior. Traz pessoas de fora àquele ponto em que elas são aprovadas e convidadas a entrar, ou despachadas rapidamente. Mais ainda: dá-lhe as boas vindas quando você chega do mundo frio e cruel e renova suas forças quando você sai de novo.

A função emocional da entrada é *adaptar*, servir de cabine de descompressão entre suas idas e vindas. Se você algum dia já sentiu uma pressão desagradável nos ouvidos ao mudar bruscamente de plano – como durante a descida de um avião – vai reconhecer a tentativa de seu corpo ajustar sua pressão interna a uma mudança súbita de atmosfera. Assim que seus ouvidos fazem aquele plufizinho, você se sente bem outra vez. Entrar em casa depois de um longo e árduo dia de trabalho funciona de jeito bem parecido. Você solta um suspiro de alívio enquanto adapta seu sistema à atmosfera doméstica de conforto e segurança. É por isso que a entrada é importante. Se, ao chegar em casa, você é cumprimentado por um monte de tênis e equipamento de hóquei, tem de contorná-lo ou tropeçar em guarda-chuvas molhados e roupas largadas no chão, sua pressão não se adapta a um lugar de conforto. Ela aumenta. O que significa uma volta cheia de obstáculos.

O ambiente e decoração de seu *hall* de entrada é realmente um barômetro da atmosfera que vai encontrar mais adiante. A sua recepção é uma acolhida calorosa ou caótica? Funciona como um "mordomo", ajudando você a se livrar – e depois achar – chaves, casaco, sombrinha e correspondência? Ajuda você a se reestruturar para entrar no mundo que o espera? Para elevar essa área até os padrões de uma Casa Terapêutica, faça os ajustes necessários a um lugar de transição.

---

**AS REGRAS DESSE CÔMODO**

1. Iluminação ajustável (redutores de intensidade da luz) para facilitar a adaptação dos olhos ao interior.
2. Console ou banco para pôr seus objetos pessoais.
3. Espelho com moldura perto da porta para você checar sua aparência.
4. Prateleira com cabides, suportes ou ganchos para colocar casacos, capas e sombrinhas.
5. Capacho ou tapete absorvente para controlar o lixo exterior.
6. Um componente de transição do lado de fora da porta: flores ou iluminação com todo o espectro da luz solar.

---

## Um espaço de proteção da chuva

Você quer que sua entrada gere uma experiência harmoniosa, equilibrada, de apoio e sem tensões no minuto em que você passa pela porta? Se você sentir instantaneamente solidão ao entrar em casa, surpreender-se com tensão, gritando de repente ou tendo vontade de virar as costas e sair de novo, então sua entrada não está funcionando bem no sentido de trazer você para dentro de casa. Reveja todas as Regras da Casa e faça mudanças neste cômodo! Responda a duas questões: Qual é a primeira coisa que você quer sentir ao chegar em casa? O que deseja que os outros saibam ou sintam ao entrar na sua casa? Responder a essas perguntas lhe dará o tema da sua entrada.

## *Uma porta de vaivém*

UM COLÍRIO PARA OS OLHOS: a iluminação ajustável com todo o espectro da luz solar facilita a adaptação dos olhos ao interior.

CABINE DE DESCOMPRESSÃO: recipiente para colocar guarda-chuvas e sombrinhas e capachos para sapatos enlameados amenizam os efeitos do mundo exterior.

OBRIGADA, JARBAS: um lugar certo para colocar chaves, bolsas e sacolas mantém as passagens desbloqueadas e limpas.

PÉ NO CHÃO: Nada de consoles falsos precários, objetos caríssimos que podem quebrar ou peças delicadas na entrada.

SUJEIRA DOS CALÇADOS: combata a sujeira dos calçados com degraus e sapateiras.

PENDURAR TUDO: ganchos e cabideiros para casacos são uma mensagem às visitas de que são bem vindas.

CASA ABERTA 24 HORAS POR DIA: *não* há segurança se as chaves são deixadas embaixo do capacho, no meio das plantas ou em saliências em cima da porta.

SÃS E SALVAS: as chaves da casa mantidas perto das portas devem estar num local fechado inacessível a visitantes.

CANTINHOS E VÃOS DIFERENTES: as entradas são lugares perfeitos para caixas e cestas para guardar suas coisas.

FORA, DENTRO: flores frescas e arte floral ajudam na transição entre as duas áreas.

OLHO GORDO: retratos na entrada são imponentes demais para a função adaptadora dessa área.

A SENHA, POR FAVOR: passagens familiares secretas aumentam a possibilidade de estranhos tentarem entrar com as crianças.

CHEGAR JUNTAS: uma cor análoga à cor dominante do próximo cômodo visível unifica um tema.

A ARTE DITA O COMPORTAMENTO: um pôster de cães jogando pôquer na entrada diz "Aqui pode tudo!".

ESPELHO, ESPELHO MEU: o ponto focal da entrada deve estar exatamente em frente à porta.

TUDO TRANCADO: fechaduras de segurança, travas suplementares e olhos-mágicos são obrigatórios em todas as portas de entrada.

## UMA NOVA TRADIÇÃO – CRIAR UMA PEDRA DE TOQUE

Se você ainda não tem um ritual para se sentir bem quando chega em casa, precisa de um. Escolha um objeto da entrada para ser sua pedra de toque. Sempre que entrar em casa, tire seu casaco, arranque os sapatos dos pés, ponha as chaves e sacolas no seu devido lugar, e reserve só um minutinho para pôr a mão na sua pedra de toque e transmitir a si mesmo uma mensagem silenciosa de que está em seu lar. Sua pedra de toque pode ser a ponta da escada, uma balaustrada, um sino de vento, uma escultura favorita ou um móbile. Seja o que for, vai atuar como uma mensagem visceral para sua alma de que você tem um refúgio ali.

# 23

# A sala de visitas

O CONSELHO TRIBAL

| FUNÇÃO PRÁTICA | FUNÇÃO EMOCIONAL |
|---|---|
| COMPANHERISMO E DIVERSÃO | CONVIVÊNCIA |

## *O seu conselho tribal*

A necessidade de fazer parte de um grupo, no plano da alma, faz parte do próprio tecido de nosso DNA, remontando a uma época em que vivíamos em tribos. Precisamos de um espaço que seja simplesmente um lugar para estar junto com os outros, e ele é a sala de visitas de nossos dias – o conselho de sua "tribo", onde todas as relações sociais se desenvolvem – com familiares e amigos, e com seu par amoroso também. E esse é o cômodo em que os problemas que você tem com os grupos aparecem por toda parte.

Se esse cômodo é uma MONTANHA-RUSSA EMOCIONAL para você – se tem dificuldade em fazer parte de um grupo, de se comunicar, de se divertir e de fazer amizades – concentre-se em criar lugares para sentar que facilitem as conversas, e não deixe de acrescentar itens confortáveis. Fica mais fácil convidar amigos para se encontrar com você em seu conselho tribal quando o ambiente é convidativo e a atmosfera é hospitaleira. Em seguida, use o princípio da limpeza espiritual para limpar o cômodo e procurar pistas do lixo emocional que pode estar escondido aqui (reveja os passos do Capítulo 10, Regra nº 2: Limpeza).

Estabeleça a nova tradição da "reunião no sofá" (descrita no fim deste capítulo) para o trabalho constante de cultivar relações sociais. Talvez seja lento no começo; mas, à medida que as pessoas forem ficando à vontade e começarem a conversar, seu interesse por ele vai aumentar e sua casa pode se tornar um local de muita diversão e debate.

Se esse cômodo é uma ÁREA PROBLEMÁTICA, procure a regra aplicável. Reveja a lista toda. É preciso fazer algum conserto aqui? A cor faz a sala *saltar aos olhos*? É possível intensificar o efeito da ligação com o divino em alguns detalhes? E quanto às PRÓXIMAS ATRAÇÕES e objetivos que identificou para sua vida e para sua casa? Será que algum de seus futuros rótulos ou títulos desejados pode ser obtido aqui? Use as informações que andou coletando para resolver os problemas deste cômodo para que ele possa reunir seus entes queridos.

---

**AS REGRAS DESSE CÔMODO**

1. Lugares confortáveis para sentar a fim de facilitar as conversas.
2. Um ponto focal que leve todos para o mesmo centro (*não* pode ser a TV).
3. Mesas de canto ou de centro ao alcance da mão de quem estiver em qualquer cadeira, poltrona ou sofá.
4. Três tipos de iluminação: geral (para todo o ambiente), de destaque e para leitura/trabalho.
5. Porta-revistas para controlar pilhas de papel e caixas para os controles remotos.
6. Nenhum indivíduo isolado deve ter poder sobre a escolha das diversões ou dos controles remotos.

---

## Um espaço para conversar

*Companheirismo e diversão* são as funções práticas da sala de visitas; no entanto, cada vez mais, esse espaço se transforma num lugar onde as famílias e amigos se reúnem em torno de *videogames* e do aparelho de televisão, em vez de se encontrarem uns com os outros. Isso não quer dizer que as diversões não devam ser compartilhadas. A explosão recente dos *home theaters* trouxe uma grande oportunidade de experiências em comum cheias de prazer, risadas e excitação. Mas a sua sala de visitas deve ser mais do que isso. Deve ser o lugar onde acontecem discussões animadas, clubes do livro e debates sobre valores.

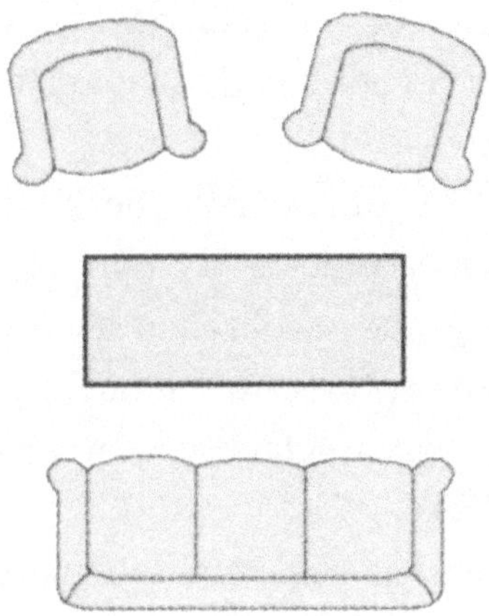

O que significa criar um espaço que convide ao *companheirismo*, mas não sufoque a fala ou o pensamento? Significa que você não deve varrer as coisas para debaixo do tapete, e sim levar para ali a mente aberta e o coração quente para os encontros diários. Vocês devem fazer reuniões e entrar em acordo a respeito das decisões familiares... juntos. Nesse cômodo, a dinâmica de grupo depende da disposição dos móveis. Alguns cientistas sociais sugerem uma organização espacial onde todas as pessoas possam se ver e interagir, e que estimule a participação e a comunicação – cadeiras de frente umas para as outras mas não muito longe, com uma distância suficiente para dar a impressão de haver um espaço pessoal. Em essência, você criará um espaço agradável para as pessoas conversarem onde cadeiras, poltronas e sofás confortáveis fiquem em volta de uma mesa de centro, com abajures para uma iluminação de destaque que revelará o melhor de cada um – e que ao mesmo tempo, seja um ponto focal que coloca todo mundo num clima gostoso de relaxamento e troca de ideias.

Se, ao contrário, você separar os móveis em mais de dois metros e puser as cadeiras e poltronas longe umas das outras, conseguirá um isolamento; esse arranjo desestimula a interação – como aquele que você pode ver numa sala de espera. O que é que você quer deste espaço? criar nele uma identidade social, ou lutar pelo controle remoto do fundo de sua poltrona reclinável? Dê início a uma revolução pacífica: crie um espaço no centro de seu lar onde os outros possam conversar com a *verdadeira* pessoa que você é.

## O elefante branco

Os consertos sempre vêm antes da decoração, e se alguma coisa está estragada na sala de visitas, na sala da família ou na biblioteca, é muito provável que seja sua qualidade de vida ou sua unidade familiar. Quando as pessoas se referem ao proverbial "elefante branco" (que todos ignoram), em geral estão falando da sala de visitas. Por quê? Porque aqui o problema até de uma *única* pessoa afeta *toda* a casa. Álcool ou uso de drogas, dívidas, vício em jogo ou em sexo, doença mental e assim por diante, ocupam todo o espaço dos cômodos que são espaços coletivos.

Portanto, é mais fácil resolver essas questões com intervenções *de grupo* – terapia familiar, grupos de apoio ou grupos como os AA, porque frequentemente são problemas que nascem em grupos e cobram o seu preço aos grupos. É a relação afetiva com o grupo que precisa de ajuda. Respire fundo e reúna a coragem necessária para chamar o elefante e levá-lo para fora da casa, tornando a vida melhor para todos.

Mesmo que o "problema" identificado não seja você, mas seu marido, seu pai ou sua mãe, ou um filho, você e todos os demais continuam fazendo parte desse problema, ainda que por nenhum outro motivo além de não ser possível fugir dele. Isso é chamado de *codependência*, e sua vida depende de obter ajuda. Procure ajuda para si próprio mesmo que o elefante esteja em segurança. Em todos os países existem grupos de autoajuda que se dedicam à recuperação da dinâmica familiar provocada por esse tipo de sofrimento. O importante é que sua privacidade seja respeitada. Não há necessidade de sofrer sozinho e em silêncio: a comunidade cura as mazelas familiares.

## As exigências da sala de visitas

CAIXAS PARA OS CONTROLES REMOTOS: caixas ao lado da mesa e poltrona ajudam a diminuir as brigas pelos controles remotos.

PONTOS FOCAIS: objetos de arte e lareiras, TVs que não sejam de plasma de alta definição são pontos focais excelentes.

CAPAS DE LIVROS: o acessório escova do aspirador de pó é uma maravilha para tirar a poeira dos livros.

ARTE PARA SEUS CDs: pedestais coríntios para guardar seus CDs escondem a coleção e podem servir de base para uma escultura.

CONDIÇÕES QUE LIMITAM A VIDA: sistemas de cores com tudo branco limitam as atividades. Use cores para dar vida ao ambiente.

LIMPEZA DA CHAMINÉ: limpezas anuais das lareiras evitam a fumaça resultante do acúmulo de creosoto.

ATRAÇÃO MAGNÉTICA: panos eletrostáticos limpam a sujeira magnética de TVs e monitores.

GUERRAS PELO CONTROLE REMOTO: companheirismo e camaradagem significam que ninguém vai se apropriar do controle remoto!

EM GUARDA: móveis impermeabilizados, carpetes que resistam bem aos líquidos derramados e assoalhos bem vedados deixam a família à prova de estresse.

PARA O SEU CANTO: crie cantinhos para os *videogames*, para assistir TV, para ler ou só para conviver.

ONDE GUARDAR: algumas superfícies também podem servir para guardar coisas – otomanas, mesas de centro, mesas de canto etc.

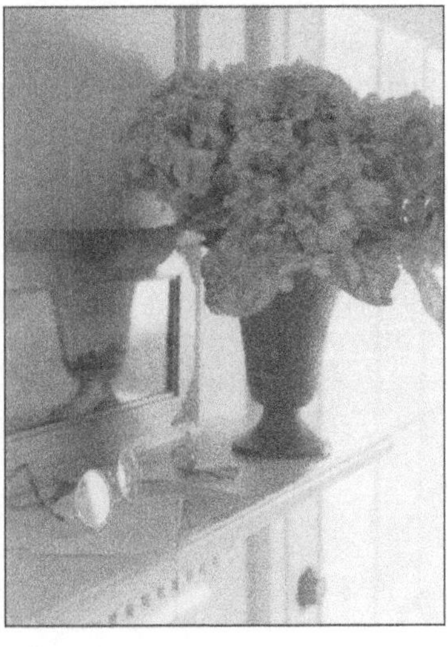

ARTE TRIBAL: a arte diz "É assim que somos". Use a arte para compartilhar os interesses e paixões de sua "tribo".

BOAS MANEIRAS: comportamentos privados destinam-se ao quarto de casal ou ao banheiro, não a essa sala coletiva.

SEM REFÚGIO: a sala de visitas nunca deve servir também de quarto de dormir, pois inviabiliza a função do cômodo e desrespeita a necessidade básica que todo indivíduo tem à sua própria privacidade.

## Uma nova tradição – reunião no sofá

Ninguém se entusiasma muito quando se trata de reuniões de família. Em geral, significa que alguém vai levar um sermão. Em vez disso, convoque uma REUNIÃO NO SOFÁ semanal, pela qual todos vão esperar ansiosamente. Essa é uma forma indolor de dar início a uma tradição de companheirismo familiar em torno do prazer de uma sobremesa e uma conversa animada. Uma vez por semana, depois de uma refeição, retirem-se para o seu conselho tribal, onde um membro diferente vai escolher um tópico qualquer de conversa. Todos vão participar, cada um de uma vez, e dizer o que pensa sobre aquele tópico durante dois minutos. Não se permite fazer juízo de valor sobre o tópico, nem sobre as opiniões de quem quer que seja a respeito dele. Quer seja "Valentões que intimidam a gente na escola" ou "A diferença entre altruísmo e vaidade", ninguém deve ser interrompido quando estiver falando (mesmo que os dois minutos de uma criança de cinco anos não passem de "hum... hum"). Passe pelo círculo duas vezes para poder acrescentar suas observações depois de ouvir o que os outros têm a dizer. Essa reunião vai aumentar a confiança e as relações afetivas do seu círculo íntimo, aprofundar os vínculos e desenvolver as inteligências jovens – ao mesmo tempo que aguça as mais velhas.

Vivemos numa época em que há forças em ação para nos reduzir a consumidores submissos e conformados – portanto, crie um espaço que convide à camaradagem (mas que não sufoque a fala ou o pensamento) e conte a seus queridos familiares o que lhe passa pela cabeça, ao mesmo tempo em que exerce sua capacidade de ouvir. Mantenha seu conselho tribal forte e desenvolva seu próprio sistema de valores, e não aquele ditado pelos chavões da TV.

Para obter um ano inteiro de CARTÕES DE TÓPICOS estimulantes, entre em nosso website.

# 24

# A cozinha

O FOGO SAGRADO

| FUNÇÃO PRÁTICA | FUNÇÃO EMOCIONAL |
|---|---|
| SUSTENTO FÍSICO | ALIMENTO PSÍQUICO |

## *O seu fogo sagrado*

A cozinha continua sendo o local onde é mantido o fogo sagrado da casa – o lar dos antigos – onde a comida é apenas uma parte do que é servido. A hora do preparo das refeições é também a hora em que se trocam as notícias da família e são discutidas as programações, deveres de casa e estado de saúde de cada um, assim como as opções de vida que estão se delineando. Embora a cozinha não seja conhecida como um lugar de conversas profundas, elas acontecem aqui frequentemente, tarde da noite, quando todos os outros estão dormindo, ou no meio do dia, quando todos estão fora, regadas a xícaras fumegantes. A cozinha é perfeita para esse tipo de conversa íntima porque é onde nos acostumamos a ser alimentados.

Quando as brigas, críticas, negligência ou abuso acontecem aqui (ou aconteceram nesse cômodo no passado), podem afetar sua capacidade de alimentar a si mesmo e de cuidar dos outros. Quando você mora só, lembrar-se do significado desse espaço – um fogo vivo – é crucial. Há perigo no silêncio da cozinha de uma pessoa que vive só – o perigo de que ela se torne um lugar gelado onde a comida é evitada, engolida como se fosse ração, ou devorada num estado de desespero, de pé mesmo. Aqui o fogo está apagado – mas não precisa ficar apagado para sempre.

Se o seu modo de vida é do tipo correria, há muitas refeições de qualidade já prontas no mercado para encher sua despensa, e ninguém tem de cozinhar uma laranja para poder chupá-la. Comece agora a alimentar a si mesma emocionalmente trazendo para casa alimentos que tenham substância. Comece com uma simples cesta de frutas na mesa de sua cozinha. Escolha no mercado somente aquelas de que gosta muito. Depois lave-as imediatamente e coloque-as na mesa. Uma bela tigela com uma saladinha de frutas é um alimento para seu senso artístico, para a atmosfera do cômodo e para o seu apetite – e uma declaração enviada diretamente a seu córtex cerebral de que você vai ser bem cuidado aqui. Portanto, comece com uma única refeição: o café da manhã. Agora existem eletrodomésticos maravilhosos como o "Preparador de Café da Manhã, 3 em 1", com uma minitorradeira, chapa de ferro para assar bolinhos ou fazer panquecas e cafeteira, que levam a tarefa toda para um único lugar. Se a sua cozinha só lhe fornece uma refeição substanciosa por dia, já cumpriu sua função. Não há fome psíquica numa Casa Terapêutica.

Você merece receber todo dia o apoio de um grande número de opções novas que alimentem tanto o seu corpo quanto a sua alma. Além das doze Regras da Casa, observe essas também:

---

### AS REGRAS DESSE CÔMODO

1. Uma copa aconchegante para uma refeição leve (mesmo que seja uma mesa de café num cômodo adjacente).
2. Um banco ou cadeira onde outra pessoa possa se acomodar enquanto a comida é preparada.
3. Três tipos de comida à sua disposição o tempo todo (compre esses itens toda semana):

   ✓ Algo que você possa preparar rapidamente.

   ✓ Algo delicioso e reconfortante.

   ✓ Algo nutritivo.

4. Nunca permita a si mesmo (a ou alguém) comer de pé.
5. Mantenha a limpeza e a segurança e deixe esse espaço sempre aberto para todos.

---

## O sabor do amor

É difícil descrever o sabor do amor, mas quando um biscoito é feito com ele, você com certeza vai sentir o gosto. Há sabores, aromas e visões deliciosos que consolidam o amor em sua cozinha. Ou sua cozinha é uma terra devastada, desolada, estéril, cheia de culpa e ressentimento que não tem a menor condição de dar apoio nenhum, a não ser a distúrbios alimentares? É muito frequente as cozinhas serem MONTANHAS-RUSSAS EMOCIONAIS. Mas você pode transformar essa dinâmica. Leve arte e beleza para sua cozinha e faça dela um ambiente alimentador. E institua a regra pessoal gostosa de acrescentar algo visualmente extraordinário a toda refeição. Não precisa ser nada do outro mundo: até um sorriso de geleia numa panqueca pode melhorar a experiência de uma refeição. Você pode polvilhar as sobremesas com açúcar de confeiteiro ou cacau, salpicar nas bordas do prato cebolinha fresca cortada bem fino, cortar os sanduíches na diagonal, etc. O objetivo da cozinha da Casa Terapêutica é transformar o próprio preparo da comida numa experiência alimentadora emocionalmente, para você ter prazer em cuidar de si mesmo e de seus entes queridos. Reserve um tempinho para decorar cada prato com uma mão carinhosa, quer você adicione uma pitada de salsa ou construa uma torre de comida digna de um *gourmet*.

## Uma cozinha funcional é sinônimo de um bom fluxo de trabalho

Há três tarefas fundamentais relacionadas ao fluxo de trabalho nas refeições – preparo, cozimento e limpeza. Boas cozinhas têm equilíbrio no seu âmago, com uma formação em triângulo que facilita esse fluxo de trabalho. É provável que o espaço entre sua bancada, fogão e pia formem algum tipo de triângulo, mesmo que levemente oblíquo, no centro do qual você se movimenta naturalmente da pia para o balcão e da geladeira para o fogão. Se a sua cozinha não tem essa formação (e todas essas três áreas de trabalho estão alinhadas em fila), você tem um projeto pobre que não facilita o preparo das refeições. Você poderá sentir estresse e irritação enquanto faz a comida, e essas emoções vão contaminar a refeição final. Mas há várias soluções; por exemplo colocar um carrinho móvel(com uma tábua de açougueiro em cima) que sirva para o preparo das refeições no lugar ideal para dar a você aquele triângulo de ouro. E se a porta de sua geladeira abre na direção errada, mude-a de lugar para se harmonizar com o fluxo do trânsito do cômodo. É fácil de fazer. Consulte o manual de instruções.

## *O armário de cozinha da vovó*

As refeições são servidas na cozinha ou vêm dela, mesmo que seja algo para viagem que você só vai desempacotar mais tarde, de modo que o cômodo tem de funcionar para o *sustento físico* com pratos, utensílios e material de limpeza apropriados. É preciso haver comida na geladeira e prateleiras onde guardar seus ingredientes. Sempre tenha três tipos de comida à mão: algo rápido, algo reconfortante e algo nutritivo. Dessa forma, você envia à sua alma a mensagem de que seu fogo sagrado está aceso e você vai se sentir alimentado no plano psíquico, independentemente das pressões do tempo e dos turbilhões emocionais. Lembre-se: alimentos frescos e que não foram processados industrialmente são mais baratos e mais gostosos que comidas congeladas ou enlatadas. Você só vai precisar de um pouquinho mais de tempo para prepará-los, mas vai ficar mais saudável (pesquise receitas na Internet, começando com nosso website.

Uma cozinha aconchegante e quente, onde as crianças gostam de fazer os deveres de casa enquanto os pais preparam o jantar, ajuda a dar apoio à sua Casa Terapêutica com um coração saudável. *Alimento psíquico* significa dar e receber apoio e estímulo. Você pode não utilizar exageradamente o seu fogo sagrado, mas usá-lo mal, estragando alimentos frescos com excesso de calor, ou queimando-os até perderem todos os seus nutrientes. E com certeza pode subutilizar esse cômodo, fazendo você mesmo ou seus entes queridos passarem fome com negligência, privação ou controle de todas as opções. Em geral, os distúrbios alimentares – comer demais ou de menos – estão relacionados à falta de apoio emocional apropriado e à raiva que come você por dentro diante de um mundo que dá a alguns um banquete de amor. Use sua cozinha como um local de palavras tranquilizadoras (e nunca deixe de dizer algumas a si mesmo e a seus entes queridos) todo dia para resolver esses problemas.

## Uma cozinha saudável

Lavar, esfregar e secar diariamente os pratos, o tampo do fogão, a pia e a bancada é uma necessidade saudável – todo dia, toda noite. Lavar frequentemente as esponjas e panos de prato em água quente com um pouquinho de detergente, e nunca as usar no chão, pois há o risco de recontaminar a comida com um monte de bactérias. Os novos papeis absorventes para a cozinha, que agora são desinfetantes, devem estar sempre à mão, antes e depois de preparar um frango ou uma carne, que devem ser manipulados com um cuidado extra.

Limpar regularmente toda a geladeira e forno. Consulte os manuais de instruções e siga sempre as recomendações. Você precisa conhecer os procedimentos e restrições específicos para mantê-los sempre em perfeita ordem. Chame um profissional autorizado para fazer consertos nos canos de gás do fogão sempre que necessário. As geladeiras também precisam estar em perfeita ordem de funcionamento o tempo todo. Comida estragada pode significar uma viagem ao hospital, ou até mesmo resultar em morte se for consumida por um bebê, um idoso ou alguém com um estado de saúde precário. Muitas partes das geladeiras podem ser substituídas (condensadores, peças do termostato, mecanismo de descongelamento etc.). Não esqueça que uma geladeira em mau estado pode lançar elementos tóxicos no ambiente da mesma forma que a comida estragada. Conserte-a ou troque-a por outra imediatamente. Quanto a pratos quebrados ou lascados: batize-os de obras de arte, porque não pode mais usá-los para servir refeições – são um paraíso para as bactérias.

É claro que até mesmo as panelas e caçarolas podem significar perigo se não tiveram uma manutenção apropriada. Se você está percebendo uns estranhos flocos cinzentos que parecem de pimenta-do-reino, com um sabor esquisito, sua frigideira de teflon já deu o que tinha para dar – jogue fora. Nem os fabricantes de utensílios domésticos que usam substâncias anti-aderentes recomendam lasquinhas deles como molho. Nunca use batedeiras nesse tipo de vasilhame; use espátulas de plástico para evitar arranhá-los; e nunca deixe a água ferver neles até queimá-los, porque há *gases* perigosos nessa fumaça, como o *ácido perfluro-octano*, também conhecido como C-8. Se for tarde demais, e a superfície anti-aderente já estiver danificada, jogue o utensílio fora imediatamente. Preferimos as velhas panelas de ferro fundido da vovó. Elas requerem um pouco mais de manutenção que o vasilhame anti-aderente, mas vale a pena! Siga as instruções sobre a forma de prepará-las para usar e utilize sal grosso para limpá-las: assim você vai ter utensílios atóxicos.

Como o próprio amor, a cozinha pode ser um cômodo perigoso onde queimaduras, cortes e quedas acontecem com frequência. Instale tampos de fogão para proteger as crianças de queimaduras; coloque cadeados nos armários; mantenha instrumentos de corte num daqueles blocos de madeira próprios para guardar facas e as substâncias tóxicas em zonas protegidas e inacessíveis às crianças. Não deixe as crianças se sentarem ou brincarem em nenhum lugar da área do triângulo de preparo de refeições. Instale uma passadeira no chão para absorver os respingos de água e evitar que os copos que caírem se quebrem. Use também um degrau de madeira resistente e seguro, em vez de uma cadeira instável, para ter acesso às prateleiras mais altas dos armários. As quedas são os acidentes domésticos que acontecem com mais frequência.

## Uma cozinha confortável

Este não é um cômodo onde se possa fazer promessas vazias. Uma cozinha só para mostrar esgota a sua energia – é um pensamento oco que precisa ser alimentado. Use suas panelas de cobre, pendure suas chapas de ferro para panquecas, mostre suas farinhas, massas e outros gêneros alimentícios básicos em recipientes hermeticamente fechados em prateleiras abertas, deixe a farinha cair no avental, *seja real* e curta o prazer de viver.

Alimento reconfortante é o contrário de exibicionismo – e pode fazer você se reequilibrar quando a vida está difícil. Saiba qual é o alimento reconfortante de todos os moradores da casa. Quando alguém estiver pra baixo, e não conseguir cozinhar ou comer, apareça na sua frente com seu adorado sanduíche de manteiga de amendoim e geleia, ou com uma tigela de macarrão com bastante queijo ralado, e dê-lhe na boca alegria de viver junto com nutrição balanceada. Se é você quem cozinha na sua casa, ensine os outros a preparar seus alimentos reconfortantes favoritos, para eles poderem amadurecer e saber cuidar bem de si mesmos.

Ponha a refeição predileta da família numa bela travessa: assim você vai ter um alimento reconfortante num "Item de Conforto". Há grande conforto emocional na manutenção das tradições, se você arranjar um tempinho para cultivá-las. Mas, se a sua família de origem era tóxica e crítica, essas tradições *não* são Itens de Conforto. Portanto, comece uma nova coleção de maravilhosas travessas de louça e impregne-a de valores positivos que lhe são caros ao coração.

É claro que o conforto na cozinha vai além dos comestíveis. Bancadas de pia com altura perfeita, cadeiras estofadas e o peso, equilíbrio e boa empunhadura dos utensílios de cozinha estão sendo desenhados, cada vez mais, tendo em vista o conforto e o bem-estar ergonômico.

## *Jantar ao ar livre*

No caso de uma reforma grande na cozinha, crie um "carro-restaurante" fora da cozinha durante a construção. Uma churrasqueira a gás, com um queimador acoplado, pode ajudar bastante no sentido de tornar uma "cozinha externa" transada, uma alternativa menos estressante à sua rotina normal. Se você não tem uma varanda coberta, alugue uma cabine e mude para lá a sua torradeira, a sua cafeteira, a chapa de ferro e seu resfriador de água para a mesma área e entre no clima. Um balde de gelo ou uma minigeladeira (que você também pode alugar) vão manter seus alimentos perecíveis em bom estado de conservação. É mais fácil fazer uma reforma na cozinha durante o verão, pois elas são célebres por durarem meses, e jantar ao ar livre pode amenizar o desconforto.

## *As novidades - artigos para economizar o seu tempo*

A tecnologia da computação está prestes a se apoderar da cozinha. "Aparelhos inteligentes" estão chegando ao mercado. Nos EUA, o forno *Master Chef*, da Miele, que já ganhou prêmios, agora tem programas de computador que podem memorizar até quarenta e oito guarnições e tempo de preparo de suas receitas favoritas. Você digita "Torta de Maçã da Mamãe" que o forno faz o resto, pré-aquecendo-se na temperatura certa, dizendo a você quando está na hora de colocá-la lá dentro e ajustando o relógio. É só deixar um bilhete para sua família – desafiada a entrar na cozinha – "Digitar ROSBIFE", que o forno vai guiar os seus membros em todos os passos seguintes enquanto você está presa num engarrafamento. E o "Forno Inteligente" da TMIO é geladeira e forno num só aparelho. Refrigera sua refeição até a hora de esquentá-la. Você pode até ligar esse aparelho por controle remoto por meio do seu celular, ou pela Internet.

As geladeiras inteligentes vão armazenar receitas computadorizadas em vídeo para você seguir com instruções passo a passo... e vão criar listas de compras para você. Seu aparelho logo vai lembrar os códigos de barras de todos os alimentos que são postos dentro dele e notificar você, numa tela de cristal líquido instalada na porta da frente, quando as reservas estiverem baixas. Chegou o momento de aumentar a velocidade e começar a flexionar seus músculos tecnológicos.

## As exigências da cozinha

CRISTALEIRAS E ADEGAS PORTÁTEIS: utilize os espaços vazios embaixo dos armários.

UMA QUESTÃO DE FOCO: um abajur suspenso sobre uma mesa de café da manhã cria um ponto focal instantaneamente.

COMIDA EM FLOR: uma jardineira com ervas aromáticas traz beleza, aroma e sabor para a sua cozinha.

ESTEIRINHAS PARA ANIMAIS DE ESTIMAÇÃO: compre para seus cães e gatos esteirinhas que combinem com sua decoração, e alimente seus bichos ali perto enquanto você come.

PRATELEIRAS DE ARAME: no interior de seus armários, crie uma despensa mesmo numa cozinha *pequena*.

TEMAS – CAFÉ E AGRICULTURA: complemente as funções de dar e receber cuidados aqui.

SUPORTES RETRÁTEIS PARA OS LIVROS DE CULINÁRIA: monte-os embaixo de armários e puxe-os quando precisar deles.

TECIDOS DE BOM GOSTO: toalhas de mesa em tecido xadrez, listadinho ou com estampa floral e cortinas combinando ficam deliciosas aqui.

BANDEJAS DUPLAS (com suportes na lateral) E MINIESTANTES PARA O INTERIOR DOS ARMÁRIOS: dobre seu espaço para guardar as coisas dentro dos armários.

A BELEZA VAI À MESA: acrescente uma grande diversidade de cores, sabores (condimentos) e texturas a todos os pratos.

CORES APETITOSAS: dizem que os tons de laranja e amarelo ajudam a digestão.

UTENSÍLIOS DE COZINHA GRANDES: na bancada da pia, tenha sempre espátulas, colheres, batedeiras e pegadores à mão.

ENSINE TODOS A COZINHAR: é um ato de amor ensinar crianças e adultos a cuidar de si mesmos.

PRATELEIRAS PARA AS PANELAS: mantenha as panelas em local de fácil acesso *e* tenha um outro armário inteiro para guardar vasilhames extras.

SALPICOS DE COR: escolha para a bancada de granito da pia cores que complementem tons semelhantes nas paredes.

LISTA DE COMPRAS: coloque uma lista em seu mural e deixe que todos os membros da família acrescentem seus itens a ela.

ARTE DAS CRIANÇAS: tradicionalmente associada à maternidade, faz parte da cozinha.

REFEIÇÕES QUENTES: mantenha a comida quente pré-aquecendo os pratos com aquecedores elétricos divinos próprios para isso.

LOUÇA EXÓTICA: enfeite sua mesa com porcelanas diferentes (pode comprá-las baratas no bairro chinês).

MOSTRE SEUS INGREDIENTES: prateleiras decorativas de arame, enfeitadas com hera, são um pano de fundo atraente para os recipientes onde você guarda seus gêneros alimentícios.

## UMA NOVA TRADIÇÃO – O BANQUETE RECONFORTANTE

Uma vez por mês, faça um banquete de cujo preparo *todos* participam, fazendo o prato favorito de um membro da família.

# 25

# O banheiro

O TEMPLO DAS ÁGUAS

| FUNÇÃO PRÁTICA | FUNÇÃO EMOCIONAL |
|---|---|
| PURIFICAÇÃO | REVERÊNCIA |

## *O seu templo das águas*

Como um templo antigo de banhos, é aqui que você se reconecta com a pureza de seu espírito removendo de seu corpo os pecados e tentações do mundo. Esse cuidado consigo mesmo é tão fundamental que precisa ser tratado com *reverência*.

Experimentamos pela primeira vez os vários atos primordiais do banho quando bebês, quando nossa mãe trocava nossas fraldas e nos lavava numa bacia. Quer seus pais tratassem você com suave delicadeza, fazendo dessas tarefas atos de amor e carinho, quer fossem críticos demais, ásperos ou distantes emocionalmente, essas atitudes provavelmente se refletem na sua forma de manter seu templo das águas e de abordar os cuidados consigo mesmo, hoje.

Essas energias ainda existem nas maneiras pelas quais você vivencia a sacralidade de seu corpo, seu senso de privacidade durante suas abluções solitárias e o senso mais profundo de segurança quando você se encontra em situações vulneráveis, como quando está no banheiro. E isso tem tudo a ver com o modo pelo qual você se sente agora em relação ao valor de seu ser. Você merece ser recebido num templo de banhos revigorante e limpo toda vez que entra ali. Quer você esteja elevando seu banheiro ao nível de um *spa* cheio de mimos com piso aquecido, claraboia e uma banheira, quer esteja dando passos mais simples, como acrescentar cor, plantas, iluminação, velas, perfumes e música, o objetivo é criar um clima de veneração que sirva de ponto de apoio a suas tentativas de criar a imagem profissional ou social que a vida exige, qualquer que seja ela, mas partindo de um lugar autêntico dentro de você.

**AS REGRAS DESSE CÔMODO**

1. Um elemento visual de beleza que inspire você e levante seu astral.
2. Tapetinhos de material absorvente para evitar escorregões e quedas depois do banho.
3. Somente toalhas 100% de algodão – trocadas sempre que estiverem sujas e lavadas uma vez por semana.
4. Sabonete líquido sempre à mão.
5. Um rolo extra de papel higiênico perto do vaso sanitário.
6. Lata de lixo e escova para lavar o vaso colocadas discretamente ao alcance da mão perto do vaso.
7. Perfumador de ambiente (*spray*, velas, ou tabletinhos a serem postos em tomadas) em local inacessível às crianças.
8. Pia, banheira e vaso lavados *toda vez* que forem usados.
9. Uma porta com fechadura que funcione.

## Limpeza e serenidade

"Limpíssimo" é o único padrão permissível para o mais sagrado dos espaços de sua casa. A pia, a área do chuveiro, o vaso sanitário, o chão e os acessórios fazem você se sentir limpo toda vez que entra aí para se purificar? Ou você prende a respiração ao entrar e sai o mais rápido possível para fugir à sujeira do cômodo e, por extensão, à sua própria? É

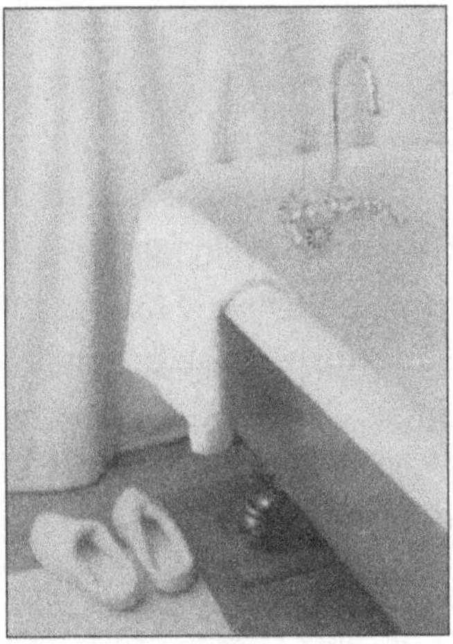

surpreendente o número de casas em que os banheiros são lugares fétidos e pútridos, em vez de espaços de purificação e rejuvenescimento. Você merece ser recebido num templo de banhos refrescantemente limpo toda vez que entra aí.

A purificação deve ser uma experiência rejuvenescedora, e não uma experiência traumática. Parece uma afronta pessoal encontrar resíduos deixados por outros e por isso é tão vital que todas as superfícies, espelhos e porcelanas estejam brilhando de limpeza o tempo todo. Uma escova para limpar o vaso, colocada atrás do mesmo, estimula a participação nessa limpeza. E o mesmo se pode dizer dos respingos deixados por meninos pequenos *e* grandes. Não há nada de engraçadinho em alimentar bactérias, nem no odor da urina. Coloque lenços de papel descartáveis perto do vaso e instrua os transgressores a usá-los toda vez que errarem o alvo. Isso vai estimular uma pontaria melhor e ensinar os malfeitores a respeitar os outros.

Deve-se exigir de todos que *deixem o banheiro limpo* depois de usá-lo, pois ninguém deve deixar restos de pasta de dente no ralo da pia, toalhas molhadas no chão ou lingerie pendurada na porta do box do chuveiro. Os pêlos dos barbeadores e os fios das escovas de cabelo nunca devem ser deixados na pia. O *Demodex folliculorum,* um ácaro comum no corpo humano, adora folículos da barba e das orelhas – razão suficiente para manter os barbeadores e escovas de cabelo limpos. É claro que limpo também significa com cheiro bom. Um perfumador de ambiente sempre deve estar à mão. Quando todos assumem a responsabilidade por manter o templo da purificação limpo e acessível, a reverência se torna uma segunda natureza.

## *A segurança é sagrada*

Depois da cozinha, o banheiro é o lugar mais perigoso de sua casa. Os acidentes acontecem frequentemente nesse cômodo, de modo que as medidas de segurança são vitais. As tomadas do banheiro devem ser protegidas por um interruptor de circuito – aqueles com botões vermelhos e pretos. Mantenha os aparelhos eletrônicos bem longe das fontes de água. Guarde os remédios em lugar seguro, inacessível às crianças e a hóspedes, e jogue fora todos aqueles que estiverem com a data de validade vencida (em geral, os remédios duram um ano. Instale barras de suporte nas quais as pessoas possam se segurar e tapetes de borracha nos chuveiros e banheiras se há idosos ou crianças morando na casa. E coloque cadeados à prova de crianças nos armários aos quais crianças pequenas tenham acesso. Se moradores com problemas de saúde usam o banheiro, tenha a segurança em mente e compre cadeiras e bancos reclináveis para usar embaixo do chuveiro numa loja especializada em produtos para a saúde. Crianças pequenas nunca devem ser deixadas sozinhas no banheiro, nem por um minuto. Afogamentos e queimaduras são perigos mortais. Estabeleça esse limite com elas *e com suas babás ou qualquer outro responsável.*

## As exigências do banheiro

RODO NO CHUVEIRO: passe o rodo nas paredes e vidros diariamente para controlar o mofo entre as faxinas.

BRANCOS COMO PÉROLAS: troque as escovas de dentes de três em três meses e esterilize-as frequentemente com seu produto favorito para enxaguar a boca.

O SILÊNCIO É OURO: um ventilador ou mascarador de sons (música, fonte de água) diminui a tensão e oferece privacidade.

OLÁ, PATINHO: deliciosos banhos de espuma e patinhos de borracha são excelentes Itens de Conforto no banheiro.

COMBATA O MOFO E O BOLOR: use somente cestos de material que absorva a umidade em seu banheiro, para evitar o mofo.

AQUI NÃO SE PERMITE IMITAÇÕES: jogue fora as imitações cheias de enfeites; compre toalhas de algodão absorvente.

SABONETE LÍQUIDO: compre *refills* para manter sempre os recipientes cheios.

GOSTAMOS DE UMIDADE: plantas que gostam de umidade, como a hera, dão vida e calor a banheiros frios.

ILUMINE O SEU DIA: um espelho que amplifique a imagem 7 vezes, com luz super clara, ajuda na aplicação da maquiagem.

BANHO DE CORES: repita as cores e estampas nas toalhas, cortinas e tapetes do banheiro para coordenar o visual.

UM ABRAÇO QUENTE: aquecedores elétricos de toalhas permitem que elas nos deem um abraço quente nas frias manhãs de inverno.

O TEMPLO DAS ÁGUAS DE TODOS: todos os que usam o banheiro devem ter seus ganchos e prateleiras.

TERRAS PANTANOSAS: proteja seus objetos de arte da umidade. Monte seus quadros com um vidro na frente e uma vedação apropriada atrás.

SEM PRESSÃO: o fluxo poderoso das descargas de ar comprimido logo carrega suas preocupações para a rede de esgotos.

SEM QUÍMICA: nos EUA a April Shower Euro oferece chuveiros de pH-balanceado que eliminam 99% do cloro da água.

DILÚVIOS RÁPIDOS: feche a torneira que alimenta o vaso sanitário e a pia sempre que estiver usando ou limpando esses itens.

COLÍRIO PARA OS OLHOS: azulejos pintados à mão, que formam mosaicos, ou pias douradas, elevam seus rituais de purificação a grandes alturas.

MOLDURAS RÁPIDAS: instale espelhos com molduras no banheiro.

ORA VOCÊ VÊ, ORA VOCÊ NÃO VÊ: a Séura TV Mirror e a Philips MiraVision usam "tecnologia inteligente" para incorporar uma tela de vídeo ao espelho de seu banheiro. Quando a TV está ligada, você vê a imagem da tela direto no seu espelho; quando está desligada, você vê um espelho normal.

## UMA NOVA TRADIÇÃO – O TRATAMENTO DE BELEZA *INTERIOR*

Se você luta com sua aparência ou imagem corporal, com problemas espirituais ou ansiedade emocional, ou deseja mais dignidade em sua vida, é provável que seu banheiro não esteja lhe proporcionando um ponto de apoio sólido. Comece a mudar essa situação usando o cômodo de uma outra forma. Chame a atenção de seus olhos para a função emocional do cômodo – reverência por sua vida – com uma arrumação dos objetos que fazem parte dele que transmita uma mensagem positiva a seu espírito – uma tigela cheia de pedras polidas, ou conchas do mar que invoquem a sensação rejuvenescedora de uma brisa do oceano e as profundezas primordiais da vida, por exemplo. Ou lembranças de suas origens pessoais, como fotografias de seus antepassados e assim por diante. Coloque no banheiro coisas que lembrem você da pureza e excelência do seu corpo, e temas que evoquem uma sensação de reverência por esse precioso corpo no qual você viaja pela vida.

Esse tratamento de beleza *interior*, é uma receita para levantar seu astral. Faça um uma vez por mês, ou sempre que precisar. Tome um banho quente de banheira à luz de velas. Acrescente um pouco de aromaterapia – velas perfumadas, banho de espuma, gotas de um extrato ou óleo essencial, ou galhinhos frescos de alecrim. Deslize lá para dentro e relaxe. Inspire o encanto da pureza e da luz que vêm de suas raízes, sabendo que, ao respirar, vai encher suas células com essas essências. Deixe o espírito do amor impregnar você, eliminando todas as mágoas e palavras ferinas que teve de suportar. Ponha para fora todos os pensamentos de vergonha ou humilhação que pode ter tido em relação a seu corpo ou a suas funções mais íntimas e vulneráveis. Deixe que sejam levados para o fundo. Encha sua mente com a percepção de que toda vida, em sua singularidade intrincada, é bela e totalmente aceitável. Sinta a carícia suave da água em sua pele, alimentando essa armadura defensiva. Compreenda que foi convidado a vir a esse mundo e tem um lugar aqui. Encha todas as células de seu corpo com a beleza dessa compreensão. Quando estiver bem alimentado, tire a tampa da banheira e deixe todos esses sentimentos imerecidos de falta de valor ir pelo ralo.

# 26

# O quarto

O SANTUÁRIO

| FUNÇÃO PRÁTICA | FUNÇÃO EMOCIONAL |
|---|---|
| SONO, RECOLHIMENTO E SEXO | INTIMIDADE |

## *O seu santuário*

Seu quarto é um santuário que restaura seu corpo e suas perspectivas com o *sono*, sua mente e seu equilíbrio emocional com o *recolhimento* (quer você use seus momentos de solidão para ler, meditar, escrever seu diário ou simplesmente experimentar roupas), e seu espírito e força vital com o *sexo*. Quer seja só seu, quer seja dividido com alguém, esse cômodo tem a função de satisfazer sua necessidade emocional de *intimidade* – tanto consigo mesmo como com outra pessoa. O respeito pela intimidade como uma necessidade legítima vai orientar você na concepção, decoração e manutenção desse cômodo para ele lhe dar o apoio de que precisa. Significa também que você não vai *vi-*

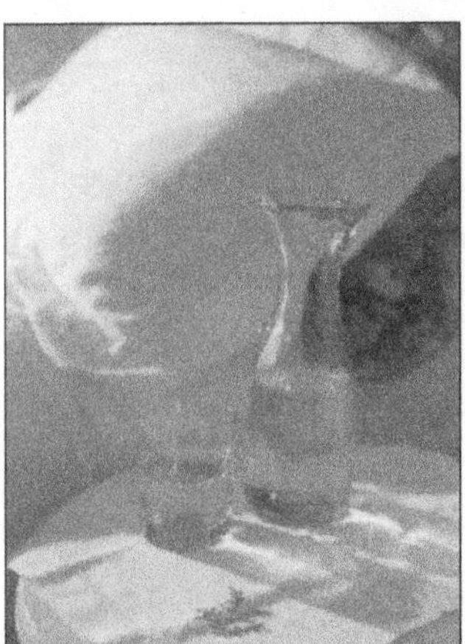

*ver* exclusivamente nesse cômodo: você não trabalha aqui, não come aqui e não recebe visitas aqui – a menos que esteja doente e de cama. A cama é a peça mais íntima dos móveis de sua casa. E é por isso que um monte de problemas e muita confusão se congregam em torno dela. A intimidade nem sempre é apropriada – necessita de proteção. Por isso o quarto foi chamado de *santuário*.

---

**AS REGRAS DESSE CÔMODO**

1. Circulação apropriada de ar fresco.
2. Roupas de cama com 100% de algodão.
3. Dois criados-mudos (com compartimentos) para as camas que não forem de solteiro.
4. Abajur e relógio com mostrador iluminado ao lado da cama.
5. Uma forma de falar com alguém lá de fora (telefone celular, botão de pânico etc.).
6. Banco, cabideiro ou cadeira para lençois extras, roupão ou roupas que vai usar amanhã.
7. Trancas de segurança nas janelas que possam ser graduadas para não abrirem mais que 10 cm.
8. Nada de TV no quarto de dormir.

---

## *Terreno comum*

Se você não está numa relação afetiva produtiva, mas gostaria de estar, precisa arrumar seu quarto de uma forma que ele satisfaça as funções de santuário para *dois*. Mantenha esse cômodo sem bagunça, sem funções que conflitem com a intimidade e use uma cama grande o bastante para os dois espalharem os membros por ela confortavelmente.

Para casais que dividem esse cômodo, os conflitos sobre decoração e uso do espaço que não forem resolvidos de maneira aceitável para ambos podem refletir as lutas pelo poder e as insatisfações que vão acabar corroendo os laços entre os dois. Algumas mulheres mantêm esse cômodo tão cheio de franzidos e babados que nenhum homem que se preze o chamaria de santuário. Inversamente, homens que fazem a decoração parecer que o quarto de casal é uma toca de bicho fazem soar uma nota discordante para as mulheres que estão tentando conquistar. Nesse cômodo os dois vão procurar um meio termo, um terreno comum – aquilo com que ambos concordam. O equilíbrio está em algum ponto entre os dois eus individuais, onde reside a sua união.

O importante é que ambos se sintam representados, de modo que possam construir juntos o seu leque de intimidade. Para realizar essa tarefa, use os exercícios do Capítulo 7, Ter estilo, para descobrir a paleta de cores de *cada um*. Não deixe de incluir as cores neutras. Depois junte as duas paletas e veja quais são as favoritas que os dois têm em comum. Se chegarem a uma cor de que ambos gostem, essa é a sua cor – para as paredes, os acessórios e as cortinas. O sistema de cores vai ser monocromático, com variações em tonalidades da mesma cor. Usem o mesmo exercício para tomar decisões sobre móveis, tipos de madeira e texturas de tecidos, e objetos de arte.

Numa união interpessoal, podemos cultivar o "eu" ao mesmo tempo em que alimentamos o "nós". O quarto é o espaço do lar onde "nós" nos unimos da maneira mais profunda e total. Portanto, é preciso encontrar um terreno comum ao conceber e traçar as linhas gerais da decoração do cômodo, assegurando que ambos tenham um espaço igual para seus pertences e para seu espírito, e uma responsabilidade igual por manter a limpeza, a organização e a condição de santuário desse cômodo. As mulheres não devem tomar a parte do leão no armário, mesmo que tendam a ter muita roupa. Esse cômodo é um espaço onde tudo é dividido, e isso significa que é um espaço de igualdade de direitos e deveres.

## Proteja o seu santuário

O tempo que você passa nesse cômodo é essencial para sua saúde física, mental e espiritual; ele serve de ponto de apoio para seu equilíbrio emocional, sua sensação de bem-estar e sua vontade de viver – você não pode permitir que ninguém lhe tire essas coisas por sua falta de vontade de fechar a porta e estabelecer limites. As crianças precisam saber o que significa uma porta fechada. Uma porta que possa ser trancada e um mascarador de sons que permita que os sons gerados ali dentro fiquem somente ali dentro são vitais neste cômodo, o mais privado de todos. A menos que você tenha um filho pequeno – bebê ou aprendendo a andar – que tenha de ser supervisionado o tempo todo, esse cômodo deve ser sacrossanto para as crianças quando sua porta estiver fechada.

Medo, exaustão, doença, alergias e insônia são aflições associadas a esse cômodo e que podem ser acalmadas, combatidas ou amenizadas se os problemas com ele forem enfrentados. Se você teve aqui ou em outro lugar experiências sexuais traumáticas, este cômodo provavelmente é uma MONTANHA-RUSSA EMOCIONAL para você. É da maior importância que você volte a considerá-lo um santuário. O Programa da Casa Terapêutica orienta você no sentido de continuar em frente e abrir-se novamente para a intimidade. Descubra seus sentimentos usando o método da limpeza espiritual para limpar seu cômodo cuidadosamente. Escreva (ou desenhe) a história de quaisquer violações e decepções sofridas em torno da questão da intimidade. Ponha num envelope as folhas onde a história de sua violação ou experiência ruim foi contada. Escreva no envelope "LEMBRANÇAS RUINS QUE NÃO VOU DEIXAR QUE AFETEM MINHA FELICIDADE FUTURA" e mande para o Departamento da Compreensão. É difícil nos desligarmos das experiências negativas de nossa vida mas este é um exercício simbólico, e, se você aceitar e acrescentar sua história ao banco de dados virtual das injúrias humanas, quem sabe um dia não se descobre uma forma de elas pararem de acontecer, não é mesmo?

Esses eventos não precisam definir toda a sua vida. Guarde o envelope no seu cofre (porão, sótão ou garagem), ou em qualquer outro lugar fora do seu santuário. Depois passe um tempo trabalhando na arrumação desse quarto. Transforme seu quarto num santuário terapêutico, restaurador, como forma de enfrentar as violações que sofreu em torno da questão da intimidade. Amar a si mesmo é o primeiro passo rumo a essa cura. Proteja a intimidade estabelecendo limites para quem tem permissão de entrar nesse cômodo e que tipos de interação são aceitáveis aqui.

Embora o quarto das crianças tenda a ter uma escrivaninha, o quarto de casal não é certamente um bom lugar para você instalar seu escritório – a menos que queira liquidar aquela sua parte mais íntima que une você com outro ser humano. Entretanto, se você precisar, em último caso, tornar este cômodo multifuncional, a segunda função precisa ser separada por cortinas ou alguma outra coisa que transforme o espaço em dois cômodos distintos. Esse é um limite indispensável que você precisa impor a si mesmo.

## *Hora de desligar*

Muito bem, TVS. Sabemos que muita gente as mantém no quarto de dormir por várias razões – ajudam a pegar no sono, fazem companhia e, principalmente, servem de preâmbulo. Mas, se há uma regra a quebrar, provavelmente é essa. Considere principalmente que o uso e a função desse cômodo estão em desacordo com o uso e a função da TV.

Nada contra a televisão – uma de nós assiste até demais, enquanto a outra é responsável por colocar um monte de material na tela. Só achamos que é preciso ter plena consciência do que significa esse meio de comunicação e, mais importante ainda, plena consciência quando se está assistindo algum programa. Tudo quanto vemos e sentimos ao assistir TV – propaganda, noticiário, dramas, comédias, realidade – nos *manipula* através dos sentidos para evocar um determinado pensamento, reação ou sentimento. Sua função número um é ser um instrumento de *marketing*; o entretenimento vem em segundo lugar. Os programas são "embalados" para causar impacto e esse meio de comunicação diz quando rir, chorar, sentir fome e o que fazer a respeito, assim como o que comprar imediatamente. E a maioria de nós coopera de formas bem previsíveis. É isso que faz dela um instrumento tão poderoso. É importante que os telespectadores estejam conscientes e alertas ao assisti-la, e não é esse o estado de espírito com que você deve estar na hora de dormir.

## *Um terço de sua vida*

A *in*atividade restauradora exige um terço de todo dia para ser eficaz; portanto, um colchão de boa qualidade deve ser uma de suas maiores prioridades. Você precisa do apoio físico da cama, de limpeza, iluminação e certos confortos aqui. Se acorda com dor nas costas, sente tensão nos olhos ao tentar ler ou sufoca com o ar viciado, faça mudanças para transformar esse cômodo num espaço fresco e reparador.

Como o corpo solta células mortas da pele e fios de cabelo enquanto dormimos ou trocamos uma roupa suja, a poeira é o maior problema do quarto de dormir. Isso significa que os ácaros da poeira – uma causa importante dos ataques alérgicos – existem aqui em abundância. É necessário lavar os lençois, varrer, passar o aspirador ou um esfregão no chão (inclusive embaixo da cama), e tirar o pó *toda* semana. Melhor usar detergentes e amaciantes sem corantes e sem perfume na hora de lavar a roupa de cama, e usar o mínimo possível de produtos químicos nesse cômodo. Não recomendamos cabeceiras estofadas nem dosséis – eles são um paraíso para os ácaros. Use capas protetoras como barreira contra agentes que causam alergia nos colchões e travesseiros. Também é uma boa ideia limpar o *ar* desse cômodo com um filtro de ar. Não existe nada melhor para ajudar a remover a poeira e os ácaros do ar, facilitando sua respiração a noite toda.

## As exigências do quarto

TUDO BEM ENCAIXADO: meça a largura, o comprimento e a *altura* antes de comprar roupa de cama. Os tamanhos variam muito.

LENÇOIS 100% DE ALGODÃO EGÍPCIO COM TRAMA COM GRANDE NÚMERO DE FIOS: respiram, não formam bolinhas e ficam cada vez mais macios com o tempo.

NADA DE QUÍMICA: use roupa de cama de fibras naturais para não ter de passá-las.

FECHOS PARA JANELA DE CORRER: fechos e trancas de segurança limitam a abertura da janela ao mesmo tempo que permitem a entrada de ar fresco.

CONDICIONADOR DE SOM: há simuladores de ruído que oferecem sons repousantes de água.

NO TURNO DA NOITE: forros de cor negra para encaixar embaixo das cortinas e bloquear o excesso de luz.

PERSIANAS DE ENROLAR ELETRÔNICAS: bloqueiam a luz com o apertar de um botão.

PROBLEMA DE ESPAÇO? Utilize o espaço vazio embaixo da cama para guardar suas coisas em caixas com tampas para evitar o acúmulo de poeira.

CABIDEIROS: deixam as roupas do dia seguinte convidativas, sem causar tensão.

FAMÍLIA PROIBIDA: não quer seus pais na cama com você? Então não ponha fotos deles no quarto.

DISCRIÇÃO ÍNTIMA: guarde objetos íntimos em caixas decorativas ou nas gavetas dos criados-mudos.

AMBIENTE SENSUAL: um monte de velas acesas é um convite ao romance.

ACABAMENTOS DECORATIVOS: transformam insossos varões de cortinas em detalhes divinos.

ARTE NO TETO: esse é o único cômodo no qual você pode ficar de costas olhando para o teto. Faça dele uma obra de arte.

CLIMA QUENTE? Escolha cores frias para o quarto de dormir para refrescar o cômodo (tons de violeta, verde e azul).

CLIMA FRIO? Escolha cores quentes para acender as paixões (tons de laranja, amarelo e vermelho).

## UMA NOVA TRADIÇÃO – A REVITALIZAÇÃO DAS RELAÇÕES AMOROSAS

Todo mundo passa por maus pedaços de vez em quando e poderia lançar mão de algo para ajudar. Experimente um encontro para a revitalização das relações amorosas quando sentir que as coisas estão desmoronando. Passe duas horas em seu santuário junto com o ser amado (ou só, se este for o caso), concentrando-se exclusivamente em endireitar o que lhe parece estar errado, seja qual for o problema. Acenda algumas velas, coloque música suave para tocar e entre num estado de curiosidade enquanto aprofunda sua conexão com o ser amado ou consigo mesmo. *Sonhos* é o tema desses encontros de revitalização.

Converse, faça carinho e revele a seu par amoroso (ou escreva em seu diário) seu sonho mais recente ou mais vívido – o sonho que você teve para sua vida antes deste momento, antes de vocês se conhecerem, o sonho que você tem hoje para uma vida em comum e seus desejos mais secretos e pensamentos mais profundos sobre a vida. Passar alguns momentos de verdade consigo mesmo ou com seu companheiro(a) é a maneira de alimentar a intimidade e refazer as conexões rompidas de sua vida ou de seu casamento, um ritual reparador que bem vale a pena repetir.

# 27

# O escritório

## O BANCO DE DADOS

| FUNÇÃO PRÁTICA | FUNÇÃO EMOCIONAL |
|---|---|
| NEGÓCIOS DA FAMÍLIA | VALORES E CONTABILIDADE/ SENSO DE RESPONSABILIDADE |

### *O seu banco de dados*

Seu escritório é o eixo em torno do qual giram as finanças de sua Casa Terapêutica, onde os *negócios da família* são tratados, e é essencial para sua *contabilidade* e responsabilidade pelo espaço que ocupa nesse planeta.

Antigamente as pessoas guardavam e faziam suas contas com facilidade na mesa da cozinha, mas isso na época em que só havia algumas faturas de água e luz e a prestação da casa própria ou o aluguel para quitar. Hoje, nossa economia é cada vez mais movida a serviços e a papelada aumentou exponencialmente. Múltiplos contratos de serviços (telefones celulares, TV a cabo, Internet, sistemas de segurança particulares, controle de pragas, manutenção do forno, faxina da casa) assinaturas, participação em entidades, taxas de banco – não param de crescer. Multiplique tudo isso pelo imposto de renda, que exige documentos detalhados, e o quociente de estresse em torno das finanças fica claro. Sua casa é uma miniempresa. Você precisa de um escritório, não só para resolver os negócios da família, mas também para satisfazer uma função emocional, que é a dignidade e o *valor* que lhe é atribuído quando você mostra responsabilidade por seu consumo. Encare a realidade de ser uma pessoa adulta e compre o equipamento apresentado abaixo nas regras desse cômodo. Depois jogue fora aquela mentalidade de caixa de sapatos para guardar os recibos dos impostos e a ideia de que dinheiro não é importante.

---

**AS REGRAS DESSE CÔMODO**

1. Todos os arquivos e equipamentos do escritório devem estar ao alcance da mão.
2. Uma cadeira ergonômetra reclinável para você trabalhar, e cuja altura possa ser ajustada.
3. Uma mesa com um bom espaço para as pernas e uma boa área de trabalho em cima.
4. Abajur ajustável para evitar ofuscamento e tensão ocular.
5. Um lugar para pôr sua lista de TAREFAS, seu PLANO QUINQUENAL e seu orçamento.
6. Pastas e um armário (ou uma caixa própria) de arquivos para guardar seus recibos.
7. Um sistema de contabilidade fácil de usar (computadorizado ou um livro-razão).
8. Prateleiras, caixas para guardar seus papeis e arquivos em ordem alfabética para facilitar a organização.
9. Luz natural, plantas e elementos de beleza para lembrar você porque trabalha.

---

## Organize as contas da casa

Todo lar precisa de uma rotina organizada de arquivamento e de um sistema de contabilidade, senão você começa a perder o controle de suas finanças e os credores passam a persegui-lo com cartas e telefonemas constrangedores, sem falar na infelicidade que se apossa de você à medida que perde a autoestima, o crédito e os privilégios financeiros um a um. Esse conflito pode abalar as pedras angulares de sua Casa Terapêutica, fazendo surgir o tumulto interior. O dinheiro é o principal pivô das brigas e separações dos casais. Tornar-se um membro maduro e cooperativo de sua família – e da sociedade – significa aprender a montar uma estratégia e planejar seu futuro com medidas passo a passo que levem a uma conclusão lógica. Desse modo, você assume responsabilidade por suas opções e conquista dignidade por ser alguém que merece confiança e assume seus atos e excessos.

Organize e mantenha suas contas organizadas para ter um quadro preciso de seus hábitos de consumo em contraposição à renda tangível; depois você pode fazer as mudanças necessárias para manter o equilíbrio (emocional e financeiro) e viver de acordo com seus recursos reais. Se você não tem um armário para seus arquivos, compre uma caixa de papelão própria, com tampa e algumas pastas. Reserve um sábado para definir categorias permanentes de contabilidade para seu novo armário ou caixa de arquivos para toda despesa doméstica frequente. As categorias mais comuns são as seguintes:

**TIPOS MAIS COMUNS DE DESPESAS DOMÉSTICAS**

| | |
|---|---|
| CARRO (gasolina, consertos, seguros) | SEGUROS |
| LIVROS E ASSINATURAS DE PERIÓDICOS | INVESTIMENTOS |
| TV A CABO | COMIDA E ENTRETENIMENTO |
| DOAÇÃO A INSTITUIÇÕES DE CARIDADE | MÉDICO |
| ROUPAS | PRESTAÇÃO DA CASA PRÓPRIA/ ALUGUEL |
| ACESSO AO COMPUTADOR | SUPRIMENTOS DE PAPELARIA |
| IMPOSTOS E TAXAS JURÍDICAS | CORREIO |
| EQUIPAMENTO E SUPRIMENTOS | IPTU |
| PRESENTES | CONSERTOS E MANUTENÇÃO |
| SUPERMERCADO | TELEFONE |
| PRODUTOS DE BELEZA | ÁGUA E LUZ |

Coloque-os em ordem alfabética em seu novo "armário de arquivos". Você só vai ter de fazer isso *uma vez*. À medida que for pagando suas contas ao longo do ano, escreva a data e a quantia que está saldando e o número do cheque em todo recibo, e guarde-o na sua respectiva categoria na pasta de arquivos. Se você pagar por telefone ou pela Internet, anote o número do protocolo.

Quando seus cheques cancelados voltarem do banco, adquira o hábito de colocá-los também na pasta de arquivos da categoria em pauta, sempre colocando o último documento na parte de baixo do arquivo para eles ficarem em ordem cronológica. Isso só vai lhe tomar uns minutinhos por mês. Mas agora você tem prova de todos os seus pagamentos e, quando chegar a hora de fazer seu imposto de renda, seus documentos já estão pré-selecionados para você por data e categoria.

No fim do ano, retire os recibos de sua pasta, prenda-os com um clipe por categoria e guarde-os com seus documentos de impostos num envelope. Dessa forma, você começa o ano novo com as pastas de arquivo vazias em seu armário, prontas para os recibos do ano. Você vai adorar realmente esse sistema quando precisar encontrar um recibo antigo para usar um seguro qualquer.

Você precisa manter os arquivos financeiros em ordem por causa dos impostos, e arquivos melhores significam mais deduções nos impostos – por que as grandes empresas acabam ficando com todos os descontos nos impostos?

Mas como fazer o balanço dessas contas? Leia o verso do demonstrativo do banco; ele explica os passos. Recomendamos enfaticamente um *software* maravilhoso chamado Quicken, que não só vai facilitar resolver o problema de fazer o balanço, como também vai lhe dar um diagrama instantâneo de seus hábitos de consumo para ver onde se originam seus problemas de orçamento.

## Destino: o SUCESSO! Concretize seus projetos

Além da contabilidade, seu escritório deve servir de ponto de apoio a qualquer atividade empresarial ou projetos pessoais que você tenha. As mães que ficam em casa estão engrossando essas fileiras a uma velocidade tão alarmante que agora já têm até um nome: *mãepresária*. Mas, se você tem dificuldade em terminar seus projetos, ou fica sem criatividade no meio do caminho, não é a única. Não há dúvida de que existe muita gente talentosa, com ética profissional e motivação, mas cujos projetos nunca dão em nada porque não são terminados. Eis aqui uma estratégia para ir até ao fim em seus empreendimentos – se bloqueios de criatividade forem o problema.

Faça um Mapa de Progresso para detectar o ponto crítico em que você pára. Você pode fazer isso desenhando um mapa de seu projeto como se fosse um mapa rodoviário. Sua viagem tem um começo, um meio e um fim. Ele não precisa ser uma coisa do outro mundo. Um simples mapa rodoviário com as paradas ao longo do caminho de seu projeto vai servir perfeitamente – o estágio da ideia, da produção, da venda e assim por diante. Faça também os mapas dos projetos anteriores dos quais você acabou desistindo. Compare-os. Onde é que você desiste? Depois do estágio da ideia, no meio do estágio de desenvolvimento, na fase de produção, venda, promoção ou alguma outra? Fazendo seus Mapas de Progresso, você identifica onde seus esforços tendem a ficar sem combustível. Esse ponto de parada em sua viagem é como uma parte desolada da estrada, sem um único posto à vista para você encher o tanque. Você precisa resolver o problema da falta de combustível *antes* de chegar ao lugar em que ela costuma lhe faltar (use o mesmo procedimento se questões financeiras forem problema para você: onde é que você desmorona? No estágio da definição do orçamento? Na hora de guardar os recibos? Na hora de classificar os recibos? Na hora de fazer o balanço do talão de cheques? Na hora de fazer o cheque? Descubra seu ponto de ruptura. Depois fica fácil encontrar a resposta).

Quer seu trabalho pare por medo de rejeição, por necessidade de perfeição (que, na verdade, são a mesma coisa), falta de informações ou qualificação, ou porque você simplesmente *detesta* fazer essa parte do trabalho, os remédios apresentados a seguir são recursos para você ligar seu motor de novo:

1. MUDE O FOCO DE SEU OBJETIVO: mude seu objetivo de "fabricar um produto final *perfeito*" para "produto" pura e simplesmente. Como dizemos no campo das letras "Não precisa estar ótimo, mas precisa estar no papel".

2. OBTENHA INFORMAÇÕES: compre um livro ou faça um seminário para adquirir o conhecimento necessário para superar esse obstáculo com novas ferramentas. O estímulo vai reacender sua paixão.
3. PROCURE AJUDA: terceirize uma parte do projeto, contrate um assistente ou faça uma sociedade com alguém que possa pegar a bola do chão no lugar em que você a deixa cair (talvez aquele seu filho que adora matemática possa fazer o balanço do talão de cheques para você). O que é um suplício para você pode ser um grande prazer para outra pessoa.

Embora você pague um preço por qualquer desses recursos, o custo de não alcançar seu objetivo, nem chegar ao sucesso, é maior ainda. É melhor usar os Mapas de Progresso e procurar ajuda.

## Dicas extras para seu escritório

*BACKUPS* PERIÓDICOS: os computadores estragam e os dados desaparecem. Use um programa para fazer seus *backups*.

MESAS/ESCRIVANINHAS EM FORMA DE L OU U: essas formas são as melhores para escritórios domésticos com uma grande carga de trabalho.

PRATELEIRAS BARATAS: faça-as com belas cestas e caixas. Não se esqueça de lhes colocar etiquetas.

ABAJURES PARA TRABALHAR: lance bastante luz sobre a área de trabalho, e não em seus olhos ou no monitor do computador.

MONITORES DE TELA PLANA: eles ocupam menos espaço em sua mesa, deixando mais lugar para você trabalhar.

BANDA LARGA: logo ela vai baixar filmes em sua casa. Comece a usar já!

CORES MAIS QUENTES: vermelhos, laranjas e amarelos são cores otimistas que estimulam o raciocínio.

ARTES PLÁSTICAS PARA SUAS REALIZAÇÕES: murais de objetivos, prêmios, placas, diplomas e certificados inspiram o trabalho.

DENTRO DO ARMÁRIO: esconda seu escritório dentro de um armário com porta de correr. Organize-o na vertical.

ARQUIVOS-LEMBRETE: arquive suas contas no seu calendário mensal uma semana antes da data de vencimento para avivar a memória.

RASGUE AGORA PARA NÃO CHORAR DEPOIS: rasgue todos os seus documentos financeiros antes de jogá-los fora para evitar roubo de identidade.

BRINCADEIRA DE CRIANÇA: crie um escritório de brinquedo dentro do seu. Seus filhos podem imitar você e ficar sob a sua vista.

DICA DE LIMPEZA: esfregue o teclado e o *mouse* de seu computador com álcool para retirar a sujeira grudada neles.

POSTURA DE TRABALHO: suas costas, cotovelos e joelhos devem fazer um ângulo de $90^0$, com os braços relaxados.

## UMA NOVA TRADIÇÃO – REVITALIZE SUA RELAÇÃO COM O TRABALHO E O DINHEIRO

Se esse cômodo é uma MONTANHA-RUSSA EMOCIONAL para você, e as coisas saíram do controle na sua relação com o dinheiro, o trabalho e as prioridades, consulte seu PLANO DE VIDA QUINQUENAL para se lembrar do quadro inteiro. É responsabilidade sua atender todas as áreas de sua vida. Se está sem trabalho, atolado em dívidas, ou perdido quanto ao que fazer para remediar a situação; ou se trabalha o tempo todo e nunca relaxa; ou não consegue administrar suas finanças porque nunca precisou fazer algo na vida... faça uma lista de tudo o que sabe fazer bem e de tudo o que gosta de fazer. E se consolar e animar uma criança que está chorando, vender alguma coisa, seja o que for, dar palestras, cozinhar, costurar, dormir no sofá, dirigir, escrever, construir engenhocas que facilitem o trabalho, ou qualquer outra coisa for aquilo que você adora fazer ou faz bem, ponha no papel. Depois divida a lista em três categorias:

- As coisas que acha que poderiam lhe dar um retorno financeiro.
- As coisas que lhe dariam gratificação emocional por contribuirem para o bem-estar dos outros.
- Seus prazeres culpados.

Se você se esforça demais, trabalha e se doa o tempo todo, precisa ceder a alguns de seus *prazeres culpados* e liberar-se de alguns de seus deveres. Se tem coragem suficiente para admitir que tem direito ao prazer, precisa concentrar-se na coluna da *contribuição* e usufruir as dádivas do servir. Não há riqueza maior. E se precisa de uma arrancada nas suas finanças, reveja sua lista inicial das coisas que adora fazer e que estão na coluna do *retorno econômico* potencial. Há oportunidades empresariais aqui. Martha Stewart construiu um império multibilionário fazendo o que mais gostava de fazer, e começou vendendo as tortas que assava em sua própria cozinha.

Comece seu *brainstorming* com papel e lápis e use seu escritório como um centro de pesquisa começando a coletar dados sobre mercados e produtos e sobre a forma de estruturar o projeto de um pequeno negócio. Talvez a sua seja a próxima patente, o novo serviço imperdível por assinatura ou o próximo título público multimilionário oferecido pela NASDAQ. É só lembrar que fazer algo que você adora fazer é a melhor forma de ganhar dinheiro, porque o trabalho se torna um prazer, e não um castigo.

# 28

# Cômodos extras

Infelizmente é impossível explorar aqui todos os cômodos possíveis, mas você já tem agora as ferramentas para identificar o significado que os cômodos têm para si, assim como as funções práticas e emocionais que eles satisfazem e como avaliar as Quatro pedras angulares de uma Casa Terapêutica. Use as doze regras da casa em todos os cômodos para melhorar sua atmosfera e função. Quando cuidar desses e de outros cômodos extras, use as notas que guardou em seu *Fichário de Decoração da Casa Terapêutica* e tenha em mente uma coisa: seu lar tem todas as respostas para suas perguntas. Basta abrir os olhos e ouvir o que diz seu coração.

# A sala de jantar

A SUA TÁVOLA REDONDA

| FUNÇÃO PRÁTICA | FUNÇÃO EMOCIONAL |
|---|---|
| COMUNHÃO | RELAÇÕES AFETIVAS |

## *A sua Távola Redonda*

Se a comida é servida na sala de jantar, assim como na cozinha, sua távola redonda está ligada a refeições formais num ambiente especial. Até o jantar de família habitual nesse espaço está num nível diferente de qualquer refeição feita na copa. O desjejum aqui é mais cerimonioso, e as relações afetivas aqui são tanto mais profundas quanto mais contidas do que quaisquer outras estabelecidas em sua casa.

A única palavra da cultura anglo-americana para a atmosfera elevada possível aqui é *fraternidade*, por isso a referência aos Cavaleiros da Távola Redonda para definir o significado desse cômodo. Mas não é só para irmãs e irmãos, é para todos, inclusive crianças e idosos. Se a sua não é assim, talvez você tenha o tipo de sala de jantar em que muitíssimas famílias brigam. Os conflitos na Távola Redonda – com hostilidade e desprezo engolidos junto com a comida – vão destruir sua Camelot, exatamente como aconteceu com a do rei Artur. Comer e brigar são como água e óleo, coisas que não se misturam. Os casamentos e as famílias muitas vezes desmoronam devido a uma falta de relações afetivas, o que torna as tentações que vêm de fora convidativas. Quando a cola que mantém as famílias juntas é forte, as tentações de abandoná-la ou traí-la têm pouca força. Crie essa atmosfera aqui.

---

### AS REGRAS DESSE CÔMODO

1. A mesa é o ponto focal – mantenha-a limpa e arrumada, pronta para uso.

2. Os centros de mesa devem ser baixos, para não impedir que as pessoas se olhem nos olhos.
3. Guardanapos de pano e velas que não pinguem na mesa criam o diapasão certo: boas maneiras.
4. Cadeiras confortáveis de espaldar reto e cadeirões para jantares mais informais.
5. Não é permitido brigar – leve os conflitos para a sala de visitas e debata-os lá.

---

### UMA NOVA TRADIÇÃO – TODO MUNDO CONTA

Em toda refeição, deixe todas as pessoas à mesa contarem algo que aconteceu no seu dia.

# O quarto das crianças

O FORTE

| FUNÇÃO PRÁTICA | FUNÇÃO EMOCIONAL |
|---|---|
| BRINCADEIRAS/ESCONDERIJO | VIR-A-SER |

## O forte deles

Não é seu quarto, é deles. Cidadãos autônomos e bem-pensantes desenvolvem-se em espaços livres pelos quais assumem a responsabilidade. É por isso que esse quarto começa com *brincadeiras*, onde os brotinhos são cuidados, e transforma-se num *esconderijo*, onde os rebeldes mais velhos podem tramar suas sublevações. Elas têm de ser feitas. Até você fez. Esse é o espaço das pessoas que seus filhos *virão a ser* um dia – apesar do ambiente familiar, em reação a ele ou com sua orientação. Como disse Kahlil Gibran em *O profeta* "Eles vêm através de você, mas não são seus e, embora estejam com você, não lhe pertencem". Portanto, dê-lhes segurança e deixe-os ser.

Para ter quartos seguros para bebês e crianças pequenas, ponha tampa nas tomadas de aparelhos elétricos, proteja as extremidades duras dos móveis e prenda bem as estantes e armários às paredes. Sempre leia as etiquetas para saber, em cima ou dentro, em que substâncias químicas seu bebê está dormindo. Alguns colchões de bebê ainda têm fósforo, arsênico e antimônio, que dizem liberar gases tóxicos quando chegam à temperatura do corpo ou ficam empapados de urina, trazendo possíveis riscos à saúde e à vida. O lema do programa da Casa Terapêutica continua sendo: puro e natural é sempre melhor. Instale tapetes de borracha coloridos nas áreas onde as crianças brincam e onde pode haver brincadeiras turbulentas. E crie sistemas de organização praticáveis para roupas e brinquedos que ensinem os baixinhos a respeitar o próprio espaço pessoal. Deixe que eles mesmos escolham suas roupas na noite anterior e coloque-as num cabideiro próprio para crianças, uma rotina que também vai ajudá-los a criar bons hábitos de cuidados pessoais.

---

## AS REGRAS DESSE CÔMODO

1. Tudo à prova de criança! Visite a página da *Good Housekeeping* em iVillage.com para uma lista abrangente de dicas.
2. Inclua móveis que também funcionem como brinquedos e instrumentos de aprendizado.
3. Escolha uma paleta de cores bem alegre e objetos de arte que estimulem, acalmem e inspirem. Faça uma viagem de campo com seu filho para estimular os músculos de seu estilo pessoal.
4. Escrivaninhas (siga as Regras do Escritório) para crianças que estão em idade de fazer deveres de casa.
5. Tapete, almofadas e lençois anti-alérgicos.
6. Estantezinhas com divisórias para organizar os pertences de seu filho, que não machuquem dedinhos e estejam de acordo com sua altura e idade.
7. Cesto de roupa suja (inclua levá-lo para a lavanderia em seu Diagrama das Tarefas Domésticas).
8. Uma lanterninha para eles brincarem de forte e se sentirem seguros à noite.

9. Privacidade – no nível apropriado à idade de cada um.

10. Deixe as crianças decorarem seu quarto da forma que quiserem (imponha um código de obediência a normas de saúde mas, fora isso, feche a porta se o resultado for horroroso).

11. Nada de TV no Forte, pois ela promove o isolamento (ver Regras do Quarto). E, até que os deveres de casa exijam mesas separadas, mantenha as crianças brincando num computador de uso coletivo.

### Uma nova tradição
UMA HISTÓRIA TODA NOITE – SEM EXCEÇÃO!

Crie rotinas que consolidem os vínculos afetivos, como hora de contar histórias antes de dormir no forte dos pequenininhos. Quando você trabalhar até tarde ou a babá estiver em sua casa, eles ainda podem ouvir a história que você gravou com antecedência. Há modelos de gravadores próprios para crianças, com grandes botões coloridos que dedinhos pequenos podem apertar para ouvir a voz da mamãe ou do papai sempre que precisarem.

# O Ateliê/Oficina

ESPAÇO DE TRABALHO E EXPRESSÃO

| FUNÇÃO PRÁTICA | FUNÇÃO EMOCIONAL |
|---|---|
| ARTES CRIATIVAS | EXPRESSÃO |

## O seu espaço de trabalho e expressão

*Criar obras de arte* – seja com tinta, vidro, tecidos, barro, pedra, cerâmica, tecelagem, metal, madeira, fotografia, dança, teatro ou música

– deve ter um espaço próprio. Se esse trabalho está sendo feito na sala de jantar, é provável que você tenha de se mudar antes do término do projeto. Criar o espaço para a arte dá licença para a *expressão* de sua alma, sem a qual ela fica muda.

Ninguém é uma coisa só: Você não é "só" um(a) vendedor(a), uma dona de casa, um mecânico ou homem/mulher de negócios. Somos mães *e* pintoras, pais *e* músicos, estudantes *e* empresários, escriturários *e* fotógrafos, garçonetes *e* bailarinas, artistas performáticos, escultores, escritores e mais. Classificar rigidamente a si mesmo ou qualquer membro de sua família não combina com a vastidão do potencial humano. O verdadeiro senso de identidade ainda está por ser descoberto; um ateliê é o lugar onde você pode começar a traçar um quadro mais completo de seu ser. É um processo de nascimento: respeite-o com um cômodo só para ele.

---

**AS REGRAS DESSES CÔMODOS**

1. Se não houver luz natural, adicione uma claraboia ou uma lâmpada com todo o espectro da luz solar.
2. Boa circulação de ar.
3. As ferramentas próprias à arte de sua eleição e muito espaço de trabalho.
4. Barreiras de som.
5. Um ShopVac, que aspira o pó e faz limpeza com jato d'água.

---

## UMA NOVA TRADIÇÃO
### FESTEJE A CRIAÇÃO DE SUAS OBRAS

Mostre seu trabalho em casa. Faça uma exposição em seu lar, com bebidas e amigos. Comemore a existência de sua centelha criadora e, sempre que terminar um projeto, dance uma música qualquer.

# A Lavanderia

O RIO

| FUNÇÃO PRÁTICA | FUNÇÃO EMOCIONAL |
|---|---|
| LAVAR E DOBRAR ROUPAS | NOVOS COMEÇOS |

## O seu rio

Como é que pode uma lavanderia ter um significado? É uma lavanderia, e pronto! É claro que você já sabe que a sua função é lavar as roupas e, se aí houver um espaço adequado, passá-las a ferro e dobrá-las também. Mas, se você ignora sua função emocional, talvez esteja batendo suas roupas em um lugar sujo e encardido. É assim que toda a família está lavando sua roupa? Esse cômodo é onde o futuro nasce do passado. É evidente que ele lhe proporciona um *novo começo.* E é bom saber que hoje em dia lavar roupa não é mais serviço de mulher, é obrigação de todos que sujam as roupas! As crianças pequenas, por sua vez, são capazes de ajudar a dobrá-las.

O cômodo de sua lavandeira pode ser descentralizado, com partes do trabalho distribuídas por pontos diferentes da casa. De qualquer modo você precisa de um espaço limpo, luz, objetos de arte e detalhes divinos para suportar essa tarefa e organizar soluções – como lugares adequados para os produtos usados na lavagem e cestas, tanto para a roupa suja quanto para a roupa limpa que está esperando ser dobrada. Use frequentemente um aspirador de pó para limpar as saídas de ar, e instale uma válvula de segurança – na altura dos olhos – no cano de saída de água de sua lavadora para evitar inundações se os canos de entrada de água deteriorarem em pontos que você não vê.

**AS REGRAS DESSE CÔMODO**

1. Limpe-o quando limpar o resto da casa.
2. Cestas que possam ser empilhadas umas em cima das outras para facilitar o fluxo de trabalho – cestas para roupas sujas, limpas, dobradas, coloridas, brancas etc.
3. Uma mesa (que pode ser puxada para fora ou encostada à parede para separar e dobrar as roupas.
4. Muita luz natural e verde (use lâmpadas com todo o espectro da luz solar se este for um cômodo sem janelas.
5. Música – um toca-CD ou rádio devolve a vida a esse cômodo que seu horror a dobrar roupas tenta matar.
6. Varais internos para pendurar/secar roupas que têm de ser lavadas à mão.

### UMA NOVA TRADIÇÃO – TRABALHAR COM MÚSICA

Quando as pessoas lavavam roupas às margens dos rios, a tradição era cantar músicas maravilhosas para amenizar a monotonia daquela tarefa mundana. De hoje em diante, encha suas obrigações de lavar roupa com música – vinda de um rádio, de um CD *player* ou de sua bela garganta.

# Porão, garagem, sótão e despensa

SEUS COFRES

| FUNÇÃO PRÁTICA | FUNÇÃO EMOCIONAL |
|---|---|
| DEPÓSITO | RECORDAR |

Dependendo do tipo de cômodo que você tem para guardar suas coisas – das pesadas malas da família a ferramentas que você pode usar – esses *depósitos* podem parecer uma masmorra, um museu ou um tesouro escondido. Faça sua escolha e transforme esses lugares em pontos de honra de sua história e, como diz a poetisa Robin Morgan "Não repudie nenhuma de suas transformações". Faça isso com o que tanto os organizadores profissionais quanto os psicólogos chamam de *compartimentalização*. Ponha as coisas em sua perspectiva própria e em seu devido lugar, etiquetando-as para poder achá-las e para poder *recordar*, e protegendo-as do roubo e da destruição; e protegendo a si mesmo das arestas obscuras e do significado que têm para você.

---

**AS REGRAS DESSES CÔMODOS**

1. Use soluções para combater pragas (prateleiras sólidas, caixas resistentes).
2. Etiquete suas caixas com pincéis atômicos de tinta permanente e organize-as por função.
3. À prova de fogo (nada de materiais combustíveis perto de interruptores de luz ou botões de gás; extintor de incêndio à mão e em perfeitas condições de uso perto da porta).
4. Mantenha as ferramentas à mão; os documentos relativos às suas finanças devem ser guardados por cinco anos (como exige o Imposto de Renda do Brasil); as recordações que fazem você se sentir bem também devem ser fáceis de encontrar; e suas recordações tristes, ruins ou lamentáveis (que você não pode jogar fora) devem ser postas em caixas, etiquetadas e guardadas em segurança em compartimentos que fiquem fora do seu caminho.

---

## UMA NOVA TRADIÇÃO – FAXINA DE SETE EM SETE ANOS

Faça uma faxina nessas áreas de sua casa, em regra, a cada sete anos. Rasgue documentos financeiros que já perderam a função. Substitua ferramentas quebradas que andou planejando consertar e reveja sua Caixa de Objetos Repulsivos. Você pode ficar surpreso(a) ao descobrir que não precisa mais guardar certas coisas.

# 29

# O jardim

ÉDEN

| FUNÇÃO PRÁTICA | FUNÇÃO EMOCIONAL |
| --- | --- |
| CULTIVO E COLHEITA | SERENIDADE |

## *O seu Éden*

Paz e tranquilidade são as dádivas que você recebe desse espaço ao ar livre. Não se trata de ter mão boa para plantar. Precisamos passar ao menos algum tempo ao ar livre todos os dias ao sol, sob a chuva e em contato direto com a terra para termos saúde e sentirmos que nossa vida vale a pena. O espaço do jardim – quer seja uma grande extensão

de verde exuberante ou um campo cheio de relva, cultivado ou virgem, um pedacinho minúsculo de terra ou um vaso embaixo de uma lâmpada Gro-Lite – dá a você a base do que é viver: vir da semente, lutar, germinar, romper barreiras, lançar brotos e, meu Deus, florescer! E depois, como se florescer não fosse o bastante em sua exuberância e esplendor, dar frutos, *produzir* alguma coisa – alimento que tem o sabor do sol, da chuva, do divino e que, se deixado por conta própria, simplesmente cria vida nova. E essa é a base do que é viver numa Casa Terapêutica, o espaço que faz você crescer.

Mas por que essa ligação com o processo de *cultivo e colheita* nos dá *serenidade?* Porque há nele a compreensão de que isso é tudo quanto você precisa: um pouco de pó da terra (e quem não tem o suficiente?), umas gotas de chuva e, se deixado(a) por conta própria, você vai crescer e transformar-se em alguma coisa. Uma hora vai florescer e, por fim, produzir algo delicioso ou brilhante ou realizador. Que maravilha! Tudo é possível.

## *Pratique criar*

Plantar alguma coisa que alimente você é um exercício de criar que não implica riscos. As frutas, legumes e verduras que nos vendem nos supermercados tornaram-se imitações sem gosto de seus antigos eus, colhidos antes de amadurecer e sem a doçura e nutrição básica dadas a nós pelo cultivo. Recupere seu jardim e sua horta e reexperimente a cornucópia de delícias que estão à disposição de todos que ousarem participar; se fizer isso, nunca mais vai concordar em viver em nada menos do que uma Casa Terapêutica. Até a jardineira ou janela de um apartamento minúsculo podem ficar cheias de plantas, legumes e verduras em vasos, e de flores também. As sementes e os insetos que se alimentam de néctar vão estimular pássaros canoros e beija-flores a vir fazer uma visita e ficar por ali.

Plante sementes que podem germinar – alimente e cuide de alguma coisa durante um bom tempo, assista o crescimento e arranque as ervas-daninhas e, por fim, colha as recompensas das frutas maduras – elas não têm a tendência de acabar na terapia. Cultivar esses seres vivos é uma recompensa tangível que, por sua vez, nos alimenta e ensina o que é gratidão. E criar uma Casa Terapêutica é criar espaço não só para nós mesmos, mas para as dádivas da comunidade maior, da terra inclusive.

Ao trabalhar em seu jardim ou horta, lembre-se de que está plantando também as sementes de seu futuro. Faça planos de ação de longo prazo no sentido de nutrir as sementes de seus sonhos para elas darem frutos que vão alimentar seu espírito. Comece com seu jardim ou com sua horta e depois aplique essas lições à sua vida, que vai ficar bem alimentada.

---

**AS REGRAS DO JARDIM/HORTA**

1. Olhe para o seu jardim/horta todos os dias e passe meia hora ao ar livre.
2. Plante e colha alguma coisa que alimente você, mesmo que seja cebolinha-verde numa jardineira, ou um tomateiro num vaso à janela.
3. Traga flores frescas para sua casa *toda* semana, o ano todo, mesmo que seja um simples cravo.

---

## Seu espaço ao ar livre

Seu espaço ao ar livre talvez precise servir a vários senhores – esportes, atividades da família, ginástica, jardinagem, sala de jantar, para citar apenas os mais comuns. Separe suas áreas de lazer ou quadra de esportes das áreas onde pretende cultivar a serenidade com figueiras, palmeiras ou bancos e coisas do gênero. Tapetes de borracha encaixáveis podem constituir um piso flexível ao ar livre que vai manter seu equipamento em bom estado e ainda ser uma maravilhosa solução de demarcação.

Se você recebe seus amigos e familiares com frequência, as churrasqueiras maiores têm divisórias laterais para os pratos enquanto você cozinha. O grill a gás é ótimo porque pode ser ligado e desligado instantaneamente (use-o somente ao ar livre), além da ausência do fluído usado para acender as churrasqueiras no sabor dos grelhados. Mas você ainda vai precisar de uma garrafa de água com borrifador para controlar as chamas altas que aparecem por causa dos pingos de gordura, e de um extintor de incêndio para problemas mais sérios com o fogo. Agora os grills mais modernos têm queimadores laterais embutidos e, em alguns casos, geladeiras, frigideiras fundas, bufês para servir petiscos, resfriadores de vinho, aquecedores de alimentos, gavetas para fazer gelo com seus recipientes e *mais*. Tenha seu próprio *chef*.

## *O grupo do dedo verde*

Dos jardins japoneses que lembram desertos e exigem pouca água para sua manutenção aos aromáticos e exuberantes jardins ingleses que precisam de muita água, vibrantes com suas flores e borboletas, a pequenas jardineiras com manjericão, salsa e cebolinha, suas opções são muito variadas. Mas o tamanho de seu Éden deve estar de acordo com o tempo que pode dedicar a ele. Seu jardim deve ser um prazer, não uma obrigação. Lembre-se, uma flor perfeita não vem necessariamente de um jardim perfeito. Os jardins costumam estar cheios de cantos de pássaros silvestres e do zumbido das abelhas nas flores. Sempre que puder, seja ecológico na hora de comprar seus produtos de controle de pragas – os orgânicos são melhores para a vida selvagem se alimentar de corpo e alma. Alguns *sprays* contêm sabões inseticidas que não prejudicam as plantas nem os animais, mas desencorajam realmente as praguinhas que devoram nossos arbustos e nossas flores.

Os amantes da jardinagem podem considerar a possibilidade de ter uma estufa no quintal. Ao considerar os investimentos necessários ao plantio em cada nova estação, o valor de cultivar seus canteiros de flores, plantas tropicais e verduras orgânicas desde as sementes faz valer a pena esse gasto que você só vai ter uma vez. Existem termômetros sem fio no mercado para monitorar as temperaturas das estufas dentro de casa.

Para quem tem mais recursos, um solário, ou uma estufa inglesa (com o teto inclinado e a frente ligeiramente retraída) permite seu uso como ambiente fechado e aberto o ano todo, e que você comece suas semeaduras bem antes da época do plantio. Em geral mais baratas que um anexo comum, com as novas janelas com material isolante de hoje, elas agora são boas para qualquer tempo.

## *Sua sala ao ar livre*

PRIMEIRO O MAIS IMPORTANTE: antes de mais nada, compre uma mesa da altura de uma mesa de jantar. Você vai usá-la muitíssimo.

VANTAGEM NA HORA DE VENDER: dizem os corretores de imóveis que uma árvore adulta significa adicionar bastante ao valor de sua casa.

INSETOS BENÉFICOS: as joaninhas e os planipenes alimentam-se de pragas destrutivas de jardim, naturalmente.

LEVE COM VOCÊ: pregue pedaços de espuma nos joelhos das calças que usa na jardinagem para uma proteção extra.

NECESSIDADE INESCAPÁVEL: afie os cortadores de grama no começo da temporada e as ferramentas de jardim o ano todo.

*CHAISES LONGUES*: o conforto está todo na altura do estofado e nos ajustes para as costas.

PAISAGISMO COM PEDRAS: cantos bonitos ajudam a emoldurar a tela de seu jardim.

PAISAGISMO COM PLANTAS: um canteiro curvo faz qualquer jardim parecer mais natural.

JOGO DE BOLA: bolas de cevada para piscina (bolas que flutam, feitas de palha de cevada) limpam as algas da superfície das piscinas.

SUPORTE DE BICICLETAS: pendurar as bicicletas em ganchos mantém a área do quintal e da garagem livre e impede que os pneus murchem.

MORTAIS PARA CÃES: veneno para caramujos, ratos e ervas-daninhas causam 43% das mortes de animais domésticos.

ESFERAS DO SÉCULO 13: globos iridescentes históricos que refletem belas vistas do jardim.

CANTO ZEN: um banco de meditação escondido num canto do jardim cria um espaço próprio.

SENTIMENTOS POÉTICOS: séries de pedras com letras gravadas transformam as trilhas em caminhos de reflexão.

VIZINHOS EXPLOSIVOS: guarde as substâncias químicas usadas na piscina longe uma da outra (cloro e ácido muriático).

PARA O VENTO LEVAR: primeiro limpe com uma escova de cerdas de metal e depois pré-aqueça seu grill no fogo alto para eliminar os resíduos do churrasco.

DEIXE LÁ FORA: raspadores de botas e tamancos de jardim mantêm a terra no seu devido lugar.

ARTES PLÁSTICAS NO EXTERIOR: placas, frisos, esculturas de metal e até caixas de correspondência decorativas podem embelezar.

QUASE AUTÊNTICO: novos pratos e copos de policarbonato inquebrável imitam o cristal verdadeiro.

MÓVEIS QUE NÃO PRECISAM DE MANUTENÇÃO: cadeiras dobráveis com estrutura de alumínio duram de 6 a 7 anos.

QUENTE COMO UM FORNO: aquecedores a gás (propano) estendem seu verão por vários meses.

LASCAS E RACHADURAS: lixe e envernize os cabos de madeira de suas ferramentas no começo de cada estação.

COORDENAÇÃO COM AS ALMOFADAS: use a cor dos tijolos ou do acabamento da casa nas almofadas para harmonizar o visual.

PH DA PISCINA: compre um novo *kit* de teste todo ano. As soluções usadas nos testes perdem a precisão com o tempo.

RECAUCHUTAGEM: os móveis enferrujados do quintal podem ser pintados a seco para recuperar sua beleza.

SONHO DE UMA NOITE DE VERÃO: penduradas numa árvore, os fios de luzes como aqueles usados para enfeitar a árvore de Natal transformam as sombras num jardim encantado.

HOMEM AO MAR: alarmes de segurança na piscina soam quando a superfície polida da água é perturbada.

QUEIMADORES DE ZINCO PARA A MESA DO QUINTAL: gel de citronela repele os mosquitos e oferece o elemento fogo.

CHAFARIZ DE TIRAR O FÔLEGO: chafarizes insossos transformam-se em lindas fontes movidas a energia solar.

A COR DA FLOR: violetas e azuis, casados com amarelos, são opções dramáticas para cercar seus canteiros.

O RISCO DO BORDADO: antes de plantar, faça o esboço de um sistema de cores e planeje todo o jardim.

ALOHA: cobrir os guarda-sóis do quintal com sapé e instalar algumas tochas de bambu transformam esse espaço numa aldeia havaiana.

BELEZA ÍNTIMA: arbustos, treliças e fontes de água bloqueiam olhares indesejáveis com beleza.

SISTEMAS DE CORES COMPLEMENTARES: as flores concentradas em determinadas formas criam um efeito espetacular.

DIAS DE CHUVA: guarda-sóis no quintal significam que você pode ficar mais tempo ao ar livre, tanto nos dias de sol quanto nos dias de chuva.

## Uma nova tradição – a hora mágica

A hora mágica é aquela hora do dia em que o sol está no ponto mais baixo do céu e a luz está em seu momento de maior beleza – exatamente uma hora antes do sol nascer, ou uma hora antes de ele se pôr. Os cineastas chamam-na de *hora mágica* porque o céu mostra um brilho suave com muitas tonalidades diferentes, adquirindo matizes azulados e púrpura – maravilhosos para filmar e para a cor da pele. Tudo e todos parecem mais bonitos sob essa luz.

Quando se sentir pra baixo, com depressão, ansiedade, em frangalhos emocionalmente, ou com raiva, a forma mais rápida de voltar para o eixo é passar algum tempo no meio do verde, com a voz da natureza sussurrando nas folhas. O peso de viver pode nos desconectar da serenidade que sentíamos quando éramos crianças – naqueles momentos em que, com as costas na terra, olhávamos para o céu e contemplávamos as formações de nuvens deslizando lá no alto. Precisamos dessas experiências em nossa vida adulta para nos reconectar com as dádivas fundamentais da criação. Portanto, com uma bebida quente ou fria nas mãos, vá lá para fora quando o dia começar ou terminar, e injete nele alguns minutos de serenidade. Vai descobrir que todas as coisas começam a parecer um pouco mais brilhantes também. Há algo de terapêutico na contemplação do grande quadro da vida. E, a partir daí, a perspectiva de sua Casa Terapêutica vai lhe parecer melhor ainda.

# Referências

## WEBSITES IMPERDÍVEIS

FERRAMENTAS: www.tomboytools.com
TECIDOS: www.hancocks-paducah.com
ESCRITÓRIO E ACADEMIA DE GINÁSTICA: www.iconfitness.com/icon/HiddenGrove
MOLDURAS: www.mirrormate.com
PRATELEIRAS: www.ubuild.com
REFORMA OU DECORAÇÃO: http://doityourself.com
TÉCNICAS DE REFORMA PASSO A PASSO: www.lowes.com
DICAS DE SEGURANÇA: http://magazines.ivillage.com/goodhousekeeping/myhome/housecare/spc?0,,284551_295397,00.html
TAPETES: http://gymcor.com/exfloormat.html
LAREIRAS: www.apartmentdecorandmore.com/pofimo.html

# Bibliografia


BEETON, Isabella Mary. 1861. *The Book of Household Management* (vendido agora pela Southover Press, 1998).

GIBRAN, Kahlil. 1923. *The Prophet*. Nova York: Knopf.

MASLOW, Abraham. 1943. "A theory of human motivation". *Psychological Review*, 50: 370-396.

MCGRAW, Phillip C. Ph.D. 2000. *The Life Strategies Workbook*. Nova York: Hyperion.

MORGAN, Robin. 1976. "The Network of the Imaginary Mother". *Lady of the Beasts*. Nova York: Random House.

ROBYN, Kathryn L. 2001. *Spiritual Housecleaning. Healing the Space Within by Beautifying the Space Around You*. Oakland, Calif.: New Harbinger Publications.

SULLIVAN, Bev. 2004. Citado por Jenny Deam. "Tidiness trend riffs on desire for simpler life." 31 de maio de 2004. Denver, Colo.: *The Denver Post*.